PEQUEÑAS HISTORIAS QUE HACEN HISTORIA

LUCAS MESTRE MOLINA

PEQUEÑAS HISTORIAS QUE HACEN HISTORIA

CURIOSIDADES Y MISTERIOS DEL PASADO

CRÍTICA

Obra editada en colaboración con Editorial Planeta - España

© del texto: Lucas Javier Mestre Molina, 2024.
© de las ilustraciones de interior: Beatriz de la Torre López
© de la foto de portada: Shutterstock / Alexander_P, Arthur Balitskii, EcOasi
Diseño de la portada: Planeta Arte & Diseño

© 2025, Edicions 62, S.A. – Barcelona, España

Derechos reservados

© 2025, Ediciones Culturales Paidós, S.A. de C.V.
Bajo el sello editorial CRÍTICA M.R.
Avenida Presidente Masarik núm. 111,
Piso 2, Polanco V Sección, Miguel Hidalgo
C.P. 11560, Ciudad de México
www.planetadelibros.com.mx
www.paidos.com.mx

Primera edición impresa en España: enero de 2025
ISBN: 978-84-19996-73-2

Primera edición impresa en México: julio de 2025
ISBN: 978-607-639-019-1

Impreso en los talleres de Litográfica Ingramex, S.A. de C.V.
Centeno núm. 162-1, colonia Granjas Esmeralda, Ciudad de México
Impreso en México – *Printed in Mexico*

Esta obra se la dedico a la comunidad del hereje-historia, a mi familia por el apoyo sin falla y a mi querida Kitty, porque este libro es tanto tuyo como mío.

SUMARIO

SUMARIO

PRÓLOGO

Ya hace un tiempo que empecé mi labor como divulgador de historia creando en Instagram la cuenta de elhereje_historia y el blog *El Hereje*. Mi primer objetivo era el tener una motivación extra para seguir disfrutando de mi curiosidad universitaria por aprender más sobre esta bonita ciencia que, además, imparto en clase, llamada historiografía; tener una finalidad práctica para leer libros y estudios, una vez obtenidos los títulos universitarios, y no apoltronarme en el sofá cuando las largas horas de docencia impartidas al día llegaban a su fin.

Pero, sin comerlo ni beberlo, poco a poco, se fue creando algo más grande. Una comunidad de personas, mucho más numerosa de lo que yo había imaginado, me leían, debatían entre sí en los comentarios y hacían que la cuenta fuera cada vez más importante y conocida. Eso me llevó a la conclusión de que no solo trabajaba por un motivo personal, sino que debía intentar tener objetivos más ambiciosos.

Si algo ha caracterizado mi trabajo como divulgador es intentar ser un puente hacia un conocimiento más amplio y profundo. Presentarte una serie de individuos, junto a un buen número de curiosidades que, aunque parezca mentira, han acontecido en nuestro pasado, para intentar encender esa pequeña chispa que todos tenemos en nuestro interior llamada curiosidad.

A la historia hay que darle la importancia que tiene. Aprender de nuestra historia se convierte en algo capital para la confección de una sociedad sana y racional. Y no es para menos, puesto que el estudio de nuestro pasado es el único medio del que disponemos de entender el mundo que nos envuelve y cincela en nuestra cotidianidad. Los acontecimientos y hechos propios de nuestro mundo se han repetido hasta la saciedad en el pasado. El ser humano crea poco y repite mucho. Y se suele decir que el tonto es el que intenta dos veces la misma cosa, haciendo las mismas cosas, pero esperando resultados diferentes. De ahí la importancia capital de analizar el pasado en común del ser humano, para no repetir los mismos errores en bucle, mientras muchos los sufren y muy pocos sacan tajada.

Recuerda que esta obra no pretende ser una obra historiográfica *per se*. Es un libro de divulgación que, si consigue su verdadero propósito, te dará ganas de seguir leyendo y aprendiendo más sobre nuestra historia. Pero también te dará un sinfín de anécdotas para compartir en tus momentos de ocio junto a tus amigos y amigas, y transformarte así en una suerte de «abuelo batallitas» que todos querrán tener cerca. Espero que la disfrutes tanto leyéndola como yo escribiéndola.

INTRODUCCIÓN

«No me gusta la historia porque es aburrida.» ¿Cuántas veces habré oído esta frase a lo largo de mi vida? Y es cierto, la gente prefiere muchas otras cosas antes que ver, leer o escuchar documentales, libros o pódcast historiográficos. Pero la pregunta que yo me hago es: ¿qué es lo que realmente les gusta ver, leer o escuchar a las personas?

Pues a muchos les encantan las historias de terror. Esa sensación de pelos erguidos en tu cuello, acompañada del suave escalofrío que te recorre todo el cuerpo cuando te levantas del sofá o de la cama, tras ver una película o leer varias páginas de un libro por la noche, y escuchar un misterioso ruido de camino al baño. Y aquí encontrarás muchas de esas historias. Una isla sin salida, una cárcel en vida, en la que los habitantes se comieron entre sí; un sádico monarca que inspiró la invención de uno de los monstruos más abominables jamás imaginados por el ser humano; un país invadido por unos desalmados, alentados por una codicia desmedida, que empezaron a mutilar a sus habitantes; un continente que se congeló en pocos días; una época tan dramática que pasó a los anales de la historia como el Terror; la confección de unos zoológicos en los que se exhiben a horrorizados seres humanos para el deleite de un público sin ningún tipo de empatía; o un mundo que vio germinar en su seno un enemigo invisible que acabó con la vida de casi la mitad de la población europea en pocos años, entre muchas otras historias.

Están los que prefieren las historias de amor. Esas con final feliz, que te hacen abrazar el cojín añorando un amor perdido o soñando con uno que está por venir. Vale, aquí también encontrarás muchas de esas historias, aunque bien es cierto que ninguna tiene un final feliz. Un monarca enamorado que decidió enfrentarse a la institución más poderosa de su tiempo para poder casarse con su verdadero amor (lo que acabaría con una boda real, la creación de una nueva iglesia y con su mujer ajusticiada por el propio monarca); un regimiento de soldados formado por parejas de enamorados que lucharon y vencieron en batalla en numerosas ocasiones, aunque acabarían todos muertos en su último combate; o unos bandidos enamorados que recorrieron, a bordo de su coche, la inmensa cartografía de su país y que nos dejaron una de las baladas de amor más bonitas jamás escritas, aunque su corta vida acabó violentamente con un multitudinario tiroteo.

Si las que a ti te gustan son las películas de crímenes, *thrillers* o juicios, de esos que te dejan apoltronado y en vilo en el sofá, esta también es tu obra. Aquí podrás conocer la vida de un santo pontífice que pasó a los anales por ser un asesino de papas; la aventura de unos cazadores de nazis que no solo engañaron a un nazi prófugo de la justicia, sino a un Gobierno, de las formas más rocambolescas posibles para intentar llevar al asesino ante la justicia; el escandaloso juicio a un papa que, cuando llevaba varios años muerto, tuvo que presentarse físicamente para escuchar su sentencia; o el de unas crueles brujas que habían maldecido a los habitantes de su recóndita aldea.

¿Qué prefieres las historias de piratas? Pues no te preocupes, en este libro podrás conocer el trágico final de la mayor ciudad de piratas de todos los tiempos; la vida, transformada en leyenda, de la primera mujer pirata del Caribe; o la biografía de un pirata que acabó siendo el sumo mandatario de la mayor institución del mundo católico.

¿Las de misterio? ¿Qué te parece la historia de un preso que guardaba un secreto tan importante que le obligaron a no hablar jamás con nadie y, además, a portar una máscara de hierro de por vida para ocultar su verdadera identidad a los que visitaban la cárcel en la que se encontraba? ¿Y la de unos excursionistas asesinados por una fuerza de la naturaleza que nadie conoce, pero que los dejó sin ojos en las cuencas, lenguas en la boca, restos radiactivos por su cuerpo y claros signos de haber sido atrapados por la noche, en un inhóspito lugar en el corazón de los Urales, cuando estaban huyendo despavoridos en un último e inútil intento por salvar sus vidas?

«Ya, pero yo prefiero los cuentos de sádicos gobernantes que crean verdaderos infiernos en la tierra.» Ningún problema. Aquí podrás conocer la vida de uno de los mayores déspotas de nuestro pasado, apodado el Terrible; también el de un noble venido a menos que recorría sus señoríos en su carruaje, engullendo a los malogrados e indefensos infantes que se topaban con él; la historia de una emperatriz que le arrancó los ojos a su hijo; la de un emperador tan violento y detestado al que su propio pueblo le cortó la nariz; una reina apodada la Sangrienta; y un gobernante que prohibió el sexo en sus dominios durante un año entero.

«Bueno, bueno... ¿Y el humor, los superhéroes y los viajes espaciales?» Pues nada, te reto a leerte el artículo «Una guerra de lo más absurda: la guerra del Whisky» o «La campaña militar más desastrosa» sin esbozar, siquiera, una sonrisa; o «El hombre que salvó a la humanidad» sin sentirte terriblemente agradecido a esa persona por seguir respirando; o la del pequeño país centroafricano que quería competir de tú a tú con los dos colosos del momento y enviar, por medio de una catapulta gigante, a sus astronautas a la Luna primero y a Marte después.

Si a ti solo te gustan las historias de guerra, ¿qué te parece una batalla en la que lucharon hombres con ametralladoras contra unos insectos asesinos y que, para más inri, se agenciaron la victoria los segundos? ¿O la batalla naval que vencieron unos hombres a caballo? ¿Aún dudas? ¿Cómo te comes una guerra que de los trescientos mil soldados que partieron, después de medir sus fuerzas contras unos diez mil, solo regresaron poco más de dos mil?

«Y el deporte, ¿qué?» Tampoco pasa nada. Aquí podrás analizar cómo dos países vecinos, tras un par de partidos de fútbol de lo más tensos que enfrentaron a sus selecciones, acabaron en guerra. También conocerás la leyenda del glorioso equipo de fútbol del FC Start, deportistas que no se amedrentaron contra los nazis y se jugaron la vida ganándolos en un partido; o cómo se gestó y fraguó una de las Olimpiadas más criticadas de la historia, las apodadas Olimpiadas del Führer.

«Ya ya, pero yo prefiero, de largo, los documentales de animalitos.» Lo siento, hoy no me pillas. En este libro también vas a conocer los animales más curiosos, temibles, enormes y terroríficos que han convivido con el ser humano a lo largo de su existencia.

Así pues, estas y un sinfín más de curiosidades, como la del oso que luchó para frenar el nazismo en Europa, un rey que perdió su corona por enamorarse de una bailarina, un juicio cuyo acusado fue juzgado por ser un hombre lobo, un dictador que ejercía su poder sin saber que ya se lo habían arrebatado, una maldición que acabó con una dinastía o la historia de unos gatos transformados en espías, entre muchísimas otras, nos demuestran que la historia es de todo menos aburrida.

Capítulo 1

HECHOS INSÓLITOS DE NUESTRA HISTORIA

La trampa que condenó al dirigente nazi Klaus Barbie

Klaus Barbie fue un líder de la Gestapo, apodado el Carnicero de Lyon, ciudad desde la que expandió su régimen del terror, torturando y matando a judíos e integrantes de la *résistance* francesa (país que había caído bajo las garras del nazismo tras su pronta derrota en 1940).

UN NAZI EN EL EXILIO

Tras el conflicto, una vez Francia fue liberada por las fuerzas aliadas que desembarcaron en Normandía, colaboró con las autoridades estadounidenses, en el contexto del inicio de la Guerra Fría, debido a sus amplios conocimientos sobre el movimiento comunista francés. Pero tras la insistencia de los galos en repatriar al criminal de guerra, los norteamericanos decidieron exiliarlo a América del Sur.

Una vez en Bolivia, se hizo llamar Klaus Altmann y colaboró activamente con el ejército de dicho país luchando contra los movimientos comunistas que empezaron a fraguarse por todo el continente latinoamericano. Poco a poco, se convirtió en un referente para la dictadura del general Barrientos, pero los «cazadores de nazis», como así se hacían llamar Serge y Beate Klarsfeld empezaron a saber de él y a seguirle la pista de cerca.

LOS CAZADORES DE NAZIS ACECHAN A SU PRESA

En 1972, un periodista belga afincado en Francia, Ladislas de Hoyos, consiguió una entrevista con el presunto criminal, aceptada a regañadientes por las autoridades bolivianas. Eso sí, las preguntas tendrían que ser acordadas de antemano y leídas en español (ya que Klaus, según decía, nunca había estado en Francia y desconocía el idioma).

Tras las primeras cuestiones, el periodista le preguntó, en francés, si había estado alguna vez en su país, a lo que Klaus le respondió, espontáneamente, que no (demostrando de este modo que comprendía la lengua).

El nazi muerde el anzuelo

Antes de que pudiera darse cuenta de la trampa, el periodista le entregó unas fotos de Jean Moulin (líder de la resistencia francesa asesinado por Barbie). Este las tomó y aseguró no conocer a la persona en cuestión, sin percatarse de que había entregado la segunda prueba: sus huellas dactilares estampadas en las fotografías.

Las autoridades bolivianas se dieron cuenta de la treta y obligaron al cámara a entregar las cintas, pero no se fijaron en que este se las había dado, a escondidas, al cónsul francés, y les entregó en su lugar unas cintas vírgenes.

Los galos se refugiaron rápidamente en la embajada y las autoridades francesas no tardaron en desenmascarar al dirigente nazi, exigiendo su entrega inmediata. Pero estas demandas fueron en vano hasta 1983, debido a un cambio de Gobierno en Bolivia. Klaus fue juzgado ese mismo año y condenado a prisión de por vida, aunque la condena duró poco, puesto que moriría cuatro años después.

Zambia, el país africano que soñaba con colonizar Marte

Esta sí que es una anécdota histórica de lo más curiosa. Un pequeño y recién independizado país africano, Zambia, intentó tomar la delantera a los dos colosos del momento, la Unión Soviética y Estados Unidos, buscando ser los primeros en pisar la Luna y colonizar Marte, mediante la ayuda de una catapulta gigante y unos astronautas con un entrenamiento de lo más peculiar.

Tiembla, NASA, este es el momento de Nkoloso y sus bravos afronautas.

Una etapa convulsa, la Guerra Fría

Tras la Segunda Guerra Mundial, el mundo se dividió en dos, y los otrora aliados de la guerra contra el nazismo se convirtieron en enemigos. Los estadounidenses y los soviéticos, junto con sus aliados, se enfrascaron en una lucha sin parangón por el control del planeta. Pero era tal su armamento atómico que, si una guerra directa hubiese estallado entre estos dos mundos antagónicos, podría haber sido el fin de la Tierra a causa de un holocausto nuclear.

Debido a este hecho, las dos superpotencias emprendieron una lucha indirecta, intentando, por todos los medios, no entrar en un conflicto más allá de guerras fuera de sus fronteras, en las que nunca combatieron entre sí de forma directa (guerra de Corea, de Vietnam, de Afganistán, etcétera). Por ese motivo, el verdadero marco de la batalla directa entre esos dos colosos militares fueron las estrellas y el control del universo (entre muchos otros, como el deporte, por ejemplo).

La verdadera guerra de las galaxias, la carrera espacial

Como bien hemos visto, al no poder competir en un campo de batalla, uno de los conflictos más significativos durante la Guerra Fría fue la lucha por conocer y controlar el espacio exterior, mediante la conocida como carrera espacial, competición que se convirtió, rápidamente, en una parte importante de la rivalidad cultural y tecnológica entre estos acérrimos enemigos.

Se inició el 4 de octubre de 1957, cuando los soviéticos lanzaron su Sputnik, el primer satélite artificial en alcanzar la órbita terrestre. Este hecho traumatizó a la sociedad norteamericana, puesto que la mayoría entendía que Estados Unidos era superior a su rival. El Estado no tuvo más remedio que invertir cuantiosas sumas en proyectos espaciales que le devolvieran su supremacía, y unos meses después enviaron el Explorer 1.

Pero los comunistas les habían tomado la delantera: fueron los primeros en llevar una vida al espacio, la perra Laika, en el Sputnik 2 (tres años después, los norteamericanos enviaron chimpancés africanos); también mandaron al primer hombre, Yuri Gagarin (1962), a la primera mujer, Valentina Tereshkova (1963) y, finalmente, el primer vuelo tripulado al espacio, en 1965. Pero, cuando todos daban por vencedores a los soviéticos, los estadounidenses mandaron a los primeros hombres a la Luna, en 1969. O lo que es lo mismo, les metieron un golazo por toda la escuadra a los soviéticos en el último minuto de juego.

Zambia, un protagonista inesperado

En 1964, la antigua colonia británica de Rodesia del Norte logró su independencia, creando de este modo el país de Zambia. Este nuevo Estado soberano fue el protagonista de uno de los hechos más insólitos de la historia. Y no es para menos, porque este pobre país africano pretendió rivalizar con las dos superpotencias anteriormente citadas, y ser el primero en llevar un hombre a la Luna y en colonizar Marte.

Esta historia tiene un nombre propio, Edward Makuka Nkoloso. Un profesor de ciencias, antiguo héroe militar de la independencia de Zambia que, incluso, participó en la redacción de la Constitución del país y fue el fundador de la Zambia National Academy of Science, Space Research and Philosophy.

En 1964, el mundo se quedó atónito cuando este, ataviado con una corbata, un casco y una capa, le explicaba a un periodista británico su insólito proyecto: mandar a sus «afronautas» a la Luna (en la que había descubierto, gracias a su telescopio, vestigios de una antigua civilización) y al planeta Marte.

Los afronautas y su curioso entrenamiento

Este apelativo fue dado por el propio Nkoloso a los futuros tripulantes de su misión espacial, unas diez personas entre las que se contaban una chica de diecisiete años y un misionero cristiano, que tenía por misión evangelizar Marte (solo si sus residentes lo creían oportuno), junto con tres gatos (otras fuentes apuntan que diez).

Lo que resulta muy curioso, incluso algo ridículo, era la forma de entrenar de estos peculiares astronautas. Y esto se podía observar desde el primer momento, durante el documental televisivo que nos han legado para los anales. Después de enseñar al mundo el «pedazo de cohete» que tenían (de poco más de un metro de altura, con la circunferencia justa para que cupiese una persona), y que pretendían lanzar al espacio con una especie de catapulta gigante, se podía ver a los afronautas, de fondo, pegando pequeños saltitos y moviendo los brazos lateralmente en forma de arco, con el fin, seguramente, de demostrar su excelente estado de forma física.

Pero el severo entrenamiento no solo consistía en dar saltitos. Para emular la ingravidez, se balanceaban en un columpio al que, llegado el momento, cortaban la cuerda, dejando que la gravedad hiciera su trabajo, para caer hacia el suelo de espaldas. Para probar su resistencia al mareo, se tiraban colina abajo metidos en un barril. A esto se suman laberintos de neumáticos por los que debían correr (simulando los cráteres de la Luna) o ejercicios para andar con las manos (la verdad, no sé bien con qué propósito).

Un sueño truncado

El principal problema al que tuvo que enfrentarse Nkoloso fue la falta de fondos, puesto que el Gobierno de Zambia se desentendió del asunto. Por su parte, la Unesco no respondió a la demanda efectuada por nuestro protagonista de siete millones de libras esterlinas, ni ningún otro fondo privado.

Además, la afronauta quedó embarazada y su padre se la llevó y, poco a poco, el resto fue dejando el proyecto. Nkoloso se quedó de este modo solo, pero su gran proyecto nunca quedará en el olvido. Eso sí, no sabemos bien si esto fue obra de un loco o de un soñador que quiso que su país, la pequeña y recién independizada Zambia, pudiera rivalizar, aunque fuera por un breve instante, con las grandes superpotencias del momento. Sea como fuere, todos mis respetos al gran Nkoloso.

Lincoln y Kennedy, más que una presidencia en común

Grandes titanes de la historia estadounidense

La historia presidencial de Estados Unidos nace en 1789 con el nombramiento de George Washington como primer presidente. De los

46 presidentes que han tenido hasta la fecha, cuatro de ellos fueron asesinados mientras ejercían este prestigioso cargo político.

A pocos nos suenan los nombres de Garfield o McKinley, pero si hablo de J. F. K o Abraham Lincoln, la cosa cambia. Estos dos individuos fueron los presidentes que dejaron su imborrable impronta en la historia gracias a su mandato, pero también un halo de leyenda tras sus brutales y públicas muertes.

Estas leyendas se transforman en algo aún más rocambolesco cuando se analizan una serie de similitudes en estos dos casos.

Una carrera política demasiado similar

Lo primero que nos llama la atención es su similar carrera política. Los dos fueron elegidos presidente en un año terminado en el sesenta (Lincoln en 1860 y Kennedy en 1960). Antes de ser elegidos presidentes, fueron nombrados para la Cámara de Representantes estadounidense en 1846 y 1946, respectivamente, perdiendo la nominación para la vicepresidencia de su partido en las elecciones de 1856/1956.

Por último, ambos presidentes hicieron de la lucha de la población negra uno de los ejes de su agenda política, reafirmando su punto de vista en un año terminado en sesenta y tres (Lincoln, en 1863, con su Proclamación de Emancipación, y Kennedy, en 1963, con sus informes de derechos civiles).

Unos macabros parecidos de lo más extraño

Hasta aquí podemos concluir que todas estas similitudes solo responden a dos carreras políticas con un trasfondo similar con cien años de diferencia, pero estas semejanzas se transforman en algo más extraño al analizar otro tipo de factores.

Estos dos presidentes murieron de un disparo en la cabeza, un viernes, en un lugar público y en presencia de sus respectivas esposas. Para transformar todo esto en algo aún más extraño, a Lincoln lo mataron en el teatro Ford; a Kennedy, en un coche de la compañía Ford, cuyo nombre de modelo era Lincoln.

A ello se le añade que el asesino de Lincoln, Booth, cuyo magnicidio se realizó en un teatro, decidió esconderse en un almacén; mientras que el de Kennedy, Oswald, realizó su asesinato desde un almacén para luego refugiarse en un cine (¿y qué son los cines sino teatros modernos?). Además, los dos presuntos homicidas fueron brutalmente asesinados antes de que ningún juicio pudiera realizarse.

La gota que colma el vaso

Por último, y esto sí que es algo más que insólito, ambos presidentes fueron reemplazados por un Johnson nacido en el año 1808 (Andrew Johnson, en el caso de Lincoln), y 1908 (Lyndon B. Johnson, en el de Kennedy).

«Mi vida por una flor»: la primera gran crisis del capitalismo

Lo que todos sabemos

Seguro que, si te pregunto si conoces lo que es una crisis económica, no solo me contestarás que sí, sino que te sentirías insultado. «Faltaría más —me dirás—, vivimos ahora mismo en una de ellas.» Además, me explicarás que hubo otras, que incluso a lo mejor, si estás algo más entrado en años, viviste. Una crisis producida por la necesidad imperiosa de petróleo a principios de los años setenta, que rompió por completo el panorama idílico de la década de los cincuenta y los sesenta: el mundo del sistema del bienestar, los Beatles y del «nada es imposible». Y que algo similar pasó también en 1929, debido a la inflación y la caída de la Bolsa de Nueva York.

Y no te faltará razón, puesto que estas han sido las tres grandes crisis económicas del capitalismo reciente, pero no han sido las únicas. La crisis económica que te voy a explicar en este breve texto fue el primer exceso especulativo tal cual lo conocemos hoy en día, y marcó las pautas de todas las burbujas económicas que tanto han aquejado a nuestra sociedad contemporánea.

La antigua Gran Manzana

El siglo XVII se planteaba, para los holandeses y sus potencias mercantiles, como uno de opulencia y de poder económico. Con el inmenso

Imperio español en quiebra, Ámsterdam y su recién creada Bolsa se transformaron en el principal baluarte comercial de la Edad Moderna, expandiendo sus amplias redes por todo el mundo, sobre todo en los enclaves asiáticos. En aquellos tiempos, la capital holandesa era una de las ciudades más ricas, prósperas, cosmopolitas y dinámicas de su época. Y en sus puertos (y en su Bolsa) se comercializaba con un largo abanico de productos, tanto de lujo como de materias primas.

Basándose en una flota más ligera, y por ende más rápida, los famosos filibotes *(fluyts)*, los holandeses crearon ramificaciones comerciales por toda la cartografía terrestre. Era la potencia comercial del momento, la Gran Manzana de la Época Moderna. Uno de los primeros imperios mercantiles o protoliberales (por no decir el primero).

Esta nueva realidad no pasó desapercibida para los ciudadanos de esa gran urbe de comerciantes, que se sintieron artífices de la creación de la ciudad más gloriosa del modernismo europeo. Pero, al igual que lo acontecido en Estados Unidos y en la Europa occidental durante las décadas de los veinte y de los sesenta del siglo XX, esta situación dio un drástico giro de ciento ochenta grados en muy poco tiempo, y tras la euforia llegó la desesperación. Todo ello por culpa de una extraña flor y del fuerte anhelo que esta suscitó.

Idiotas especulando con idioteces

Fue el embajador holandés en Constantinopla, Ghislain de Busbecq, quien inició un absurdo consumismo que destruyó la estabilidad económica del país. Se dice que este personaje quedó prendado con los jardines de ese lejano lugar, y sobre todo de una de sus flores. Una bella, exótica y amarillenta flor que siempre regalaba a sus amigos y socios cuando regresaba de sus viajes.

Aunque el fenómeno consumista nació en el seno de una de las familias más opulentas de la Europa moderna, los Fugger (los banqueros de Carlos I de España, entre otros muchos clientes). Fueron ellos quienes empezaron a decorar sus lujosas mansiones, siempre rebosantes de vida social, con esta maravillosa flor. Y, cómo no, esos bellos pétalos crearon cánones y envidias. Sentimientos que el mercantilismo sabe aprovechar muy bien.

Todas las familias querían ese bulbo, ya fuera en el amplio jardín de su mansión o en el pobre marco de la pequeña ventana de su diminuta casucha. Ricos y pobres la anhelaban por igual, y el comercio que aleteaba alrededor de esa primordial necesidad de subsistencia social y cultural se tornó en uno de los más beneficiosos del momento.

Lo que era un bien de lujo se transformó en algo más grandioso e inaccesible. Un bulbo simple de tulipán costaba alrededor de 220 florines (en una ciudad donde el salario medio rondaba entre los 200 y los 400 florines). El caso más extremo que se conoce fue el de un ejemplar de la familia *Semper augustus,* que se vendió, en 1624, por el precio de una vivienda (6.000 florines). Pero la burbuja explotó, y ya sabemos bien, por desgracia, qué es lo que pasa cuando esto sucede.

Idiotas timados

Los precios subieron, y en estas circunstancias se creó el Windhandel, una especie de mercado de futuros donde se vendía la futura simiente a los compradores, que solo podrían obtener su flor un año, o unos meses, después de la compra, cuando esta floreciera.

Con estas pautas de mercado, no fueron pocos los que se aprovecharon, vendiendo y revendiendo la misma simiente a diferentes compradores. O, incluso, vendiendo semillas inexistentes. Y todo esto explotó el día de la entrega de las flores, el 5 de febrero de 1637, con miles y miles de florines por deber, una caída total de los precios de los tulipanes, centenares de compradores timados y empresarios quebrados económicamente (puesto que la brutal bajada de los precios les hizo perder fortunas considerables).

Así que, si alguna persona os contesta que este consumismo estandarizado en el que vivimos responde a pautas completamente naturales y saludables de la condición humana, recordadle que hace trescientos años, más de un ingenuo perdió su casa, su tiempo y su vida por un jarrón y una hermosa flor.

Una mala época para ser emperador romano

Como bien te habrán contado, la caída del Imperio romano de Occidente fue un punto de inflexión en la historia europea. Este hecho marcó el final de la época antigua y el inicio de la feudal, etapa en la que pueblos extranjeros tomaron el poder dejado por el otrora majestuoso Imperio (tras una especie de simbiosis con el pasado romano mediante su cristianización y todo lo que conllevaba).

Existen diversas causas que nos pueden explicar el desmembramiento romano, pero como punto de partida tomaremos los dos frentes bélicos en los que se hallaba enfrascado desde principios del siglo III, con una inestabilidad que creó la peor época, sin lugar a dudas, para ser dirigente de tan vasto y poderoso Imperio.

Un Imperio arrinconado por sus enemigos

La primera de las dos amenazas que analizaremos es la persa, con el rey Ardacher III al frente. Este soberano aprovechó la debilidad política del Imperio tras la llegada del joven y debilitado emperador Severo, que contaba con tan solo trece años cuando se encaramó al trono. A esto se le añaden unas arcas casi vacías y un ejército poco cohesionado y muy descontento porque hacía tiempo que no recibía su paga. Ante esta caótica situación, en el año 230, los persas saquearon la Mesopotamia romana, obligando al emperador a reunir a sus huestes y a partir hacia Oriente. El ejército imperial logró hacer retroceder a los enemigos orientales, por un tiempo al menos.

Por otra parte, también existía la perenne amenaza del Rin. Las legiones romanas allí enviadas no eran suficientes para frenar las diversas incursiones bárbaras. Ante esta tesitura, Severo decidió negociar con los germanos. Este hecho no agradó a los combatientes y acabó siendo asesinado. Tras la muerte del emperador, fue proclamado el general Maximino el Tracio. Este pudo mantener a raya cierto tiempo a los bárbaros, pero para ello incrementó notablemente los impuestos (y así poder financiar sus campañas).

Cabe destacar que, en ese momento de la historia imperial romana, el ejército no estaba cohesionado alrededor del culto al emperador, sino que se hallaba severamente fraccionado en armadas casi independientes que solo atendían órdenes de sus generales, líderes militares con sus ambiciosas miradas siempre apuntando hacia el trono imperial. Se inició de este modo la era de los emperadores-soldados, etapa que acabaría por desmembrar al Imperio.

La crisis política del siglo III

Las políticas financieras del emperador Maximino no gustaron en el Senado, y este aprovechó la primera ocasión para darle la espalda. Con este objetivo en mente se aliaron con el recién proclamado emperador Giordano. El nuevo dirigente había alcanzado el poder gracias a los terratenientes de Mauritania, que se hallaban enormemente descontentos por la gran corrupción del sistema por aquel entonces.

La candidatura de Gordiano no prosperó —tuvo que suicidarse tras su derrota militar—, a lo que hay que añadir la muerte de su hijo en batalla, Gordiano II. Al Senado no le quedó otra que nombrar a dos nuevos emperadores, Pupieno y Balbino. Y la frágil estabilidad política explotó: Maximino fue asesinado por sus soldados; Pupieno y Balbino, por la guardia pretoriana.

Diecisiete dirigentes en veintidós años

El caos se adueñó de la corona imperial y, entre los años 238 al 260, una más que larga lista de emperadores y coemperadores pasó por el trono. Todos ellos muertos de forma violenta, ya fuera por complots palaciegos, arma en mano en batalla, o por suicidio (menos uno que murió de peste): Maximino, Gordiano, Gordiano II, Pupieno Máximo, Balbino, Gordiano III, Filipo el Árabe, Filipo II, Trajano Decio, Hernio Etrusco, Hostiliano, Treboniano, Volusiano, Emiliano, Valeriano, Galieno y Salonino.

Esta inestabilidad dañó fuertemente la unidad del Imperio, que acabó fragmentándose en el 260 con la formación del Imperio galo (que aglutinaba las provincias de la Galia, Britania e Hispania). A ello se le añade la independencia de los territorios sirios, palestinos y egipcios, que formaron un nuevo Estado bajo la protección de los persas sasánidas.

El mar desecado por el progreso

El mar de Aral, ubicado en Asia central, fue uno de los mares más grandes del mundo. Era un lugar idílico. Un oasis fresco, azul y verde en medio de un enorme desierto, en cuyas costas, desde hacía milenios, se asentaron poblaciones nómadas para nutrirse de los enormes esturiones y carpas de sus aguas, trabajar sus tierras costeras y crear comunidades poblacionales.

Fue también uno de los ejes vertebrales de la alimentación rusa, sobre todo tras las enormes carencias que dejó como vestigio la Segunda Guerra Mundial en la Unión Soviética. Pero hoy en día, en la región solo quedan arena y sal, barcos varados en medio del desierto y miradas nostálgicas de los antiguos pescadores.

Una guerra total contra la naturaleza

Tras la Segunda Guerra Mundial, la Unión Soviética entró de lleno en una más que complicada situación económica y social, con más de 20 millones de muertos, su territorio destruido por las bombas nazis y una grave falta de ropa y alimentos. Stalin logró salvar a su país de la única manera que conocía: una guerra total, enarbolando a un gran mártir frente a un terrible enemigo. Aunque esta vez, el enemigo no serían los nazis ni los capitalistas, sino el hambre y el frío; y el mártir, el mar de Aral, y ya no el pueblo ruso. Como bien dijo un alto cargo militar soviético, «el mar de Aral debe morir como un soldado en la batalla», una muerte necesaria y valerosa para el beneficio de todo un país.

Si el pueblo pasaba hambre, había que darle arroz y, si tenía frío, algodón, y el agua del mar de Aral pedía a gritos ser sobreexplotada para este fin. Esta política fue mantenida por Jrushchov, quién llegó a crear un territorio destinado al algodón de la misma envergadura que Italia.

El cemento contra el agua

El plan, confeccionado por los dirigentes comunistas, era nada menos que convertir un desierto en campos aptos para la explotación de los tan ansiados arroz y algodón. Para ello, utilizaron las aguas de los dos grandes ríos de la zona (ambos con su desembocadura en el mar de Aral), el Amu Daria y el Sir Daria, mediante la construcción de inmensos canales que tenían por objetivo redireccionar sus aguas hacia la seca estepa centroasiática.

De este modo, el desierto se transformó en enormes campos de arroz y algodón, lo que fue un gran hito estalinista, el gran hombre que había conquistado al «rebelde río», como repetían una y otra vez en los medios de información soviéticos. Un verdadero héroe que cambió el cálido, árido y muerto desierto para convertirlo en un oasis floreciente, lleno de vida y comida para el pueblo.

Una realidad terrible

Pero, como ya predijo Engels, uno de los padres fundadores del comunismo, «no es bueno jugar con la naturaleza. Puede parecer que podamos vencer, pero finalmente se tomará la revancha».

La tragedia comenzó a revelarse en la década de los sesenta del siglo XX, cuando el nivel del mar empezó a retirarse hacia su núcleo y la pesca desapareció. El mar llegó incluso a encogerse más de veinte kilómetros en tan solo dos años. La población tuvo que enfrentarse a una cruel tragedia medioambiental, seguramente una de las peores que haya producido, hasta la fecha, el ser humano: la desaparición de su tan amado mar.

Las costas se hallaban cada vez más alejadas de las aldeas de los famélicos pescadores. Estos se encontraban rodeados de desierto, junto a tormentas de arena y sal, y padecían suplicios que destruían sus casas y su cada vez más precaria salud (multiplicación de cánceres, fiebres tifoideas y mortalidad infantil, debido a la sistemática utilización de pesticidas y químicos en los campos de algodón).

Finalmente, toda Rusia perdió su lugar favorito de turismo nacional y sus activos pesqueros. Esta situación empeoró tras la caída del bloque imperial soviético (1991), amenazando directamente las economías de las cinco nuevas repúblicas independientes, Kazajistán y Uzbekistán entre otras, tan dependientes de las riquezas del ya muerto mar de Aral. Este hecho sumió a estos nuevos países en la pobreza más absoluta.

En la actualidad, solo nos queda el museo de Muynak cómo único testigo presencial de la catástrofe, para recordarnos que un día, en este desierto, existió un mar enorme, rico y precioso que fue dilapidado por políticas estatales, aunque ciertamente justificadas, más que dañinas para el medioambiente.

¿Y tú, qué sentirías si hubieses nacido en las orillas de un mar asesinado?

Nazis por el mundo: en búsqueda del santo grial

No fueron pocos los escarceos ocultistas de los mandatarios nazis, siempre buscando la defensa empírica del predominio ario sobre el resto de las «razas» humanas. Con este fin se confeccionó, de las manos de Himmler, la Ahnenerbe, sección ocultista de las Schutzstaffel (SS), que desde su cuartel general (ubicado en el castillo de Wewelsburg, en Westfalia) recorrió la cartografía mundial en búsqueda de pruebas santas de su supremacía racial, junto a armas divinas para defenderla y someter al resto de los pueblos.

Nazis por Europa

Entre sus objetivos se hallaban la piedra de Scone —objeto sagrado donde se coronan los reyes británicos—, ubicada en la abadía de Westminster (los nazis pensaban que era la piedra sobre la que se acostó Jacob cuando soñó con las escaleras al cielo) y la lanza del Destino, arma con la que un centurión hirió en el costado a Cristo, y que los nazis creían que se hallaba en el museo de Austria, haciéndose con el divino botín justo tras su anexión al Tercer Reich en 1938.

De tal arma se dice que tiene el poder de conceder la victoria a quien la posee y la muerte a quien la pierde. Es curioso saber que los norteamericanos se hicieron con tal ansiado botín días antes del suicidio del Führer, romántica idea desmentida por la ciencia al demostrar que tal artefacto databa de los siglos VII u VIII, y no de la época de Cristo.

Nazis por España

Uno de los objetos más codiciados era el santo grial, el sagrado cáliz en el cual Jesucristo bebió a lo largo de la última cena. Según una de las variantes de su historia, el venerado artefacto fue guardado por los cátaros en el Languedoc, y de allí llevado a Montserrat, Barcelona, antes de ser aniquilados por los ejércitos católicos europeos (véase el epígrafe «Una cruzada contra los hermanos cristianos»).

Himmler, tras buscarlo por el Languedoc, viajó personalmente al lugar, se topó con la negativa del padre Ripol, quien prohibió el paso de los nazis a los subterráneos de la colina de Montserrat.

Cabe destacar que también buscaron el paradero del arca de la alianza por Toledo. Puestos a buscar, que no quede ciudad por visitar.

Así que, ya sabes, si te aburres, vente a España, come una buena paella, disfruta de sus playas, baila un buen pasodoble y busca algún arma divina y milenaria para «gobernarlos a todos y atarlos en las tinieblas».

El día que en España casi explotan varias bombas nucleares

El 17 de enero de 1966 podría haber sido uno de los días más trágicos de la historia de nuestro país. Y no es para menos, puesto que cuatro bombas termonucleares, mucho más devastadoras que las de Hiroshima y Nagasaki, cayeron en la pedanía almeriense de Palomares.

La Guerra Fría entra en España

En la década de 1960, el planeta se hallaba inmerso en la etapa más candente de la Guerra Fría, conflicto que dividió el mundo en dos bandos antagónicos: el capitalista y el comunista, siempre en guerra por la preponderancia de su sistema en el orden mundial (véase el epígrafe «Zambia, el país africano que soñaba con colonizar Marte»).

En este contexto beligerante, se inició el operativo estadounidense denominado Chrome Dome, que tenía por objetivo vigilar muy de cerca a la Unión Soviética para poder defenderse de un posible ataque nuclear. Con este fin, un buen número de bombarderos (cargados con armas nucleares) partían de Estados Unidos para sobrevolar las fronteras europeas de la Unión Soviética. Y muchos de ellos pasaban por el cielo hispánico, rumbo a las fronteras entre Turquía y los soviéticos.

El acontecimiento que pudo convertirse en tragedia

Estos aviones, para poder cruzar el Atlántico y regresar a su base, debían ser reabastecidos en pleno vuelo. Esta maniobra, que normalmente era realizada sin ningún tipo de incidencia ni complicación, casi se convirtió en tragedia el día 17 de enero de 1966, poco antes de las nueve y media de la mañana, cuando una de esas naves de combate cruzó el cielo español.

Un accidente entre los dos aviones (el que repostaba y el que era repostado, es decir, un B-52 y un KC-135) en el momento de la maniobra detonó una gran explosión, varios tripulantes que no pudieron huir de las llamas murieron, y cuatro bombas termonucleares cayeron en la pedanía almeriense de Palomares.

Por ventura, ninguna de ellas explotó.

Göbekli Tepe, el primer santuario o el desmoronamiento de la historiografía

Durante años se ha analizado la evolución de la civilización del humano moderno con un claro punto de partida, la agricultura. Según la historiografía, esta revolucionaria técnica para cultivar sus propios alimentos permitió a la humanidad transformar su vida, pasando de ser nómadas a sedentarios. Este acontecimiento hizo posible a la humanidad asentarse en un lugar fijo (sin tener que depender de las migraciones de los animales), y destinar su tiempo a otras labores, además de la simple supervivencia, basada antes en la caza y la recolección de alimentos.

Una vez asentados surgieron una infinidad de innovaciones materiales (para mejorar la calidad de vida de las sociedades) y abstractas (como las religiones complejas). Mediante estas evoluciones se pudieron construir los primeros templos, en torno a los cuales se erigieron las primeras ciudades, precursoras de las civilizaciones antiguas. Todo ello gracias a una organizada (o esclavizada) mano de obra alimentada por la producción agrícola.

Una teoría ya no tan clara

Según la arqueología, estas revoluciones se dieron por primera vez en el Creciente Fértil: la agricultura se data hace unos diez mil años y las primeras civilizaciones hace unos cinco mil. Y será precisamente en este espacio geográfico donde se construya un asentamiento que desmorona, o eso parece, todo lo anteriormente explicado. El templo de Göbekli Tepe, bautizado como la Cuna de los Dioses.

Este templo se erigió en el sur de Turquía durante la remota Edad de Piedra, hace unos quince mil años. Milenios antes de la aparición de elementos tan indispensables para la construcción de las primeras ciudades o civilizaciones como la agricultura, la ganadería, la alfarería, la escritura o la rueda.

Este misterioso templo contaba con una superficie de trescientos por trescientos metros, y estaba confeccionado por la superposición de grandes círculos de piedra amurallados. En el centro de la estructura se elevaba un enorme monolito (de cinco metros y catorce toneladas), con grabados, estatuas y altorrelieves en los que se pueden observar majestuosas formas antropomorfas y zoomorfas (las humanas arriba y las animales debajo).

Todo esto fue creado por una sociedad preagrícola de cazadores y recolectores, rebatiendo la idea anterior de que solo las sociedades agrícolas y sedentarias eran capaces de erguir este tipo de construcciones (puesto que las sociedades nómadas no tenían ni los conocimientos ni las herramientas ni el tiempo para poder construirlas).

Un periodo favorable

Se sabe que en la época en la que se construyó este templo hubo un factor esencial que nos permite comprender este hecho: un cambio climático (el fin de la Última Glaciación).

En esa boyante etapa histórica, la zona del Creciente Fértil disponía de abundantes recursos naturales y, por ende, alimenticios, durante todo el año. La supervivencia de los grupos humanos ya no reposaba en su facilidad de desplazamiento, como en la fría época anterior. Todo ese territorio era un rico oasis, y las poblaciones se asentaron en él, creando los primeros almacenamientos comunitarios.

Una hipótesis diferente

Se tiende a pensar que esta construcción tuvo por objetivo la creación de un sentimiento comunitario, propio a todas poblaciones que se empezaban a asentar en esta rica zona, que giraba en torno a la idea de la superioridad humana sobre el mundo animal (idea por primera vez registrada en la historia en este templo, dónde la figura del humano, representado arriba de las columnas, se sobrepone a las zoomorfas de más abajo).

Así pues, según las teorías de ciertos arqueólogos, este descubrimiento reestructura la evolución planteada hasta la fecha, ya que sería la religión la que propició la domesticación de animales y plantas, y no al revés como se pensaba. Este sentimiento de superioridad se torna el eje de la evolución civilizadora del ser humano, y ya no la aparición de la agricultura neolítica.

Un misterio prehistórico

Cabe destacar, y a modo de conclusión, que lo que realmente sorprende es que esta gigantesca y prehistórica estructura fue ocultada hace más de diez mil años por una colina artificial (de ahí la dificultad de haberlo encontrado, acontecimiento que se logró en 1995). ¿Cuál fue el motivo de este ocultamiento? ¿Quién lo hizo? Este es uno de esos misterios milenarios que aún no se han explicado.

El *Kleroterion*, la máquina de la verdadera democracia

Como sabrás, la democracia nació en Atenas, una de las cunas culturales, políticas y sociales de la Antigüedad, allá por el siglo v a. C. Pero lo que muchos desconocen es que la democracia ateniense poco (o nada) tiene que ver con la que nos gobierna hoy en día, y esto es debido, entre otros muchos factores, a una máquina atípicamente distinta, el *kleroterion*.

Un método y una máquina diferentes

Cuando hablamos de democracia solemos vincular el concepto a una vasija con ciertas características santas y sagradas: la urna, recipiente en el cual (voluntaria y objetivamente) el ciudadano deposita su voto y confianza hacia algún dirigente o partido. Esta realidad se distorsiona en la Grecia antigua, sistema cuyo procedimiento era bien diferente debido a un curioso invento, el *kleroterion*.

Este atípico método se basaba en la desconfianza y en el sorteo de los cargos políticos y jueces mediante la utilización de este novedoso aparato. El *kleroterion* era un monolito agujereado con ranuras numeradas, en las cuales los que pretendían ejercer algún cargo público insertaban sus nombres, escritos en unas pequeñas tablillas de plomo (siempre y cuando superaran el examen médico y cultural, sin tener en cuenta su estatus social o patrimonial). Los números presentes en las ranuras del *kleroterion* eran recogidos en una especie de peonza. Esta, tras ser girada, elegía a todos y cada uno de los cargos, con una duración de un año.

Una concepción diferente

El sistema de representación gubernamental (que se va instalando progresivamente en el mundo occidental desde las revoluciones francesa y norteamericana), en el cual la ciudadanía da su beneplácito a alguna élite gubernamental tras una cara campaña y un sinfín de promesas electorales, era percibido por los griegos como preámbulo de la corrupción y la manipulación.

El sistema ateniense se basaba en la Asamblea, órgano de representación popular presidido por todos los ciudadanos de la polis, y no en una oligarquía. La Asamblea no depositaba su confianza a una élite, sino que debía de aprobar todas las leyes en común, y si algún cargo político imponía su ley sin su autorización, podría incluso ser ajusticiado. Los políticos no eran, pues, representantes de la voluntad del pueblo, sino que el propio pueblo se representaba a sí mismo, relegando a los primeros a simple cargo público (no del todo bien remunerado).

Un balance favorable

Este sistema, en el que el poder *de facto* reside única y exclusivamente en el pueblo, fue un éxito rotundo, perdurando en la inestable Antigüedad más de doscientos años, y transformando a Atenas en la gran ciudad de su tiempo (por encima de las ciudades milenarias egipcias o persas).

Sus pilares fueron el debate (abierto y prefigurado en encontrar alguna solución conjunta y no en defender los intereses de alguna oligarquía enriquecida mediante la disputa) y la igualdad política. Y la participación popular fue abrumadora. Se piensa que, al finalizar su vida, todo ciudadano ateniense había ejercido alguna vez algún cargo público.

Así pues, los antiguos griegos confeccionaron un sistema basado en el azar, único medio (según sus creencias) de garantizar un sistema justo y benévolo, eso sí, excluyendo a esclavos, a mujeres, a extranjeros y a niños (casi el 80 por ciento de su población).

La institución que no pudo haber evitado la Segunda Guerra Mundial

La Segunda Guerra Mundial ha pasado a los anales de la historia como uno de los conflictos bélicos más sanguinarios y deshumanizados jamás emprendidos por el ser humano. Más de 50 millones de víctimas mortales dan prueba fehaciente de ello, a los que hay que sumar los millones de refugiados que perdieron todas sus posesiones, el Holocausto y ciudades como Varsovia, Stalingrado, Múnich, Tokio o Róterdam —entre muchas otras— quedaron completamente destruidas por los bombardeos sistemáticos de la maquinaria aérea.

La barbaridad dogmática del nazismo ha sido, sin lugar a dudas, uno de los mayores traumas de la humanidad, y lo más rocambolesco de todo este despropósito es que un par de personas, tal vez, habrían podido evitar toda esta catástrofe.

Un Hitler bohemio

Antes de ser nombrado Führer del Tercer Reich alemán, Hitler tenía unas predisposiciones laborales bien diferentes. Quería ser artista, concretamente, pintor. Con este objetivo en mente, en 1905 viajó a la capital de su país natal, Austria. En su nuevo hogar tuvo que sobrevivir en las calles vendiendo postales que él mismo realizaba. En 1907 y 1908 se presentó en la Academia de Bellas Artes de Viena, pero fue rechazado en ambas ocasiones, debido a que su arte no convencía al jurado.

Se piensa que fue en ese momento, obligado a mendigar y a malvivir en su patria tras el rechazo institucional del mundo del arte (controlado, a ojos de Hitler, por una élite judía), cuando las ideas patrióticas y antisemitas empezaron a fraguarse en su ser.

Y si...

No podemos dejar de preguntarnos qué habría ocurrido si Hitler hubiese sido admitido en dicha academia de arte. Y no es para menos. Si el líder emblemático del nazismo hubiese entrado y medrado en el mundo del arte, ¿la Segunda Guerra Mundial hubiese acaecido?

Aunque bien es cierto que las ideas totalitarias, pangermánicas y de superioridad racial aria (basadas en ciertas vertientes del darwinismo social) proceden, en Alemania (o Prusia), de un siglo antes de la llegada al poder de Hitler, no es menos cierto afirmar que fue gracias a su persona, a su carisma y oratoria, como esas ideas fueron difundidas al grueso del pueblo germano.

El partido de fútbol más violento y sanguinario de la historia

El mundo del fútbol, deporte rey de nuestro tiempo, también tiene sus anécdotas e historias. Y una de las más macabras y heroicas aconteció en la Kiev ocupada, durante la Segunda Guerra Mundial, por la potencia militar nazi: el bautizado como «partido de la muerte».

Un país destruido por la guerra

Ucrania, junto con Polonia y Rusia, ha sido de los territorios que más ha sufrido la Segunda Guerra Mundial. Con un sentimiento nacionalista que tenía por objetivo desunificarse de la Unión Soviética para formar su propia patria soberana, cierto sector de la población vio con buenos ojos la invasión de Hitler en 1941, y su posterior liberación de la «tiranía» soviética. Pero, por desgracia, las calamidades de esas personas no habían hecho más que empezar.

El Führer no tenía ninguna intención de ayudarlos a confeccionar su ansiado país, sino que tenía por objetivo someterlos a sus designios debido a su situación geoestratégica en la campaña militar de Rusia.

Se fragua la leyenda

La liga de fútbol profesional ucraniana, muy popular en esa época, tuvo que ser cancelada en 1941 debido a la invasión nazi. Todos los equipos fueron suprimidos tras la fácil victoria alemana sobre el pobre y desestabilizado país balcánico, puesto que la mayoría de los jugadores fueron o bien asesinados en el conflicto, o bien encarcelados.

Ante esta tesitura, un panadero decidió fundar un equipo de fútbol, el FC Start, que contaba con ocho jugadores del antiguo club Dinamo de Kiev y tres del Lokomotiv. A lo largo del año posterior a la invasión ganaron a todos los rivales a los que se enfrentaban (normalmente, equipos creados por las guarniciones militares alemanas que se hallaban en el país conquistado). Este fulgurante éxito llegó a oídos de ciertos mandatarios nazis y decidieron tomarse la revancha.

El partido de la muerte

El 9 de agosto de 1942 sería la fecha elegida para el partido de fútbol que enfrentaría al FC Start contra el Flakelf (equipo creado en el seno de la Luftwaffe). Los desnutridos y cansados ucranianos tuvieron que plantar cara a un bien alimentado y descansado equipo alemán, que no solo jugaba un partido, sino que luchaba por su raza (para demostrar al mundo su superioridad racial). Como no podía ser de otra manera, se aseguraron la victoria poniendo un árbitro de las Waffen SS y, por si acaso, recordando a sus rivales que su más que difícil victoria sería recompensada con el paredón.

Pero ni las amenazas ni el juego sucio (más que utilizado a lo largo del partido debido a un arbitraje que perdonaba las patadas, puñetazos y tirones de camisetas de uno de los dos equipos) amedrentaron a los deportistas ucranianos, que se alzaron con la victoria al final del partido y rechazaron realizar el saludo nazi de cortesía al principio de este.

Poco tiempo después, gran parte de este equipo (tras volver a ganar otro partido a los nazis) fueron encarcelados y torturados por la Gestapo, acusados de ser miembros del soviético Comisariado del Pueblo para Asuntos Internos de la Unión Soviética (NKVD). Uno de ellos murió en los «interrogatorios», y el resto fue deportado al campo de concentración de Syrets, en el que cuatro murieron asesinados. Cruel recompensa tras tal heroica hazaña, que siempre perdurará en nuestra memoria. Gloria al FC Start.

La férrea educación espartana

La sociedad espartana fue una de las más poderosas de la Antigüedad, cuna de uno de los ejércitos más temidos de la historia. Pero ¿cómo hicieron los espartanos para constituir las tropas militares más conocidas del mundo?

Los orígenes de Esparta

En muchos sentidos, Esparta fue el modelo a seguir, casi utópico, del mundo helénico antiguo. En esa Grecia protoimperial, territorio constituido por todo un abanico de ciudades-estado independientes, pero con ciertos valores en común (como su panteón o su idioma), a veces aliadas, a veces en disputa, la estabilidad y la superioridad militar de la sociedad espartana fue, sin duda, un espejo en el que todas ellas querían reflejarse. Y no es ningún secreto que las virtudes básicas de todas esas sociedades —véanse el sentido de pertenencia territorial, el mantenimiento de su autonomía y la defensa armada ante un avance invasor— eran de sobra aprobadas por los espartanos.

Los orígenes de esta cultura se remontan, según el folclore espartano, al siglo XII a. C. Una lejana época en la que Esparta nació del sangriento y heroico avance de unos invasores norteños, dirigidos por el descendiente de Hércules, Lacón, que conquistaron el territorio de Laconia, fundando la capital de su reino, ciudad dedicada a su reina Esparta. De este modo, y hasta mediados del siglo VIII a. C., la urbe se convirtió en el núcleo político, religioso y cultural del territorio.

Los espartanos se expanden

Una explosión demográfica los obligó a colonizar nuevas tierras, girando su mirada hacia el oeste e iniciando las guerras de Mesenia. Este era un territorio rico en hierro y agricultura que, tras cien años de resistencia, cayó bajo el poder espartano, transformando a todos sus ciudadanos en ilotas (esclavos) y a Esparta en la ciudad-estado más grande de su tiempo.

Tras la conquista surgió un grave problema que empezaría a menoscabar la estabilidad de la sociedad espartana. Los ilotas, antiguos hombres libres esclavizados a la fuerza, eran mucho más numerosos que los espartanos y aprovechaban cualquier ocasión para rebelarse contra el poder imperante.

Para paliar este problema, el legislador Licurgo remodeló todas las leyes y costumbres espartanas, transformando las milicias de granjeros armados en la unidad de combate más temida de la Antigüedad. Se creó así una revolución social que tenía por objetivo menguar la libertad individual para hacer medrar la seguridad de la comunidad.

De este modo, se creó el Estado militarizado que ha quedado grabado en fuego para siempre en nuestra historia.

Los niños son sacados de sus hogares, empieza la instrucción

A los siete años, los espartanos varones salían de sus hogares para ser criados por el Estado según la *agogé* (educación espartana) en una especie de academia militar que tenía por objetivo instruir a los jóvenes infantes en la disciplina bélica.

Durante los cinco primeros años de su adiestramiento, el *pedónomo* los aleccionaba en educación física y cultural. De este modo, se confeccionó una clara jerarquía social entre los alumnos más jóvenes y los mayores, que se ocupaban de darles la disciplina y los castigos necesarios para su fructuosa evolución (los latigazos con varas en la espalda eran más que comunes).

Era, sin lugar a dudas, un sistema de selección brutal que tenía por objetivo crear a verdaderos soldados espartanos, eliminando cualquier debilidad del sujeto, poniéndolo a prueba las veinticuatro horas del día.

Por su parte, las niñas espartanas recibían su adoctrinamiento y entrenamiento en el hogar parental. Se les enseñaba a ser fuertes y autosuficientes, pero su misión principal era la de engendrar hijos sanos para Esparta.

Los niños son dejados a su suerte

Cuando los niños cumplían doce años se les otorgaba un manto para cubrirse, se les quitaban las zapatillas y, para agudizar su ingenio, pasaban a ser alimentados por los ilotas (normalmente con sopa de sangre de cerdo), forzando así a los jóvenes espartanos al vandalismo y al robo para poder sobrevivir. Eso sí, si los atrapaban robando, eran castigados con el látigo. Pero si no robaban, difícilmente podrían sobrevivir.

En cuanto a su entrenamiento, era una constante competición tanto física como mental para el estudiante. Debían pasar prueba tras prueba, poniendo todo su empeño e ingenio para no ser castigados o morir. Para poder superarlas, al joven se le atribuía un mentor, un hombre adulto que le supervisaría de por vida (siendo las relaciones sexuales entre ambos algo típico de la época).

La última prueba

Cuando cumplían los veinte años, y antes de ser licenciados por la *agogé,* los espartanos debían pasar una última prueba: la *criptia* o *krypteia,* una expedición militar que tenía por objetivo asesinar a los ilotas que suponían una amenaza social. Para este último adiestramiento, los espartanos debían sobrevivir durante meses fuera de su hogar, en tierra ilota y hostil, y degollar a sus enemigos.

La Revolución francesa y el terror

El año de la Revolución francesa, 1789, es una de esas fechas que han quedado grabadas a fuego en nuestra retina. Esta significó una transformación radical en la sociedad y dio pie, junto con la Revolución Industrial, a una nueva etapa en la historiografía, la Edad Contemporánea.

Lejos de ser un camino de rosas, este fue un acontecimiento con muchas sombras que creó uno de los sistemas más despóticos que jamás hayan existido en Europa, *la Terreur*, como atestiguan sus casi cuarenta mil víctimas mortales.

Para poder comprender el alcance de este profundo cambio hay que analizar, brevemente, el sistema político, social y económico que gobernaba a casi toda la totalidad de Europa desde el Medievo. El denominado Antiguo Régimen.

El Antiguo Régimen europeo

En el plano social, la población europea medieval se dividía en tres grupos, los denominados estamentos: la nobleza, el clero y el pueblo llano. Los dos primeros eran los señores feudales, clase social minoritaria de privilegiados. El resto era el pueblo llano, clase mayoritaria (más del 90 por ciento de la población) de no privilegiados.

Físicamente, el territorio europeo se hallaba dividido en señoríos, propiedad de algún señor feudal, en los que podíamos encontrar las aldeas habitadas por el pueblo llano, los castillos de la nobleza (o monasterios de la Iglesia) y los campos agrícolas, base de la riqueza por aquel entonces. En la cúspide, se hallaba el soberano del reino, gran noble cuyos señores le habían rendido vasallaje.

Económicamente, era una sociedad agraria dividida entre los propietarios de los campos agrícolas (los señores feudales) y los que trabajaban en esos lugares (campesinos y artesanos). Los primeros eran ricos (unos más que otros), los segundos no. Cabe destacar que los impuestos solo eran pagados por los no privilegiados (ya que uno de los privilegios era no tener que pagarlos, además de cobrarlos).

En cuanto a política se refiere, esta era garantizada por las clases privilegiadas. El gran núcleo social formado por los campesinos y artesanos no tenían casi voz en ese dominio.

Era pues una sociedad de vasallaje, dividida en una gran masa social que trabajaba para alimentar y enriquecer a la sociedad, y una ínfima minoría que los protegía (tanto en el plano físico, mediante las espadas nobiliarias, como religioso, por los rezos del clero que garantizaban la vida eterna).

Este *statu quo* se vio drásticamente afectado por la aparición de dos fenómenos sociales, el absolutismo y la burguesía. El absolutismo eliminó el poder político de las clases privilegiadas para caer bajo las manos de un solo individuo, el monarca absolutista. Por su parte, la burguesía, antiguos artesanos y campesinos que se habían enriquecido mediante el florecimiento de los burgos (ciudades feudales) y el comercio que en estos se realizaba, revolucionó por completo el orden social establecido. Como los privilegiados, por ley, estaban exentos de trabajar, cuando el comercio volvió a florecer en suelo europeo no pudieron ganar las cuantiosas sumas de dinero que traía consigo este beneficioso trabajo. Este hecho constituyó una nueva clase social, la burguesía, que no era privilegiada, pero que muchas veces atesoraba más riquezas que los propios señores feudales. El sistema de vasallaje impuesto en el Medievo se estaba resquebrajando.

Francia durante el Antiguo Régimen

La gran crisis, con hambruna y todo, que explotó en Francia durante el invierno de 1788 dio pie a una de las revoluciones más célebres de nuestra historia. Momento histórico en el que el Antiguo Régimen fue destruido (por lo menos, durante un lapso de tiempo) y en el que una nueva sociedad germinó en territorio galo (que sería emulada por la mayoría de los países europeos). Pero ¿cuáles fueron los motivos de esta profunda crisis?

Para entender lo que pasó en Francia en 1789 habría que retrotraerse un poco más en el pasado, a la guerra de los Siete Años (1756-1763), conflicto bélico que enfrentó a Francia contra Inglaterra por el control del territorio norteamericano (junto al comercio triangular que nacería desde las colonias y que otorgaba grandes sumas de dinero, manchado, eso sí, con el sufrimiento del pueblo africano reducido a la esclavitud en las plantaciones norteamericanas). Esta guerra se saldó con la victoria británica y las arcas francesas quedaron bajo mínimos.

En aquella época, el rey galo era Luis XV, que moriría de viruela en 1774, dejando el trono a Luis XVI, que estaba casado con la austriaca María Antonieta. La nueva pareja real era aún muy joven. El rey tenía veinte años; la reina, dieciocho, y no estaban preparados para afrontar a una Francia que se estaba adentrando en un periodo oscuro de profundas crisis económicas. Se dice que, el día que tomó el poder, el monarca, superado por la situación, llegó a decir: «Señor, ven en nuestro auxilio, ya que somos demasiado jóvenes para gobernar». Seguramente, Francia tenía el peor soberano que un país puede desear para poder afrontar una crisis de grandes magnitudes. Y esta, por desgracia para los nuevos monarcas, no tardó en llegar.

El país se precipita hacia el desastre

En la Francia prerrevolucionaria, la crisis económica estaba dilapidando el nivel de vida del pueblo, encareciendo hasta máximos desorbitados el precio de la harina, base nutricional por aquel entonces. En las calles galas hubo, incluso, persecuciones en contra de los panaderos, acusados del abusivo precio del pan, siendo muchas veces apaleados hasta la muerte por la muchedumbre.

Mientras que el pueblo moría literalmente de hambre, la familia real vivía a espuertas, afincada en el palacio de Versalles, lugar donde las clases más opulentas celebraban con regularidad copiosos banquetes y lujosas fiestas.

Cabe destacar que los índices de popularidad de la pareja real siempre fueron más bien bajos en el seno de la población gala.

María Antonieta era odiada desde su llegada a Francia, debido a sus orígenes austriacos y a la tardanza en dar un heredero al trono galo. Y es que, en un principio, Luis no tenía ningún interés en acostarse con su mujer, debido a sus dolencias de fimosis, lo que fue la comidilla del momento y motivo de burla constante de sus coetáneos (lo de no acercarse a su mujer, no lo de la fimosis). En aquella época abundaban caricaturas en tono de burla hacia los monarcas (del estilo del «cerrajero que no encuentra la cerradura»), pero el centro de las sornas siempre fue la reina. A todo ello hay que añadir que fue apelada Madame Déficit, ya que su lujoso modo de vida costaba una pequeña fortuna al país.

Por su parte, Luis XVI era visto como poco más que un niño de teta, sin ningún tipo de carisma para gobernar. Por aquel entonces, su popularidad estaba por los suelos.

Y fue en ese momento cuando hizo su entrada uno de los inviernos más duros y fríos de la historia reciente francesa. Un efecto climatológico que asoló la endeble economía agrícola de la época y precipitó los acontecimientos que surgirían a la postre.

1789, EL AÑO DE LA REVOLUCIÓN

Al verse sobrepasado por la situación, Luis XVI apeló a los Estados Generales (asamblea integrada por los tres estamentos, que tenía por finalidad ayudar en la toma de decisiones al soberano absolutista). Hacía casi ciento cincuenta años que estos no se habían reunido, ya que la soberanía de la nación residía única y exclusivamente en la figura del rey. Pero esta asamblea se vio abocada al desastre desde sus inicios. Los diputados del pueblo llano, que representaban a un 95 por ciento de la sociedad, solo contaban con un voto (los otros dos eran para la nobleza y el clero). Ante esta situación de crisis, el pueblo premió a los privilegiados con pagar impuestos para ayudar a las arcas del Estado, pero los privilegiados se negaron.

Finalmente, los diputados del pueblo (el tercer estado) fueron echados de los Estados Generales (que se reunían en el palacio de Versalles), y se reunieron en una sala anexa, donde realizaron *le serment du Jeu de Paume* (el juramento del Juego de la Pelota), comprometiéndose a no separarse hasta dotar a Francia de una Constitución, momento en el que decidieron revocar el Antiguo Régimen y crear una asamblea que representara los intereses del ciudadano de a pie *(Assemblée Nationale)*. Y los acontecimientos que acabarían con el absolutismo en Francia se desencadenaron.

El rey, viendo cómo el pueblo se organizaba, decidió atacar la capital. Los ciudadanos se armaron y el 14 de julio tomaron la Bastilla (prisión en la que se encarcelaba a los enemigos de la Corona y que contaba con todas las reservas de pólvora de la ciudad).

Ante esta situación, el ejército real prefirió no marchar hacia la capital y retroceder, y el pueblo llano tomó la urbe.

Piedra a piedra, la célebre e impopular cárcel fue demolida por los parisinos, sin más utensilios que sus manos y martillos. Los privilegios y derechos señoriales fueron abolidos, y la revolución se extendió desde París a toda la cartografía francesa. Por último, una muchedumbre enfurecida de mujeres fue hasta Versalles y llevó consigo al rey y a su familia (que tuvieron que viajar hasta la capital con las cabezas de sus guardias ensartadas en las lanzas de sus súbditos). El Antiguo Régimen se había precipitado hacia el abismo, y las monarquías absolutistas que rodeaban Francia temían que esas ideas subversivas explotaran en sus territorios.

Los revolucionarios se encaminan hacia el Terror

Rodeada por potencias monárquicas, los franceses temieron por la supervivencia de su revolución. Antes de verse atacado, el Estado galo (cuyo hombre fuerte por aquel entonces era Maximiliano Robespierre) se enfrascó en una guerra contra una coalición de países pertenecientes al Antiguo Régimen (austriacos, prusianos y españoles). A su vez, en el interior del territorio germinaron varias rebeliones en contra del nuevo rumbo que estaba tomando el país, siendo la más importante la rebelión de La Vendée.

El pánico y la paranoia se apoderaron del alto mando político francés, que veía enemigos conjurados contra la República por doquier, instalando un sistema dictatorial y sanguinario cuyo nombre aún perdura en nuestra memoria, el Terror.

El Terror francés

Las rebeliones en contra de la revolución fueron brutalmente reprimidas. Ciertas fuentes de la época nos hablan de más de cien mil muertes en las guerras de La Vendée, y algunos historiadores no dudan en utilizar el término de «genocidio» para describir lo que allí aconteció. Y, aunque este concepto está puesto a debate por historiadores más recientes, no cabe duda de que nos muestra la brutalidad de esas matanzas.

Por otro lado, los revolucionarios sacaron a relucir *le rasoir national* (la cuchilla nacional). Es decir, la ultraconocida guillotina. Con ella, no solo se cortaron las cabezas de Luis XVI y de María Antonieta (véase el epígrafe de «Los últimos días de María Antonieta y el joven Luis XVII»), sino también a un número ingente de individuos tildados como traidores a la *République française*. Uno tras otro fueron pasando, mientras el pueblo parisino (y francés) disfrutaba con ese espectáculo tan «saludable» de ver a gente guillotinada, un sábado cualquiera, en alguna que otra plaza en la que se elevó esta implacable arma.

Esta era una etapa oscura para habitar la capital. Cualquier tipo de denuncia te mandaba directo al Tribunal Revolucionario para ser juzgado por el Comité de Salvación Pública (ya sea por llamarle a alguien *monsieur,* término prohibido por aquel entonces, o por cualquier tipo de suposición o falacia que habían vertido en tu contra). Decenas de miles fueron encarcelados, torturados y finalmente llevados a ser decapitados en alguna plaza pública.

Al final de este cruento momento de la historia, que aconteció desde septiembre de 1793 a verano del 1794, se cuentan casi cuarenta mil víctimas mortales, entre ellas sus mayores adalides, los hombres fuertes de la Primera República francesa, como Danton, Saint-Just o el mismísimo Robespierre.

El hombre de la máscara de hierro

Este insólito personaje es el protagonista de una de las historias francesas más conocidas y misteriosas. Y su vida da, y ha dado, para crear una verdadera película de intrigas cortesanas. Un individuo encarcelado en la Bastilla en el siglo XVII, que estuvo décadas aislado de la sociedad y cuyo rostro fue cubierto por una máscara de hierro, para que nadie, ni siquiera sus carceleros, conocieran su identidad.

Como no podía ser de otro modo, muchas preguntas subyacen a este relato. ¿Quién fue ese oscuro personaje? ¿Qué secretos conocía sobre el reinado del monarca Luis XIV? ¿Qué actos cometió para ser así eliminado del presente y del futuro de la historia?

La leyenda del hombre de la máscara de hierro

La existencia de este personaje fue descubierta, por lo menos a ojos del gran público, por Voltaire. El filósofo, que con cierto descaro y sin ningún tipo de pruebas, acusó a Felipe II de Orleans de cometer incesto con su hija, fue encarcelado en la Bastilla en 1717. Y sería durante su estancia en prisión cuando se toparía con la peculiar historia del hombre de la máscara de hierro. Pero no fue el único en hacerse eco de ella. Otro de los grandes autores franceses, Alejandro Dumas nada menos, escribió un auténtico *bestseller* sobre esta trágica vida.

Estos dos autores lo describieron de una forma bastante ambigua. Por un lado, fue claramente aislado del mundo, siempre ataviado con su máscara de hierro, negándole cualquier tipo de acercamiento al exterior. Se le prohibió incluso el derecho de pronunciar su propio nombre y los guardias que lo custodiaban tenían la orden de matarlo si este hablaba de otra cosa que no fuesen sus necesidades. Por otro lado, era un elegante y refinado hombre que recibía un claro trato de favor. Era respetado por sus carceleros, sus demandas siempre estaban cubiertas, y sus cenas nada tenían que envidiar a las servidas a los aristócratas.

Eso sí, para preservar el secreto, tras su muerte, acontecida a principios del siglo XVIII, su celda fue vaciada y limpiada de arriba abajo. Las paredes fueron rasgadas y sus muebles quemados. Todo ello por si el encarcelado hubiera tenido en vida la peligrosa idea de haber escrito su nombre en algún lugar oculto.

Y, claro está, un gran número de teorías surgieron sobre la identidad de este misterioso personaje. ¿Era el hermano gemelo del Rey Sol o un hermano bastardo que podría reclamar su trono? ¿Un cruel enemigo de la Corona que estuvo tan cerca de matar al rey que decidieron borrarlo de los anales? ¿Podría ser un general traidor a la corte o el mismísimo D'Artagnan (que perdió su popularidad tras su derrota en Maastricht y cuyo rostro fue ocultado al resto de los mosqueteros por una máscara)? Muchas preguntas que no hacen más que aumentar el halo legendario del hombre de la máscara de hierro.

La historia tras la leyenda, la trágica vida de un humilde ayuda de cámara

Según Jules Lair, lejos de tan pomposidad y realengo, la verdadera identidad del hombre de la máscara de hierro era bien diferente. Eustache Dauger, el auténtico hombre tras la máscara según el historiador, era en realidad un humilde ayuda de cámara.

Su trágico destino empezó en julio de 1669, cuando un ministro de Luis XIV, Louvois, mandó encontrar a un tal Eustache Dauger para encarcelarlo en una prisión situada en los Alpes. El individuo fue retenido, con un gran secretismo, por las autoridades galas, cuando se hallaba en el puerto de Dunkerque, rumbo a Inglaterra. Tras su detención fue confiado a un carcelero de nombre Saint-Mars, quien tenía órdenes de aislarlo del mundo, darle de comer una vez al día y ajusticiarlo si el encarcelado hablaba de otra cosa que no fueran sus necesidades básicas.

En un principio, recibía un trato bastante duro, como cualquier reo de su condición social, pero esto cambió con la llegada a escena de un aristócrata venido a menos, Nicolas Fouquet. Los nobles gozaban de un trato mucho más favorable durante su estancia en prisión, con cenas que nada tenían que ver con las otorgadas al resto y una calidad de vida mucho más decente. Disponían incluso de un ayuda de cámara para servirlos. Y a Nicolas se le atribuyó, como segundo ayuda a Eustache.

A partir de ese momento, el preso recibió un trato más benévolo. Podría tener una mejor alimentación, pasear junto a su señor sobre las murallas de la cárcel, ver a gente, etcétera. Un trato mucho más acorde con el descrito en la leyenda del hombre de la máscara de hierro.

Un secreto que tenía que ser ocultado

El problema se dio cuando al aristócrata se le permitió reunirse con gente foránea en la prisión. El carcelero, Saint-Mars, tenía que ingeniárselas para que Eustache no hablará más que de lo estrictamente necesario con los visitantes. Pero ¿cuál era el gran secreto que ocultaba este humilde personaje?

Aunque no se pueda saber con exactitud, todo parece indicar que el ayuda de cámara fue detenido por haber conocido un importante secreto de Estado durante las negociaciones que entablaron la Corona británica y la francesa, en el tenso verano de 1669.

Sea como fuere, tras la muerte del aristócrata, Eustache y el otro ayuda de cámara, que *a priori* debían ser liberados, fueron deportados a otra prisión gala. Pero antes, Saint-Mars hizo todo lo posible por eliminar sus identidades, ocultando sus verdaderos nombres para siempre.

Una historia inventada con un fin

Con el objetivo de dar mayor importancia a su estatus y catapultarse en las jerarquías carcelarias, Saint-Mars caricaturizó la historia del pobre Eustache para que todos pensasen que estaba al cargo de un prisionero que tenía en su haber un importante secreto de Estado que nunca podría ser revelado.

Con los años, el carcelero tuvo que trasladarse a una prisión en la isla de Santa Margarita. Y, por supuesto, se llevó consigo a su muñeco de feria. Para el traslado, y con el supuesto fin de ocultarlo, le tapó la cara con una máscara (aunque todo parece indicar que no recibió ninguna orden para ello).

Tras llegar a la cúspide y ser elegido gobernador de la Bastilla, Saint-Mars realizó su último viaje. Y, de nuevo, volvió a trasladar a su prisionero estrella. El pobre Eustache (el otro ayuda de cámara ya había fallecido largos años atrás) tuvo que ataviarse con la máscara (algunos defienden que era de metal, otros de terciopelo), para seguir avivando el oscuro e inventado secreto de su identidad.

Según el historiador, en este traslado nacería la leyenda del hombre de la máscara de hierro, puesto que un administrador de la célebre prisión gala así lo describió al entrar en sus nuevos y últimos aposentos. Extraña descripción que pasó de boca en boca, hasta llegar a oídos del célebre Voltaire. Moriría, en la Bastilla, en 1703.

1936, los Juegos Olímpicos del Führer

Las Olimpiadas de Berlín de 1936 son consideradas uno de los mayores actos propagandísticos de la historia. Tras haber sido seleccionados para tal evento deportivo, el régimen nazi confeccionó un verdadero espectáculo de masas con el propósito de mostrar al mundo su superioridad, tanto militar como cultural (y, evidentemente, racial).

Los Juegos Olímpicos se van gestando por un propósito mayor

Este célebre acontecimiento deportivo se empezó a gestar varios años antes de la llegada al poder de Adolf Hitler, en 1931. Debido a la suspensión de los Juegos Olímpicos de Berlín de 1916 (por culpa del estallido de la Primera Guerra Mundial), la capital alemana fue elegida como anfitriona de las Olimpiadas de 1936.

Pero, en 1933, Hitler fue nombrado canciller de la débil República de Weimar. Y, al poco tiempo, el líder instauró un régimen claramente dictatorial, militarista, racista y represivo en torno a su persona.

Con el fin de promover la idea de superioridad racial y la preponderancia militar alemana, el Tercer Reich confeccionó un sistema de culto al cuerpo en el que la aptitud física de los arios era vista como su principal baza. Para ello, se creó una fuerte propaganda nacional, cuyos pilares eran el deporte y la juventud (fuertemente aleccionada y adoctrinada por las Juventudes Hitlerianas). Y los Juegos Olímpicos iban a servir para demostrar el poderío germano y su supuesta superioridad racial al mundo.

Presiones extranjeras y lavado de imagen

Tras el nuevo rumbo alemán de principios de la década de 1930, no fueron pocos los países que se opusieron a este evento. El panorama internacional se hallaba conmocionado por las nuevas políticas supremacistas y represivas emprendidas por el Tercer Reich. Entre todas ellas, y siendo el caso que nos ocupa, destaca la eliminación de todo individuo de orígenes judíos o romaníes del deporte profesional alemán. Y, ante esta situación, algunas naciones intentaron boicotear las Olimpiadas, amenazando con no asistir, aunque al final todo fue un gran farol.

Con el fin de lavar su imagen, Hitler apaciguó un poco los ánimos dejando, durante un breve periodo de tiempo, fuera de su agenda política, las represiones y propagandas racistas e ideológicas. Con este fin en mente, se retiraron de las calles y de los periódicos los eslóganes y mensajes racistas. Además, se permitió incluso la participación de una deportista de ascendencia judía, la esgrimista Helene Mayer (que embolsaría una medalla de plata para los alemanes).

En este punto de la historia, cabe destacar que España fue el único país en boicotear y no asistir a los Juegos Olímpicos de Berlín. Los republicanos del Frente Popular decidieron organizar su propio evento, las Olimpiadas Populares de Barcelona. Pero estas nunca se realizaron debido al estallido de la Guerra Civil.

Los Juegos Olímpicos nazis

Conforme se acercaba la fecha de inicio del importantísimo evento, la capital germana se engalanó para la ocasión. Miles de banderas con el símbolo olímpico y la esvástica nazi fueron dispuestas por las calles, y se construyó un imponente estadio olímpico. A él se sumaron esculturas y muestras del arte de estilo clásico griego, cuya mitología siempre se hallaba muy presente en la simbología nazi. Esto se realizaba con el fin de enarbolar la absurda idea de que eran los herederos de las grandes civilizaciones (*razas,* para ellos) antiguas, sobre todo la helena.

El acto inaugural tampoco se quedó atrás. Para tan importante acto se creó un rito de inauguración sin precedentes, trayendo la antorcha olímpica, en una carrera de relevos, desde Atenas hasta Berlín. Es decir, una carrera de casi tres mil quinientos kilómetros. El célebre dirigible Hindenburg también acudió a la cita con el dictador, que llegó a un estadio abarrotado (con más de cien mil espectadores, sin contar los cientos de miles que inundaron las calles), mientras Strauss se encargaba de la banda sonora. Tras Hitler, todos los deportistas (muchos de ellos impactados y extasiados por el despliegue del Führer) desfilaron divididos por países.

Pero lejos de demostrar al mundo la supuesta superioridad de la raza aria y, aunque los atletas alemanes fueron los que más medallas ganaron, fueron eclipsados por el afroamericano Jesse Owens (véase el epígrafe «Jesse Owens, el gran icono deportivo de la lucha contra el racismo») y por un buen número de escándalos deportivos.

Gretel Bergmann, la saltadora olímpica vetada por los nazis

Gretel nació en Alemania en 1914. Se hizo un nombre en el panorama deportivo a principios de la década de los años treinta, cuando venció en una serie de campeonatos germánicos. Pero tras la llegada del Führer al poder, fue expulsada del deporte profesional por su origen judío. Y, para poder proseguir con su carrera, tuvo que emigrar al Reino Unido, lugar donde siguió cosechando importantes títulos.

Conforme la fecha de los Juegos de Berlín se acercaba, el Gobierno nazi, debido a sus tintes antisemitas, se vio sometido a una fuerte presión internacional. Ante esta tesitura, y para aplacar los ánimos, Hitler decidió que la saltadora participara (su caso era muy conocido en la época). Esta aceptó competir por su país, pero una desagradable sorpresa la aguardaba.

Cuando solo faltaba un mes para el inicio del importante evento, y tras haber superado todas las marcas por haber en su categoría, el Gobierno nacionalsocialista le notificó que no sería inscrita en el torneo. La justificación fue que sus características físicas eran el claro prototipo de la «raza» semita. En 1937 tuvo que exiliarse a Nueva York, lugar en el que tuvo que sobrevivir trabajando como limpiadora o masajista. Eso sí, conseguiría de nuevo importantes hitos deportivos en varios campeonatos nacionales estadounidenses.

El mayor escándalo del mundo del fútbol

Una de las mayores polémicas fue el partido de fútbol que enfrentó a la selección peruana contra la austriaca. Esta historia, recogida en la obra de Guillermo Thorndike, *Manguera, una historia de fútbol peruano,** ha supuesto una de las mayores controversias del mundo de este deporte. Y no es para menos, puesto que, aunque los peruanos vencieron por cuatro goles a dos, el partido fue suspendido y el resultado anulado. Las autoridades deportivas instaron a repetir el encuentro, pero los ultrajados peruanos decidieron no acudir a la cita y abandonar los Juegos Olímpicos en señal de protesta. Todo

* Lima, Mosca Azul Editores, 1975.

parece indicar que los nazis no podían permitirse perder de esta manera contra una «raza» supuestamente inferior a la suya.

Pero este robo tiene algo más de miga. Según el informe de las autoridades olímpicas y lo recogido en los periódicos europeos de la época, el campo fue salvajemente invadido por los aficionados peruanos, lesionando, por lo menos, a uno de los deportistas austriacos, antes de la finalización del encuentro deportivo.

La trata de esclavos y el comercio triangular. ¿El comercio más lucrativo de la historia?

La trata de esclavos en el África occidental ha sido uno de los negocios más rentables, en el plano económico, de la historia. Y sus brutales números no dejan lugar a la duda.

Un comercio que globalizó el mundo

Con una duración de cuatro siglos, sus 12 millones de víctimas (seres humanos esclavizados por la fuerza) y los más de 39.000 viajes de barcos mercantes negreros que partieron de las costas africanas hacia las colonizadas Américas, este comercio de humanos fue la base del florecimiento del comercio internacional y del progreso en los países europeos occidentales.

A raíz de la trata se confeccionó el conocido como «comercio triangular». Una ruta de intercambios que unió a los continentes europeo, africano y americano. A estos habría que sumar el asiático, ya que la moneda de cambio para la compra de esclavos se realizaba con conchas provenientes del océano Índico, las conchas cauri.

Desde Europa se enviaban alcohol, armas, pólvora o tejidos varios hacia África. Estas riquezas tenían la finalidad de corromper a las autoridades africanas para que estas proveyeran de esclavos. Por su parte, los barcos repletos de individuos partían de la costa occidental africana para ser explotados en las minas y plantaciones americanas. Y, finalmente, desde América, las mercancías extraídas en el Nuevo Continente, como los productos exóticos de sus plantaciones o los minerales, viajaban hacia Europa.

Un negocio en el que la humanidad brilla por su ausencia

La suerte de los malogrados esclavos no fue una preocupación en ningún momento para los mercaderes y los dueños de las plantaciones y minas. No es ningún secreto afirmar que estos solo fueron movidos por el rédito económico que le podían sacar a la explotación de seres humanos.

Esta ha sido una de las mayores migraciones forzosas de la historia de la humanidad. Y el funesto destino de estas personas aún eriza la piel en nuestros días. Arrancados por la fuerza de sus vidas, relegados a la condición de propiedad, llevados salvajemente hacia las Américas y explotados brutalmente por sus nuevos amos, la triste historia de estos individuos enmudece a todos aquellos que la analizan.

Hombres libres transformados en mercancías

Los esclavos eran apresados de diferentes maneras por las autoridades africanas. La más común era un ataque total, utilizando las armas europeas para destruir y matar a buena parte del poblado, encarcelando a los supervivientes. Pero también realizaban ataques sorpresivos, tomando por la fuerza a algún habitante que se hallaba separado del resto de sus vecinos. Estos últimos solían ser niños y niñas que se habían alejado de la atenta mirada de sus progenitores por unos minutos.

Asediados en la costa por este nuevo fenómeno, muchos individuos decidieron migrar hacia el interior del continente. Su objetivo era escapar de las feroces garras de sus captores, pero estos los persiguieron en su huida. Este hecho empeoró la situación de los apresados, puesto que al martirio tenían que sumar extenuantes marchas de cientos de kilómetros, atados los unos a los otros y a ritmo de latigazos, que separaban sus nuevos asentamientos de su destino, los barcos mercantes con dirección a América. Se estiman decenas de miles de muertes en estos trayectos, bien por cansancio, bien por deshidratación.

Tras el tortuoso camino, los esclavos eran vendidos a sus compradores. Antes de la venta se los desnudaba, colocaba en largas hileras e inspeccionaba su condición física (mirando sus dientes, tocando sus músculos, etcétera). Tras la primera criba, se estipulaba un precio y se vendían a los negreros. Estos serían los encargados de llevarlos en sus barcos mercantes hacia el Nuevo Mundo.

Antes de partir, solían estar recluidos en las conocidas fábricas, instalaciones carcelarias sin ningún tipo de comodidad y normalmente bien vigiladas por altos muros y un pequeño ejército para impedir posibles fugas. Para ello, muchas veces se utilizaban antiguos fuertes europeos fundados en las costas. Anteriormente, tenían la función de proteger los almacenamientos de marfil, oro u otros minerales que las potencias protocoloniales habían explotado en el territorio africano. Uno de los más conocidos era el fuerte portugués situado en Ghana, Elmina.

En un principio, la trata de esclavos estaba monopolizada por el Imperio luso, pero con el tiempo la mayoría de las potencias europeas participaron activamente en él (holandeses, españoles, franceses, ingleses, etcétera).

El viaje hacia el Nuevo Mundo

Una vez apilados en el barco, destino a América, los esclavos eran atados los unos a los otros con grilletes. A este martirio se sumaba la falta de medidas higiénicas (teniendo muchas veces que orinar o defecar los unos sobre los otros), no disponer de apenas comida ni agua (normalmente, eran alimentados con una especie de papilla que les ponían en las manos) y el ínfimo espacio (se calcula que disponían de media de unos setenta centímetros para poder instalarse).

En estas inhumanas condiciones tenían que sobrevivir a una larga travesía de entre cinco y doce semanas. Se calcula que entre el 15 y el 20 por ciento de los esclavos murieron en estas circunstancias.

Y, como es lógico, muchos de ellos decidieron dejarse morir antes de proseguir con su nueva vida. Los que pudieron, saltaron por la borda para ahogarse en la inmensidad del mar. Otros intentaron morir de hambre, aunque a estos últimos se les introducían a la fuerza los alimentos mediante el *speculum oris* (artilugio parecido al utilizado por los ginecólogos para mantener la vagina abierta).

Por último, no hay que olvidar los latigazos, muchas veces aleatorios, con el fin de infundir miedo y disuadir las posibles rebeliones, o las violaciones sistemáticas a las mujeres apresadas.

Llegan a su nuevo hogar, el martirio continúa hasta el final de sus días

Una vez acabada la horrible travesía, los esclavos eran llevados a mercados en América. Allí eran vendidos a sus nuevos amos en una puja a mano alzada. Los individuos más cotizados eran los fornidos y jóvenes africanos, mano de obra necesaria para el brutal trabajo en los grandes latifundios controlados por los colonizadores en el Nuevo Continente o en las minas (con condiciones de trabajo infrahumanas y con una esperanza de vida casi nula). Las mujeres se compraban a más bajo precio, sobre todo para el trabajo en los hogares, así como los niños y las niñas.

En los mercados eran, muchas veces, desnudados para mostrar bien sus atributos a los futuros compradores. Tras la compra se les solía estampillar con un hierro candente la marca de sus amos, afianzando así su nuevo estado de propiedad.

De allí partían hacia sus nuevos hogares, normalmente grandes haciendas agrícolas donde se explotaba la caña de azúcar u otros productos exóticos. Los amos los bautizaban, cambiando su nombre y otorgándoles una nueva identidad (con el fin de romper con su pasado). A partir de ese momento, los colonos ejercían un control absoluto sobre sus esclavos. Tenían un poder total para juzgarlos o imponerles las condiciones de vida que creían adecuadas para sus propiedades. Con el tiempo, y debido a los excesos cometidos en el trato hacia los esclavos, el Gobierno americano tomó cartas en el asunto, eliminando los castigos corporales y las amputaciones (recurrentes formas de castigo de los amos).

Capítulo 2

HISTORIAS BÉLICAS DE LO MÁS VARIOPINTAS

La guerra es una de las particularidades humanas que más controversia y odio suscita. ¿Qué incita a los pueblos, países o imperios a matarse los unos a los otros? ¿Por qué tantos anhelos en querer conquistar y acabar con el vecino? ¿Es algo propio del ser humano la necesidad de expandirse, conquistar, guerrear y matar al diferente? Y esta no es una cuestión baladí. Nunca he visto a otro animal tener tanto ahínco por querer destruir todo cuanto lo rodea.

La guerra nos ha perseguido por todo nuestro pasado. Se ha disfrazado de ideales, patriotismo y miedo. Nos ha cincelado a su imagen y semejanza. Nos ha llevado a cometer las peores atrocidades jamás imaginadas, pesadillas lovecraftianas que enmudecen a todos los que realizan un ejercicio de introspección y se imaginan vivir alguna. Pero también nos ha hecho avanzar por la senda escogida, y los inventos que en un principio tenían la idea de aniquilar han mutado, salvando miles de vidas, construyendo artilugios y máquinas hasta la fecha impensables o haciendo avanzar la ciencia con pasos de gigante.

Sea como fuere, miles de millones de individuos han muerto por culpa de ellas, ya sea en un campo de batalla, ya sea por las condiciones que impone a los pueblos enfrentados. Miles de millones de víctimas a lo largo de las interminables páginas de nuestra historia que nos recuerdan que algo va mal en el seno de la conciencia humana. Pero también nos ha dejado un sinfín de anécdotas y curiosos personajes como los que veremos a continuación.

El batallón hoplita de enamorados, ¿El ejército más temido de todos los tiempos?

Todos sabemos quiénes son los «trescientos» espartanos (véase el epígrafe «La férrea educación espartana»), valerosos soldados protagonistas de cientos de libros y películas, pero somos menos los que conocemos la historia del Batallón Sagrado de Tebas. Esta fue una peculiar unidad militar de élite que pasó a la historia, por medio de la pluma de Plutarco, debido a su ferocidad y amor, puesto que, como bien nos revela el historiador griego, «un batallón cimentado por la amistad basada en el amor nunca se romperá y es invencible; ya que los amantes, avergonzados de no ser dignos ante la vista de sus amados y los amados ante la vista de sus amantes, deseosos se arrojan al peligro para el alivio de unos y otros».

Esta unidad militar, formada por parejas homosexuales masculinas, fue el principal baluarte de la grandiosidad militar y cultural de Tebas en su competencia con las diversas polis griegas del momento. Fue confeccionado por el aristócrata Górgidas, y se basaba en el modelo griego del *heniochoi* (maestro, conductor) que educaba y adiestraba al *paraibatai* (aprendiz), creando un fuerte vínculo basado en el amor que se profesaban.

Victorias que crean un ejército

No cabe duda de que, con la mentalidad bélica de los hoplitas de defender siempre con el escudo al que tienes al lado en la formación, si este es tu pareja, tu formación nunca quebrará, a no ser que la muerte total os alcance. Y es por ello por lo que esta peculiar formación militar cosechó grandes triunfos en el campo de batalla hasta el día de su aniquilación, treinta y tres años después de su confección, a mediados del siglo IV a. C.

Entre sus victorias, podemos destacar batallas como Leuctra y Mantinea contra los temibles espartanos, que demostraron, a ojos de sus contemporáneos, que el mayor ejército de la época ya no era el mismo.

UNA MUERTE QUE FRAGUA LA LEYENDA

Su final vino de la mano de Filipo II de Macedonia, padre de Alejandro Magno, en la batalla de Queronea, en el 338 a. C. Pero incluso su derrota sirvió para engrandecer su leyenda, ya que fue gracias a su sacrificio como el grueso del ejército griego pudo salvar su vida. Y este hecho no pasó desapercibido para el monarca macedónico, al que se atribuyen estas solemnes palabras: «Perezca el que sospeche que estos varones o sufrieron o hicieron algo inapropiadamente».

Si, tras conocer su historia, decides rendir culto a estos personajes, has de saber que su descanso eterno se halla en la tumba comunal de Queronea. Y desde ese nicho nos recuerdan que, tan solo en una ocasión, el amor pudo germinar y florecer en la guerra.

La guerra más corta de la historia

Treinta y ocho minutos fue lo que duró la guerra más corta de la historia, la contienda que enfrentó al inmenso Imperio británico con un pequeño país africano llamado Zanzíbar, el 27 de agosto de 1896, en el contexto de la colonización europea de África.

ZANZÍBAR, UN PAÍS HIJO DE LA COLONIZACIÓN

La historia del ya inexistente país de Zanzíbar —hoy región semiautónoma de Tanzania— se remonta largos años atrás en el tiempo, puesto que se trata de un archipiélago con una situación geoestratégica privilegiada como enclave comercial en la costa centroafricana, por el cual han pasado, a lo largo de la historia, numerosas civilizaciones antiguas, como los asirios, los sumerios, los persas o los árabes. Por este motivo, en el siglo XVI, el territorio fue anexionado al vasto Imperio portugués, permaneciendo en su órbita hasta la formación del sultanato independiente de Omán, dos siglos más tarde.

Zanzíbar era un pequeño país en una de las islas orientales de África, en el océano Índico, soberano desde su independencia en 1858. Esta pequeña nación seguía siendo un enclave valioso a ojos del mercantilismo colonial, uno de los principales puertos comerciales en el cual se podían encontrar grandes reservas de especias, marfil o esclavos.

Su máximo dirigente político y espiritual era la figura del sultán, su capital se llamaba Ciudad de Piedra de Zanzíbar y la residencia del sultán (lugar donde aconteció el conflicto bélico) era un complejo palaciego, la Casa de las Maravillas (que se dice que fue el primer edificio africano en poseer electricidad).

La soberanía del país, tras su independencia, fue reconocida por el Imperio británico (con muchos intereses en la zona), manteniendo con este unas relaciones comerciales fluidas y estables. El poder del Imperio británico en el pequeño territorio zanzibariano era enorme, influencia que creció cuando el sultán Alí ibn Said declaró Zanzíbar protectorado británico, con un primer ministro inglés que lideraba el gabinete, con derecho a veto sobre el futuro nombramiento de sultanes.

Un sultán contra un Imperio

El problema vino con la llegada, en 1896, de un nuevo sultán, Khalid ibn Barghash, que tomó el palacio real sin el beneplácito británico (violando su derecho a veto). El Imperio se postuló a favor del nombramiento de su contrincante político (más propenso a mantener la hegemonía inglesa en la isla). Y este acto de rebeldía supondría la guerra.

El nuevo sultán consiguió aglutinar en su palacio un ejército de casi tres mil hombres armados con mosquetes, fusiles y un par de piezas de artillería pesada. Los británicos abrieron fuego a las nueve de la mañana del 27 de agosto de 1896; dos minutos más tarde, el ejército rebelde del sultán ya había perdido una de sus piezas de artillería y varias decenas de soldados. Otros dos minutos hicieron falta para que el sultán huyese del palacio dejando a sus soldados y esclavos lidiar con la situación. Treinta y dos minutos más y se rindieron. Los zanzibarianos perdieron a unos quinientos hombres y mujeres (debido sobre todo a los incendios), dejando a Zanzíbar sin palacio, sultán ni soberanía.

Una guerra de lo más absurda: la guerra del *whisky*

El que, sin lugar a dudas, fue uno de los conflictos bélicos con «más tensión política de la historia» alcanzó su cénit a lo largo de las décadas de los setenta y ochenta del pasado siglo XX, y enfrentó a dos «superpotencias militares mundiales», como Canadá y Dinamarca, por el control de unos de los lugares «más codiciados» del momento, la isla groenlandesa de Hans.

Esta es la historia de un conflicto aún por resolver que enmudeció al mundo entero, con reminiscencias del pasado vivido durante la crisis de los misiles cubanos en 1962 o tras el asesinato de Francisco Fernando, archiduque del Imperio austrohúngaro, en 1914. Esta es la historia de la guerra que acabaría con todas las guerras —lamentablemente nunca es así—. Esta es la historia de la guerra del *whisky*.

Una situación atípicamente absurda

Este conflicto es uno de los mayores despropósitos de nuestra, por desgracia, extensa historia bélica. Y solo hace falta analizar el territorio en disputa para comprender el porqué. Aislada en los confines del mar de Groenlandia, sin ningún valor estratégico, esta plana, baldía, muerta e inútil roca, que no sirve ni para que los pájaros aniden en ella, se halla situada entre las aguas territoriales de Canadá y Dinamarca. Y de ahí surge el conflicto.

Durante muchos años, el planeta pudo disfrutar de las dulces mieles de una vida sencilla y pacífica, ya que este hecho pasó desapercibido por estos dos «colosos militares», pero el mundo contuvo el aliento en 1973, cuando se percataron de esta terrible realidad a la hora de elaborar sus fronteras marítimas. Era una situación de gran importancia nacional (e incluso me atrevería a decir que mundial), y como ambos países reclamaban ese «oasis en tierra» como propio, este «vital enclave geoestratégico», no se pudo llegar a ningún entendimiento.

La gran guerra del humor

El momento decisivo de esta contienda se dio en 1984, debido a un acto de «gran torpeza política» o «violenta estrategia militar». El ministro danés de Groenlandia tuvo la osadía de visitar la tan ansiada isla y adueñársela plantando su bandera, una botella de brandi y una pancarta patriótica que rezaba: «Bienvenidos a la isla danesa».

Esta situación encolerizó al ministro canadiense, ultrajado y vilipendiado por ese acto de «irracional y violento patriotismo terrorista», y decidió iniciar la guerra enviando a sus tropas, pocas semanas después, con objetivo de cambiar la bandera por la suya y dejar una botella de *whisky* canadiense (bebiéndose antes el brandi danés). De este modo se inició una batalla sin cuartel.

Durante décadas, cada poco tiempo, unos sustituían la bandera de los otros y cambiaban de licor, aferrándose a la idea de que el primero que se aburriera, perdería la guerra de guerras, y con ella sus anhelos de control sobre la isla de Hans. Cabe destacar que el Gobierno canadiense tuvo una idea de genialidad táctica militar, y en una de sus «peligrosísimas» incursiones decidió incrustar en el peñasco una placa de metal que reafirmaba su propiedad. Juego, set y partida.

P. D. Los entrecomillados utilizados han sido en tono jocoso, no como medio de recoger las palabras de líderes o historiadores.

Cuando un enjambre de abejas venció en batalla a los británicos

No han sido pocas las ocasiones en las que grandes ejércitos sufrieron derrotas a manos de un rival, *a priori*, menos poderoso y que partía con una clara desventaja a la hora de iniciar la contienda. Pero pocas veces el rival de uno de esos majestuosos ejércitos fueron unos insectos con mucha mala leche.

La mayor batalla africana de la Primera Guerra Mundial

La batalla de Tanga fue una contienda bélica que se desarrolló en noviembre de 1914, dentro del marco de la Primera Guerra Mundial, que enfrentó a la potencia británica contra la alemana por el control de las otrora colonias germánicas del África oriental.

Para la conquista de tan vasto territorio, el Alto Mando militar británico decidió invadir la ciudad de Tanga mediante un ataque por el mar. Este enclave era el mayor puerto teutón en África, y jugaba un papel determinante en el aprovisionamiento del Imperio bávaro. Pero los ingleses cambiaron de plan, creyendo que sus enemigos habían minado la zona costera. Decidieron desembarcar tres millas al sur, lo que fue un gravísimo error que le costaría muy caro a la imperial Inglaterra.

La naturaleza contra las armas

Los británicos no habían mandado previamente exploradores a la zona y desconocían por completo ese lugar, lo que permitió a los nativos hacerles una emboscada y menoscabar sus filas en la zona más pantanosa. Enfrascados en batalla, los soldados ingleses fueron atacados por cientos de enjambres de abejas salvajes. Los supervivientes de la batalla llegaron a afirmar que las abejas eran más peligrosas para los soldados que las propias balas del enemigo, siendo ellas las que repelieron a los británicos del África oriental.

El ejército del Reino Unido no tuvo más opción que retroceder, avergonzado por haber sido vencido por un puñado de abejas asesinas.

Un ejército francés venció, a caballo, una batalla naval

Esta sí que es una historia extraña, ya que pocas veces la caballería ha podido participar en una batalla naval, acabando con los barcos de guerra enemigos en un suelo que no es, ni de lejos, el más asequible para los caballos (correr, corren muy rápido; nadar es otro cuento). Pero en 1795, en las costas holandesas, las tropas de caballería revolucionarias francesas lograron ganar una batalla naval. ¡Por increíble que parezca!

Tras la Revolución francesa (véase el epígrafe «La Revolución francesa y el Terror»), una serie de guerras explotaron en el resto del continente, bien a favor de las nuevas ideas, bien para frenar su expansión.

En una de estas batallas, que se desarrolló cerca del puerto de Ámsterdam, los navíos de guerra se habían quedado atrapados en el hielo, situación que aprovecharon los franceses para atacar con su caballería, hacer huir a los marineros holandeses y llevarse la victoria (junto a todos los barcos, catorce en total, con sus ochocientos cincuenta cañones).

El invierno de 1795 había sido muy duro y frío, y las tropas francesas decidieron refugiarse en la ciudad holandesa de Ámsterdam el 19 de enero. Al entrar uno de los generales galos, se percató de que la flota holandesa estaba atrapada e indefensa e ideó un plan de ataque secreto. Los galos esperaron la caída de la noche y, con los cascos de los caballos cubiertos con telas para insonorizar sus pisadas por el hielo, atacaron a la flota enemiga.

Cuando los nazis se confundieron y bombardearon una cuidad alemana

El bombardeo sistemático de la aviación alemana, la Luftwaffe, durante la Segunda Guerra Mundial a las ciudades enemigas del Reich es bien conocido, aunque son muchos los que desconocen que en una de sus operaciones militares, el 10 de mayo de 1940, que tenía por objetivo atacar la ciudad francesa de Dijon, los aviadores alemanes (confundidos por un error de navegación) bombardearon la ciudad alemana de Friburgo, matando a más de cincuenta compatriotas.

Para no sufrir el escarnio público, la propaganda patriótica culpó a la aviación gala de este hecho.

Pancho Villa y la invasión más suicida de nuestra historia

El revolucionario guerrillero mexicano Pancho Villa (1878-1923) dejó anonadado al mundo cuando intentó una de las mayores y más absurdas gestas militares de nuestra historia, la invasión, a caballo y con un total de algo más de quinientos guerrilleros borrachos, a un territorio del todopoderoso Estados Unidos de Norteamérica.

Es interesante saber que esta incursión ha sido la primera (y última) que sufrió este imperio tras las guerras de Independencia contra los británicos en 1812.

Héroe de la lucha socialista

Junto con Emiliano Zapata, Pancho Villa es el mayor de los revolucionarios mexicanos, y sus victorias militares así lo demuestran.

Sus acciones guerrilleras se centraron principalmente en el estado de Chihuahua, luchando contra la pobreza endémica de la población agraria, frenando los abusos perpetrados por los propietarios de las grandes haciendas y los grupos políticos que conformaban el corrupto poder público.

Tras un primer periodo, en el que se dedicó exclusivamente al bandidaje, nuestro protagonista se unió al movimiento maderista (máximo oponente político de la dictadura de Porfirio Díaz) y los ideales socialistas empezaron a influenciar su dogma subversivo.

Después de una serie de victorias (como la batalla de Ciudad Juárez), Pancho Villa se fue estableciendo como una de las figuras clave del movimiento revolucionario mexicano, llegando incluso a ser elegido, por un breve periodo, gobernador del estado de Chihuahua, donde desplegó una política de corte socialista (frenando la corrupción de la Administración, abaratando los precios del maíz o los frijoles, nacionalizando empresas como el ferrocarril y redistribuyendo los venados, que eran propiedad de los grandes terratenientes y hacendados).

Su gran batalla

No fueron pocas las batallas que emprendió este líder socialista, pero, sin lugar a dudas, pasará a la historia como el que intentó conquistar parte de su territorio a uno de los mayores imperios de la historia, el todopoderoso imperio norteamericano.

Encolerizado con Estados Unidos (debido a sus interferencias políticas en la soberanía de su nación y su apoyo a favor de su máximo rival político, Venustiano Carranza), y con un timador que le vendió munición y armamento estropeado, el 9 de marzo de 1916 se dispuso, junto a casi seiscientos bandoleros a caballo, atacar la ciudad de Columbus en Nuevo México (lugar donde se hospedaba el timador llamado Ravel). Se dice que el camino lo hizo borracho, al grito del famoso *Green go out* (del que procede la palabra *gringos*), haciendo referencia al color verdoso del traje militar de los estadounidenses.

Fue un ataque en plena noche. Los guerrilleros entraron como un vendaval en la ciudad norteamericana, quemando las casas y buscando puerta a puerta su tan ansiado botín, matando a unos diez civiles (que se habían armado para intentar repelerlos) y a treinta y siete militares.

Pero las bajas en el bando villista fueron aún más importantes (setenta y tres muertos) y tuvieron que replegarse hacia su territorio, dejando de lado sus posibles planes de expansión más ambiciosos, reconquistar Nuevo México (territorio perdido en 1848) de las garras del tan odiado enemigo imperialista.

El ocaso del héroe socialista

La respuesta de Estados Unidos no se hizo esperar. Pocos días más tarde, cuatro mil ochocientos soldados entraron en territorio mexicano en busca, durante once meses, del villano invasor y de sus seguidores. La conocida como Expedición Punitiva no alcanzó su mayor objetivo, dar caza a Pancho Villa (si realmente ese fue su motivo y no el de desestabilizar al Gobierno mexicano a su favor), pero sí le obligó a vagar y a esconderse por la vasta cartografía del norte del país hasta el día de su muerte, ejecutado por las autoridades nacionales en 1923.

Cuando dos facciones del mismo ejército lucharon, por error, entre sí

La historia bélica, como has podido constatar, está llena de anécdotas absurdas y variopintas, pero pocas llegan al nivel de la que relato a continuación. Por qué, ¿cómo demonios es posible que los soldados de un ejército se equivoquen y luchen y se maten entre sí en vez de acabar con el enemigo?

Este es el curioso relato de la batalla de Karánsebes, la contienda en la que dos facciones del ejército austriaco se atacaron por equivocación.

Un ejército con muchas nacionalidades

Esta historia se halla recogida por el escritor Gross-Hoffinger, que describió la batalla casi sesenta años tras su finalización, en 1788. Según el autor, las tropas austriacas, unos cien mil hombres, se dirigieron hacia la ciudad rumana de Karánsebes, acampando allí el día antes de la batalla contra sus enemigos otomanos (que por aquel entonces controlaban buena parte del Este europeo).

Este enorme ejército estaba formado por un buen número de nacionalidades (italianos, serbios, croatas, rumanos o húngaros). La vanguardia del ejército la conformaban una tropa de húsares, siendo los primeros en llegar al lugar indicado, donde encontraron barriles de aguardiente (vendidos por unas familias gitanas de la zona). Cuando llegó la infantería, estos soldados también quisieron probar la bebida, pero los húsares rehusaron y una pequeña trifulca explotó en el seno del ejército.

Un error garrafal

Ante tal confrontación, un soldado disparó una pistola y los demás creyeron que los turcos los estaban atacando. El caos se apoderó de ellos y en ese momento hizo acto de presencia la caballería austriaca, rápidamente identificada por los soldados como la vanguardia del ejército enemigo, por lo que no dudaron en abrir fuego. Al final se contaron un total de trescientos muertos y poco más de mil heridos.

La guerra de los Pasteles

Cualquier excusa es buena para liarnos a palos los unos contra los otros, pero este hecho está en un nivel superior en la escala de la idiotez humana. ¡Esta es la historia de una guerra que explotó por culpa del robo de unos pastelitos!

El colonialismo francés

En las décadas de los años veinte y treinta del siglo XIX, la recién restaurada monarquía francesa (ya que, al contrario de lo que muchos piensan, el último rey galo no fue el guillotinado Luis XVI en el año 1793) tenía entre ceja y ceja obtener privilegios económicos en los territorios hispanoamericanos.

Con este fin, organizaron boicots y orquestaron guerras civiles en países como Argentina o Uruguay, buscando cualquier pretexto para ampliar su imperio colonial y obtener las ingentes riquezas otorgadas por la posesión de las colonias americanas.

Un robo de pastelitos que acabó en guerra

Esta sed por controlar los territorios de ultramar dio pie a uno de los acontecimientos más absurdos que nuestra memoria recuerda, detonante de la guerra entre México y el imperialismo francés. Y no es para menos, ya que la gota que, supuestamente, colmó el vaso en las relaciones entre los mexicanos y los franceses fue cuando los galos reclamaron el cobro de unos supuestos pasteles ingeridos por oficiales del presidente mexicano Santa Anna en un restaurante francés, ubicado en Tacubaya, cuyo propietario era un tal señor Remontel.

Las relaciones entre ambos países se deterioraron tanto que el 16 de abril de 1838, seis años después del imperdonable crimen, se inició la guerra que finalizó el año siguiente, en marzo de 1839.

La guerra del Fútbol

En junio de 1969 se disputó la que fue la eliminatoria de fútbol más tensa de la historia del «deporte rey». Contienda deportiva entre dos países rivales y vecinos, Honduras y El Salvador, que acabó en una guerra entre esas dos naciones.

Una situación más que tensa

A mediados del siglo XX, ambos países tenían una economía poco boyante basada en la agricultura (a manos de una pequeña y opulenta clase terrateniente) y un nivel de desarrollo industrial que brillaba por su ausencia. Desde la década de los años veinte, fuertes oleadas migratorias de jornaleros empobrecidos emigraban de El Salvador hacia Honduras, ya que el país centroamericano sufría una fuerte presión social debido a su alta demografía.

Pero, a finales de los años sesenta, la situación se tornó a la inversa y el Gobierno hondureño se vio afectado por la gran masa de jornaleros que residían en su país. Para paliar la situación y no tocar los intereses de los grandes terratenientes, decidieron quitarles las propiedades a los más de trescientos mil salvadoreños afincados en su territorio (utilizando la violencia y el asesinato mediante la injerencia del grupo paramilitar la Mancha Brava).

Una eliminatoria que acabó en tragedia

Sería en este contexto cuando, en junio de 1969, ambos países se disputaron el pase al Mundial de México de 1970, y tras la tensión acumulada una verdadera batalla campal se inició entre ambas aficiones tras los partidos, acontecimiento que aumentó la tirantez entre estos dos países centroamericanos, iniciándose de ese modo una guerra que duraría cuatro días, del 14 al 18 de julio. En el conflicto bélico perdieron la vida unas cinco mil personas y su hogar unas cien mil (los salvadoreños que fueron obligados a volver a su país).

Las hemorroides, el gran enemigo de Napoleón

Napoleón, el gran militar

Napoleón Bonaparte es uno de esos nombres que se escriben con mayúsculas en las largas páginas de los anales de la historia. Fue un gran genio militar que obligó a sus enemigos, es decir, a todas las potencias absolutistas europeas (o dicho en otras palabras, casi todos los imperios y reinos de la época), a aliarse hasta en seis ocasiones para frenar su envite por toda la cartografía continental, la mayoría de las veces sin éxito alguno. Como bien dijo el zar Nicolás I —que se alió con los prusianos en Austerlitz para vencer a Napoleón, contienda que acabó en una clara paliza en favor de los galos—: «Somos bebés a manos de un gigante».

Aunque su derrota aconteció debido a la tenacidad de la resistencia española y el «general invierno» en Rusia (véase el epígrafe: «El invierno, el gran capitán de los rusos»), Napoleón volvió de su forzoso exilio en Elba para reorganizar a la *Grande Armée* francesa y asestar el golpe definitivo a sus enemigos. Estos, al ver el regreso triunfante del general por las calles parisinas, se volvieron a organizar para plantarle cara en la batalla de Waterloo en 1815.

Las hemorroides, su talón de Aquiles

El pequeño general era un hombre muy cercano a los suyos, que solía estar siempre en el campo de batalla, a lomos de su montura, para ordenar los avances y defensas de su ejército, siendo esta una de las claves de las numerosas victorias que había conseguido.

Pero ese fatídico día nuestro protagonista no podía montar a caballo, y todo por culpa de unas molestas hemorroides que no le permitieron sentarse y cabalgar. Tras la brutal derrota fue de nuevo exiliado, esta vez en una isla mucho más lejana (Santa Elena), en la que moriría pocos años más tarde.

El militar más incompetente de la historia

Tras analizar la derrota de uno de los mayores genios militares, individuo que por su personalidad y dotes de mando consiguió revertir, en innumerables ocasiones, el destino de una batalla, vamos ahora a hablar de uno de los más inútiles. Cuestión de equilibrio, supongo.

Ambrose E. Burnside forjó su leyenda durante la guerra civil norteamericana (o guerra de Secesión), en la década de 1860. Durante la batalla de Antietam, su ejército sufrió una verdadera matanza cuando decidió que se debía tomar un puente, vital para el control del territorio colindante. Tras la brutal carnicería, se dio cuenta de que el agua que pasaba por debajo apenas subía unos pocos centímetros del suelo y que, por ende, el control de ese puente era algo completamente absurdo.

Lejos de darse por vencido, en 1862, durante la batalla de Fredericksburg, sus tropas fueron completamente arrasadas por el enemigo, ya que decidió hacerlas avanzar por el campo de batalla sin organización y completamente descubiertas ante los disparos del adversario.

Pero lo mejor aún estaba por llegar, y dos años más tarde, en la batalla de Petersburg, el líder militar unionista tuvo una genial idea. Utilizar explosivos, colocados por debajo de las trincheras confederadas, para que sus soldados, una vez explotadas las cargas, se lanzaran en tropel por una rampa confeccionada de antemano hacia el cráter resultante y pillar así por sorpresa al enemigo. Aunque el resultado fue bien distinto.

Sus tropas se vieron atrapadas en el agujero y aniquiladas sin demasiada dificultad por los sureños. Pero, en honor a la verdad, su plan fue cambiado repentinamente por el Alto Mando militar unionista, obligándolo a utilizar tropas que no habían sido entrenadas para ese sorpresivo ataque, cosa que no facilitó mucho la hazaña.

Fue tal su éxito que el propio Abraham Lincoln afirmó que «solo Ambrose es capaz de transformar una victoria cierta en una derrota espectacular». Te reirás, pero aún hoy perdura su estela. Así que ya sabes, si no logras ser bueno en algo, intenta ser el peor para que nunca nadie se olvide de ti.

La campaña militar más desastrosa

Nos mantenemos fieles en el objetivo de no olvidar nunca a los mayores inútiles de la historia, y te aseguro que esta lectura merece de toda tu atención, e incluso tu admiración. Podrían haber tenido un mal día o mucha mala suerte, pero lo de este ejército supera con creces cualquier tipo calificación.

Los rusos se van para Japón

A principios del siglo XX, las autoridades zaristas rusas, con el almirante Zinovi Petróvich Rozhdéstvenski al frente, decidieron organizar una larga travesía marítima, partiendo de sus puertos del Báltico hacia las aguas marítimas controladas por Japón (durante la guerra ruso-japonesa de 1904-1905). ¿El objetivo? Asestar un severo correctivo a sus enemigos.

Pero la odisea empezó mal. Muy mal. Cuando aún se encontraban en el mar del Norte, hundieron unos supuestos barcos militares japoneses, que, en realidad, eran unos desafortunados pesqueros ingleses (acontecimiento bautizado como el Incidente de Dogger Bank). Un error lo tiene cualquiera, podrás pensar. Pero has de saber que ya antes habían disparado, sin mucho atino, a unos barcos daneses, también confundidos con japoneses, cuando estos navegaban cerca de su costa. Como todo el mundo sabe, si algo caracteriza a los japoneses, es su predominio naval en esos mares.

A los rusos se les ocurre dejar dos continentes incomunicados

Lejos de desistir, siguieron su camino. Cuando se hallaban cerca del estrecho de Gibraltar, y tras enredarse en él, cortaron un cable submarino que resultó ser uno de comunicaciones que ligaba el continente europeo con el africano, dejando incomunicadas ambas partes.

Su objetivo era pasar por el canal de Suez, controlado por los británicos, pero después de haber dejado incomunicado a medio mundo y de atacar a tres pesqueros ingleses, el almirante al mando, Rozhdéstvenski, decidió dar marcha atrás y realizar el giro africano. Seguramente fue lo único cabal que hizo en toda la travesía.

Sigue la odisea nipona

Tras el esperpento prosiguieron su camino, y antes de llegar a aguas niponas tuvieron tiempo de atacar de nuevo a terribles enemigos como un pesquero alemán, un mercante sueco o una goleta francesa, todos ellos confundidos, de nuevo, con barcos japoneses. Tras observar que no lograban atinar a casi ningún enemigo (o más bien, supuesto enemigo), decidieron practicar la puntería, y para ello compraron un barco en África, que acabó intacto tras los disparos; pero el barco ruso que lo remolcaba se hundió.

Y, claro está, una vez en frente de sus verdaderos enemigos, los japoneses, fueron derrotados con suma facilidad en la batalla de Tsushima (1905).

La guerra del Opio

El opio, un gran dolor de cabeza para los chinos

El siglo XIX fue un siglo bastante complicado para China. Entre otros muchos factores, su sociedad se hallaba inmersa en una espiral de adicción al opio, exótico producto que se agolpaba por toneladas en sus muelles para ser vendido por toneladas en el país.

Esta situación engendró mucha pobreza y delincuencia en el seno social del enorme Imperio. Se cuentan por miles los fumaderos de opio que proliferaron durante el siglo decimonónico en el país asiático. Eran establecimientos donde la población podía comprar y consumir libremente el opio fumado en pipa. Ante esta importante problemática, el 7 de junio de 1839, el emperador chino prohibió el comercio y consumo de la droga.

El opio, fuente de dinero para los británicos

El problema de esta medida, más que coherente políticamente, fue que el monopolio de la ingente cantidad del opio que se consumía en el país era exportado por los británicos de su colonia india. El Imperio británico había confeccionado una especie de comercio triangular en la zona (explotando a la población india para la plantación y recolección de opio, enviando el producto hacia los puertos chinos para ser vendido a los contrabandistas que se encargaban de comercializarlo dentro del país asiático).

Este comercio reportaba ingentes beneficios a la Corona, a expensas de la salud de la sociedad china (a finales de la década de 1830, el 1 por ciento de la población del país era adicta a la sustancia, es decir, cuatro millones de personas). Además, era un negocio claramente en auge. Se estima que en 1773, la Compañía Británica de las Indias Orientales se embolsó 39.000 libras. Cifra que aumentó exponencialmente en 1830, alcanzando el millón de libras anuales.

La guerra del Opio

Debido a este hecho, los ingleses, una vez que la prohibición se hizo vigente, no dudaron en declarar la guerra a China en dos ocasiones (1839-1842; 1856-1860). La inevitable derrota del país asiático forzó la tolerancia del Estado frente a ese comercio, junto a la pérdida del puerto de Hong Kong, que pasó a la jurisdicción británica, que no dudó en utilizarlo sin remordimientos para ahogar de nuevo a la sociedad china con el opio que se cultivaba con trabajo esclavo en la India. Un negocio redondo, vamos. Eso sí, la moralidad brilla por su ausencia.

Las bombas atómicas no tuvieron un papel relevante en la Segunda Guerra Mundial

El 6 de agosto de 1945, a las 02.45 horas, tres bombardeos B-29 despegaron de la isla de Tinián rumbo a Japón. Entre ellos, el Enola Gay, que transportaba a Little Boy.

En ese momento, en la ciudad de Hiroshima vivían unos trescientos mil civiles, junto con algo más de cuarenta mil soldados y otros cuarenta mil esclavos coreanos. Pasadas las ocho de la mañana, a unos nueve mil metros de altitud, el avión lanzó la bomba. Cuando explotó, el avión, que se encontraba ya a unos quince kilómetros del fatídico lugar, fue brutalmente zarandeado por la onda expansiva.

De golpe, se destruyó un área de dos kilómetros de radio. Una nube en forma de hongo se dibujó en el horizonte, con unos doce kilómetros de altitud y un hipocentro en el que se alcanzaron temperaturas cercanas a los tres mil grados. En pocos segundos murieron decenas de miles de personas, ciento cuarenta mil al acabar el año y doscientas mil en 1950.

Se marca así, junto al lanzamiento en Nagasaki de Fat Man, el 9 de agosto (entre las dos, más de trescientas mil víctimas en su haber), el final de una de las guerras más sanguinarias y conocidas de la historia, la Segunda Guerra Mundial. Pero ¿este auténtico genocidio tuvo una razón de ser?

El inicio de la bomba atómica

En diciembre de 1938, dos físicos alemanes, Fritz Strassmann y Otto Hahn, consiguieron un hito histórico en la historia de la física, la fisión del átomo de uranio, hecho que marcó el preludio del futuro desarrollo de las bombas atómicas.

Ante esta complicada tesitura, los científicos emigrados de Europa, intentaron por todos los medios despertar el interés de las autoridades norteamericanas sobre este importante avance, temerosos de que un arma de este calibre cayera bajo las garras del Führer y que ninguna otra potencia tuviese nada para poder contestar su superioridad militar.

Fue tal el temor que, en julio de 1939, Albert Einstein (apremiado por el físico Leó Szilárd) escribió a Roosevelt para forzar el inicio de un programa de investigación atómica norteamericano. De este modo, se puso en marcha el Proyecto Manhattan, que en septiembre de 1942 acabó bajo la estrecha supervisión de los militares, con el general Mayor Leslie Groves a la cabeza.

Es curioso saber que, sobre este hecho, Einstein escribió: «He cometido un grave error en mi vida, cuando firmé una carta al presidente Roosevelt recomendándole que se hicieran bombas atómicas».

El Proyecto Manhattan

Una vez que el proyecto cayó en manos de los militares, estos eligieron a Robert Oppenheimer como coordinador. Fue una elección bastante criticada, puesto que el científico era un izquierdista confeso, con ciertas simpatías hacia el comunismo, que incluso había ayudado económicamente a los republicanos españoles durante la Guerra Civil. Es, cuando menos, llamativo, que Leslie Groves, el constructor del Pentágono ni más ni menos, de clara tendencia anticomunista y filofascista, lo eligiera como cabeza de su proyecto.

Sea como fuere, se llamó a un gran número de científicos de renombre mundial como Leó Szilárd o Enrico Fermi, que se instalaron en una base secreta en el desierto de El Álamo, trabajando largos días con el fin de tomarle la delantera a los nazis. Sin saber que estos, desde 1942, habían dejado de lado sus proyectos atómicos para centrarse en la creación de los cohetes V1 y V2.

Pero el afán por conseguir el arma no menguó en Estados Unidos; de ahí que el proyecto llegara a contar con ciento treinta mil empleados y a costar más de 2.000 millones de dólares.

Un enemigo deshumanizado para un arma inhumana

Aunque el racismo hacia lo japonés explotó en Estados Unidos a principios de siglo, debido al conflicto ruso-nipón y a las oleadas migratorias que acontecieron a la postre (por ejemplo, en 1906, en San Francisco, se obligó a los residentes japoneses a ir a escuelas racialmente segregadas), tras el ataque de Pearl Harbour, este sentimiento se intensificó. Y una profunda aversión hacia todo lo relacionado con su cultura se apoderó de la psique colectiva en los años cuarenta.

La propaganda racista antinipona abundaba en todos lados, incluso existían dibujos en los que se los comparaba con «monos amarillos». La revista *Times* llegó a definirlos como seres ignorantes y carentes de razón, preguntándose si eran humanos de verdad. Para entender este odio enfermizo, solo hay que escuchar las palabras del futuro presidente de Estados Unidos, Truman, que, cuando aún era un joven muchacho sureño, afirmaba que «el señor hizo a un hombre blanco de tierra, a un negro de barro y después vomitó lo que quedaba y salió un chino». Palabras más que duras para la persona que tendría en su haber, muchos años después, la vida de tantos japoneses entre sus manos.

Los campos de concentración japoneses en Estados Unidos

A principios de 1945, el corresponsal de guerra Ernie Pyle, tras abandonar Europa para poder cubrir también el conflicto en el Pacífico, llegó a asegurar: «En Europa veíamos a nuestros enemigos, por mortíferos que fueran, como a personas. Aquí no tardé en darme cuenta de que se consideraba a los japoneses de la misma forma en que algunos ven a las cucarachas o a los ratones».

Pero esto no solo ocurría en territorio de guerra. En Estados Unidos, el presidente Roosevelt firmó una orden ejecutiva para la evacuación de más de ciento diez mil ciudadanos estadounidenses, de origen japonés, de California, Oregón y Washington, alegando que eran un peligro público para la ciudadanía.

Aunque más del 70 por ciento eran estadounidenses, pocas voces de protesta se alzaron, y acabaron integrando un total de diez campos de concentración confeccionados en suelo norteamericano. En estos oscuros lugares malvivieron, durante largos años, sin tener garantizados los derechos humanos básicos (como agua corriente, instalaciones sanitarias, infraestructuras y residencias adecuadas, etcétera), siendo forzados a trabajar bajo el sol del desierto por una paga casi nula en condiciones de semiesclavitud.

A todo ello se suma que estos ciudadanos norteamericanos perdieron unos 400 millones de dólares en propiedades (ya que tuvieron que ser mal vendidas o fueron directamente expropiadas). Pero en el Pacífico la guerra no cesaba, y la resistencia nipona era cada vez más dura e infatigable.

Aumenta la violencia en el Pacífico

Aunque en 1945 la guerra se estaba adentrando en su final, la determinación japonesa no menguaba, con sus numerosos ataques kamikazes, fieles a su idea de no dar un solo palmo de su territorio sin haber sido antes regado por sangre, ya fuera estadounidense o japonesa. Su mayor resistencia fue la batalla de Okinawa (abril-junio de 1945), en la que lograron abatir a más de siete mil soldados norteamericanos, y herir a unos 36.000.

Su objetivo, luchar contra el invasor y por la supervivencia de su divinizado emperador. Con este fin se mezcló la lucha del siglo XX con el ideal romántico del samurái, por el cual lo peor que podría pasarle a un soldado no era la muerte, sino la cobardía y el deshonor de la familia (aunque hay que matizar bastante esta idea, ya que la gran mayoría se vio forzada a tales despropósitos por la maquinaria de guerra estatal y no por un sentimiento propio).

Ante esta resistencia, a finales de 1944, se llamó al general LeMay, que había reducido a cenizas, mediante el bombardeo aéreo sistemático, a un buen número de ciudades alemanas. Su premisa: «Matar a gente. Cuando matas bastante, dejan de luchar», sin distinguir entre objetivos militares o civiles.

Este mandó trescientos treinta aviones hacia Tokio, la capital imperial, denominada Ciudad de Papel debido al alto grado de concentración de bambú y madera, que quedó devastada tras el bombardeo de napalm y fósforo blanco. Más de cien mil civiles murieron en pocas horas. Tras el brutal ataque, se dedicaron a destruir el resto de urbes niponas, arrasando unas cien en total, matando a más de medio millón de personas a su paso. La bomba atómica era, de este modo, vista como un paso lógico en esta nueva escalada de violencia en el Pacífico.

Un enemigo ya no tan claro

Al comprender el verdadero y terrible propósito de la bomba (que no diferencia objetivos militares y civiles), los científicos del Proyecto Manhattan, como Leó Szilárd, Walter Bartky o Harold Urey, intentaron entrevistarse con el presidente Truman (que había tomado el relevo a Roosevelt tras su muerte).

Pero este les mandó reunirse con su mano derecha, James Byrnes, profundo y beligerante anticomunista que les hizo saber que la prioridad de la utilización del arma no eran los japoneses (más que vencidos), sino los bolcheviques. Como bien explicaba Szilárd, «el señor Byrnes sabía que Japón estaba derrotado. Le preocupaba mucho más que creciera la influencia rusa en Europa y pensaba que nuestra posesión y demostración de la bomba volvería a Rusia mucho más manejable».

A esto se suman las palabras de Leslie Groves, general al cargo del Proyecto Manhattan, que llegó a afirmar que «en ningún momento, desde dos semanas después de hacerme cargo de este proyecto, he creído que nuestro enemigo fuera otro que Rusia. Y el proyecto se ha realizado partiendo de esa base». Y, aunque Szilárd firmó una petición secundada con la firma de ciento cincuenta científicos del proyecto, Groves imposibilitó su llegada al presidente y los planes siguieron su curso.

La Unión Soviética entra en escena

Los japoneses, tras el sistemático bombardeo de LeMay, ya estaban más que vencidos, sin casi unidades militares navales o aéreas, con sus sistemas de transporte y comunicación destruidos, sus reservas de alimentos casi agotadas y una moral nacional dilapidada.

Ante la inminente llegada de los soviéticos al Pacífico, tras conquistar Berlín, los nipones intentaron concretar una paz con ellos para presionar a los estadounidenses. Pero, desde inicios de 1945, existía un obstáculo para la firma: el concepto de paz incondicional (los japoneses querían garantizar la supervivencia física y política de su emperador Hiro Hito, a lo que los estadounidenses se negaron rotundamente).

La Conferencia de Potsdam

La Conferencia de Potsdam (17 de julio-2 de agosto de 1945) fue el evento elegido para informar al mundo de la nueva arma que se estaba gestando. Era tal la importancia dada al evento, que Truman lo retrasó dos semanas, para tener tiempo de hacer la primera prueba atómica, denominada Trinity, en el desierto de Alamogordo, el 16 de julio.

Tras el éxito de esta, y con cierto aire altivo, el presidente norteamericano se presentó frente a Stalin. Le informó de que disponían de un arma con un poder hasta ahora nunca visto y que les haría vencer la guerra contra los japoneses. Según palabras del propio Truman, en lugar de generarle la congoja que pensaba, «él me sonrió, dijo que se alegraba mucho, y se fue por otro lado». Pero lejos de esta serenidad, los bolcheviques se dieron cuenta de que Estados Unidos quería acabar con la guerra rápidamente, y así no otorgar las concesiones que les habían asegurado en el Pacífico en Yalta (febrero de 1945), tomando ellos toda la parte del pastel. Y los soviéticos aceleraron sus planes, conquistando rápidamente el último reducto del imperialismo japonés, la Manchuria china.

El preludio al lanzamiento

Tanto estadounidenses como soviéticos estaban convencidos de que los japoneses no iban a aceptar los acuerdos firmados en Potsdam, ya que estos no daban ninguna garantía tácita sobre la supervivencia de la figura del venerado emperador.

Ante tal coyuntura, el secretario de Guerra Stinson intentó hacer entrar en razón a Truman. Su objetivo era que este concediera ciertas garantías al emperador y así finalizar con la contienda militar. En vez de aceptar sus consejos, el presidente se negó e incluso amenazó con despedirlo.

Stinson no era el único que se negaba a utilizar esa arma. Seis de los siete jefes militares con cinco estrellas (recibiendo la última durante el transcurso de la Segunda Guerra Mundial) declararon que la bomba era algo inmoral y militarmente innecesario. Estos fueron Eisenhower, MacArthur, Arnold, Leahy, King y Nimitz.

Retomando las palabras del futuro presidente Eisenhower: «Entonces Stinson me dijo que iban a lanzarla sobre los japoneses. No opiné sobre nada porque mi guerra había terminado en Europa y aquello no dependía de mí. Pero estaba en contra por dos razones. Primero, porque los japoneses estaban dispuestos a rendirse y no era necesario atacarlos con esa cosa monstruosa. Segundo, aborrecía la idea de que nuestro país fuese el primero en utilizar un arma así».

A estas se suman las palabras de Lemay: «Incluso sin la bomba atómica y, aunque los rusos no hubiesen entrado en la guerra, Japón se habría rendido en dos semanas. La bomba atómica no tuvo nada que ver con el fin de la guerra».

Pero el destino de los japoneses ya estaba sellado, y el 6 de agosto, a las 02.45 horas, tres bombardeos B-29 despegaron de la isla de Tinián rumbo a Japón. Entre ellos, el Enola Gay, que transportaba a Little Boy.

La batalla más letal de la historia

El 28 de julio del año 612 acontece, en la actual Corea, la batalla de Salsu. Este conflicto bélico, que enfrentó a unos diez mil coreanos con unos trescientos cinco mil chinos, es considerado como el más letal de todos los combates clásicos (solo superado por la Primera Guerra Mundial).

En aquella época, el reino coreano de Goguryeo estaba instalado en buena parte de Manchuria, Corea y el sur de la provincia costera rusa. Este territorio fue invadido en el 612 por más de un millón de soldados chinos junto a casi 4 millones más de individuos (se estima que su marcha formaba una línea de cuatrocientos ochenta kilómetros de largo). Aunque parezca casi imposible, la resistencia coreana pudo aguantar el envite, lo que obligó al emperador chino a enviar buena parte de su ejército a conquistar la capital, Pionyang.

El problema vino dado, sobre todo, por la dificultad de abastecer a su ingente número de tropas. Debido a este motivo (y tras perder la primera batalla en Salsu), el emperador aceptó los términos de retirada acordados con el dirigente rival, Yeong Yang. Pero, cuando su ejército se estaba marchando de la capital, más precisamente, cuando estaban atravesando el río Salsu, los coreanos derribaron una de sus presas. Este ataque mató a una infinidad de soldados, acto bélico que fue sucedido por un ataque total de la caballería que acabó con muchos de los supervivientes. De los más de trescientos mil, solo regresarían unos dos mil quinientos a China.

Lejos de aprender la lección, el humillado emperador, Yangdi, decidió volver a invadir el reino en dos ocasiones más (en el 613 y

614). Sus sucesivas derrotas, junto a la cantidad de recursos (tanto humanos como materiales) desperdiciados, fueron la antesala de una rebelión interna y de su asesinato, a la postre.

Cómo cambia la historia según quién te la cuenta

Seguro que has escuchado alguna vez que la historia la escriben los vencedores, o que esta siempre cambia según quién te la esté contando. Que, en resumen, la historia muchas veces se halla supeditada al entorno que la engloba y que la manipula.

Y este acontecimiento, que marca en nuestros manuales escolares el inicio de una etapa ya de por sí más bien difusa, la de la Reconquista, deja lugar al debate.

La batalla de Covadonga desde el punto de vista cristiano: la gran victoria del cristianismo frente al temible enemigo musulmán

En poco menos de un siglo tras su nacimiento, el islam ya se había adueñado de Arabia y el norte de África. Tras su rápida expansión, sus ojos se tornaron hacia un nuevo territorio, Europa, y el primer paso debía ser la conquista de España.

En ese momento, a principios del siglo VIII, los reinos visigodos se hallaban divididos por fuertes disputas políticas. Una de esas facciones, liderada por don Julián, vio en los bereberes un posible aliado para hacer valer su candidatura sobre la de su máximo oponente, don Rodrigo. Esto dio pie a que, en el 711, un contingente de seis mil soldados, comandados por Tariq, cruzasen el estrecho y en pocos años se adueñaran de, prácticamente, toda la península (multiplicando sus fuerzas desde el norte africano).

Entre los hombres de don Rodrigo se hallaba el ultraconocido Pelayo. Este, junto a una facción del ejército del soberano, huyó hacia las tierras cantabroasturianas. Pero esta zona, tras la conquista musulmana, pasó a estar bajo el control del gobernador islámico Munuza, al cual debían pagar elevados tributos. Poco a poco, en el seno de ese grupo de personas, va germinando una resistencia, con claros tintes patrióticos y religiosos, contra el invasor musulmán (dice la leyenda que Pelayo vislumbró en el cielo una cruz bermeja, el pendón perdido de los godos, y, por si fuera poco, se le apareció la Virgen la noche antes de la batalla, para anunciar su inminente victoria). La rebelión cuajó en el año 718, según parece por un lío de faldas entre la hija de Pelayo y Munuza.

En este contexto, Pelayo reunió un ejército de unos trescientos hombres que se asentaron en una de las incontables montañas asturianas. Pero un inmenso ejército musulmán (según Alfonso III, de ciento ochenta mil hombres) rodeó la zona y se preparó para arrasarla.

Mientras tanto, los rebeldes se hicieron fuertes en una cueva (la Cova Dominica). Conforme los musulmanes iban adentrándose por los estrechos desfiladeros del montañoso terreno, los astures los atacaban con lanzas, flechas y piedras desde una posición elevada, sin que sus enemigos atinaran a darles.

Estos últimos tuvieron cuantiosas bajas, el pánico hizo presa de ellos y huyeron en desbandada (provocando, según algunas fuentes, aludes de piedras que los sepultaban vivos). Los cristianos aprovecharon la confusión imperante para asestarles un contraataque y obligarlos a huir de la zona.

La victoria cae así en el bando cristiano. Se inicia la Reconquista.

La batalla de Covadonga desde el punto de vista musulmán: una triste y solitaria montaña habitada por cuatro locos

Las fuerzas islámicas dirigidas por Tariq, invitadas por uno de los reyes visigodos (don Julián), habían desembarcado cerca de la montaña de Tariq (Gibraltar) en el 711 e iniciaron una rápida expansión por el territorio godo.

El objetivo de los invasores no era quedarse en la península, sino avanzar hacia el corazón de Europa, pero la invasión del suelo hispánico no fue total. Un pequeño territorio del norte se estaba rebelando, y los musulmanes decidieron darle cierta autonomía. Siempre y cuando pagara los impuestos pertinentes (el *jaraŷ* y la *yizia*) a Munuza, el gobernador de la zona, instalado en Gijón.

Pero un pequeño número de personas, dirigidas por un «asno salvaje» llamado Belay el Rumi (don Pelayo), se rebelaron formalmente en contra de los designios del gobernador, y estos hicieron preso a su líder. El objetivo era enviarlo a Córdoba, pero el rebelde pudo escapar y refugiarse en las montañas de los Picos de Europa (c. 717).

En ese escarpado lugar organizó a un irrelevante contingente de fugitivos que asumieron el poder del territorio astur sobre el 721. Ante tal osadía, las autoridades islámicas enviaron a un pequeño ejército a sofocar la revuelta, pero los enemigos se afincaron en su zona. Más que una batalla fue una pequeña trifulca, seguida de un breve asedio de la única zona que aún les quedaba por conquistar «una roca donde se refugiaba el rey llamado Pelayo». En ese instante, «los soldados no cesaron de atacar hasta que sus soldados murieron de hambre y no quedaron en su compañía sino treinta hombres y diez mujeres. Y no tenían qué comer sino la miel que tomaban de la dejada por las abejas en las hendiduras de la roca».

Pero su resistencia no menguaba, «la situación de los musulmanes llegó a ser penosa, y al cabo los despreciaron diciendo: "Treinta asnos salvajes, ¿qué daño pueden hacernos?"». La fuerza militar musulmana dejó la zona, ya que estaba más interesada en luchar contra su nuevo objetivo, los francos de Carlos Martel.

P. D. Las citas son del cronista Ahmed Mohamed al-Maqqari (cronista islámico que vivió entre los siglos XVI y XVII).

La batalla de Covadonga según la historiografía crítica: ¿Y si tal enfrentamiento nunca existió?

Algunos historiadores defienden la idea de que la ultraconocida batalla de Covadonga no fue más que un invento del protopatriotismo hispánico. Para defender esta polémica teoría se basan en una serie de evidencias historiográficas que paso ahora a enumerar.

En primera instancia, un hecho que tener en cuenta es que las pocas fuentes de las que disponemos sobre este acontecimiento fueron escritas muy *a posteriori* del evento. Por un lado, las fuentes musulmanas casi no mencionan este acontecimiento, y no será hasta finales del siglo XVI cuando aparece una que la cita de un modo descriptivo, aunque se supone que esta fuente se basa en unos escritos del siglo x. Por otro lado, las fuentes cristianas no mencionan la batalla hasta ciento treinta años después, ni siquiera en las *Crónicas mozárabes,* escritas por los cristianos solo veinte años tras el evento.

A todo ello se suma la inexistencia de evidencias arqueológicas en la zona, lugar donde, según las crónicas cristianas, se desarrolló una batalla en la que murieron por miles, se lanzó un ingente número de flechas, se utilizaron cascos, armas, etcétera. Pero ningún hueso o resto de instrumental bélico ha sido nunca encontrado por los arqueólogos.

Por otra parte, la primera crónica que aparece, en el bando cristiano, sobre el asunto fue redactada por Alfonso III, y, según estos historiadores, la inventó, o por lo menos la magnificó, aportando datos tan absurdos como que los bereberes habían reunido un ejército de más de ciento ochenta mil efectivos, para crear el mito fundacional de su legitimidad dinástica.

Como explica el historiador José Luis Corral: «Es conocido que Alfonso III tenía muchos problemas para la continuidad de su reino en las fechas cercanas al año 900, y es normal acudir en estas situaciones a los mitos fundacionales, como lo es la batalla de Covadonga». Así pues, esta «legendaria» batalla sería el pretexto de su lucha por la Reconquista de la España católica, guerra que le permitió unir a su pueblo bajo un mismo estandarte.

Por último, cabe destacar que lo poco que conocemos sobre la procedencia de don Pelayo da pie a todas estas conjeturas. No se sabe muy bien si fue un hijo de la aristocracia visigoda, un soldado venido a más o si era astur, cántabro o visigodo, etcétera.

Una vez leídas las tres versiones, ¿con cuál te quedas?

Cuando unos cocodrilos hambrientos se cepillaron a un ejército japonés

Durante la Segunda Guerra Mundial, el imperialismo nipón llevó a los japoneses lejos de su isla, creando un vasto Imperio por toda la costa este y la costa del sudeste asiático. Los aliados, con Estados Unidos a la cabeza, atacaron a los japoneses por toda esa cartografía, haciéndoles retroceder, poco a poco, batalla tras batalla, de nuevo hacia su pequeña isla. Pero, como bien sabemos, la tarea no fue nada fácil.

Aunque los aliados allí reunidos sufrieron fuertes penurias, y pocas veces su entorno (húmedo clima de densos manglares infestados de mosquitos portadores de malaria, serpientes venenosas y un larguísimo etcétera) les fue propicio, en una de esas batallas este fue su mayor aliado.

Este acontecimiento se produjo en la isla birmana de Ramree el 19 de febrero de 1945, cuando los británicos (que querían reconquistar sus antiguas colonias asiáticas, perdidas por el expansionismo nipón) fueron espectadores de una de las noches más fatídicas de sus vidas.

Tras muchos días de feroces batallas, buena parte del ejército japonés se vio obligado a retroceder y esconderse en los kilómetros y kilómetros de manglares de la isla. En ese momento se verían sorprendidos por un terrible enemigo, cientos de cocodrilos hambrientos.

Como bien nos explica uno de los supervivientes: «Entre el esporádico sonido de los disparos podían oírse los gritos de los hombres heridos, aplastados en las fauces de los enormes reptiles, y el vago, inquietante y alarmante sonido de los cocodrilos girando creaba una cacofonía infernal que rara vez se ha igualado en la Tierra».

Este hecho fue merecedor de un premio del *Libro Guinness de los récords,* y ha sido catalogado como la mayor masacre perpetrada por los animales en la historia. Aunque cabe destacar que es cuestionado por cierta vertiente de la historiografía (que defiende que ha sido claramente exagerado por el antiguo soldado, debido al trauma de haber vivido este acontecimiento durante su ya de por sí traumática experiencia bélica).

U-1206, El submarino víctima de sus propios inodoros

No hay duda alguna de la importancia que tuvieron los submarinos para el control de los mares y océanos durante la Segunda Guerra Mundial, muy utilizados, principamente, por el ejército del Tercer Reich.

De entre todos ellos, hoy destacaremos el submarino U-1206, que sería utilizado por los alemanes y capitaneado por el lugarteniente Karl Adolf Schlitt a partir de julio de 1944. Uno más, como tantos otros, que se fueron a surcar el océano Atlántico, el Báltico o el mar del Norte. Pero el 14 de abril de 1945 algo bastante curioso ocurrió en las entrañas del navío: sus inodoros soltaron las aguas residuales en el interior, y no en el exterior, del mismo.

Los soldados, muertos de asco y con problemas de oxígeno (debido a la reacción química que soltó dióxido de cloro), se vieron obligados a salir del fondo submarino hacia la superficie del mar del Norte para poder ventilar el barco. Los aviadores británicos los vieron, y fueron brutalmente bombardeados mientras buena parte de los tripulantes intentaban huir (todos ellos fueron tomados como rehenes por las tropas británicas, descontando las cuatro víctimas del incidente).

El invierno, el gran capitán de los rusos

Napoleón irrumpió en el panorama europeo y mundial como un auténtico vendaval que conmocionó por completo el *statu quo* del momento. Tomó las riendas de Francia, país que pasaba por un profundo cambio y que acababa de superar una de las etapas más convulsas de su historia (véase el epígrafe «La Revolución francesa y el Terror»), para luego enfrentarse y vencer en batalla a casi toda Europa.

El gran héroe

Tras el ajusticiamiento de su máximo líder político en 1794, Maximilien Robespierre, el país galo había quedado huérfano cuando se disponía a luchar contra media Europa. Es decir, contra todas las potencias absolutistas o monárquicas que la rodeaban, y que temían que esas peligrosas ideas revolucionarias, que habían acabado con los privilegios señoriales y el Antiguo Régimen, germinaran también en el seno de sus territorios.

Ante esta complicada tesitura, apareció un héroe que había logrado grandes victorias militares durante sus campañas italianas y en parte del territorio austriaco. Este joven general se llamaba Napoleón Bonaparte, y tomó el poder de la joven República en 1799 (convirtiéndose en cónsul de Francia) para transformarse en emperador en 1804.

Este peculiar individuo, nacido en Córcega, cambió por completo el panorama continental mediante sus innumerables victorias, poniendo contra las cuerdas una y otra vez a sus detractores y enemigos (prusianos, austriacos, británicos, italianos, españoles, rusos, etcétera). Fue tal su supremacía en el campo de batalla que el mismísimo zar de Rusia, tras recibir un brutal correctivo en la batalla de Austerlitz, llegó a afirmar: «Somos bebés en manos de un gigante». Y no es para menos, porque hicieron falta seis coaliciones europeas para vencer al militar galo. Eso sí, no solo tuvieron que aliarse entre ellos, sino también con el duro invierno ruso.

La invasión de Rusia

En 1812, Napoleón, a la cabeza de la *Grande Armée,* parte hacia territorio ruso. Con sus casi setecientos mil efectivos, era el mayor ejército reunido en suelo europeo hasta la fecha. Su objetivo: llegar a Moscú y hacer capitular a la Rusia de Alejandro I en un tiempo récord.

Teniendo, como era de costumbre, el terreno de las campañas muy bien estudiado, Napoleón decidió partir en junio para así no tener que sufrir la dura climatología propia del invierno ruso.

En un principio, y muy superiores en número, puesto que el zar pudo reunir algo menos de trescientos mil soldados, el avance fue más bien fácil y rápido. Los rusos presentaban de vez en cuando batalla, pero su resistencia no duraba mucho y estos huían, no sin antes quemar todo cuanto los rodeaba (pueblos, campos agrícolas, etcétera). A principios de septiembre, los franceses habían alcanzado Moscú, como bien predijo Napoleón, ciudad que también fue quemada, bajo la atónita mirada de los galos, por los propios rusos.

El capitán invierno llega al rescate

Aunque ciertos historiadores defienden la idea de que no fue un plan diseñado de antemano, sino algo más bien improvisado, no cabe duda de que la táctica de la tierra quemada puso en jaque al todopoderoso ejército napoleónico. Este se dio cuenta demasiado tarde de que había caído en una trampa. Lejos de sus fronteras, en una ciudad destruida que no podía dar cobijo ni alimento a las cuantiosas tropas galas, un camino de regreso arrasado del mismo modo y con el cruel invierno ruso a punto de caer sobre ellos era una temeridad.

La retirada fue brutal para los franceses. Los pastos, secos por el duro clima y quemados por los rusos, no daban alimento a sus caballos, y estos morían por decenas al día. Las tropas no podían encontrar ciudades o pueblos para guarecerse durante los duros días de invierno, y los campos agrícolas no eran suficientes para su alimentación (también fueron quemados la mayoría de ellos durante el retroceso ruso). A todo esto se suman los recurrentes ataques, con los temibles cosacos siempre al acecho, embistiendo algún que otro regimiento que se había separado demasiado del grueso del ejército.

Y los números fueron devastadores. Solo el 20 por ciento del ejército, unos 55.000 individuos, volvieron de Moscú (puesto que no todo el ejército se movió hacia la capital); 300.000 soldados perdieron la vida, junto con más de 200.000 caballos y 1.000 piezas de artillería que fueron abandonadas para deleite de los rusos. Fue tal la debacle que, al poco tiempo, Napoleón había perdido por completo su crédito y se vio exiliado a la isla de Elba (de la cual regresaría, véase el epígrafe «Las hemorroides, el gran enemigo de Napoleón»).

El asedio de Tiro: ¿La mayor gesta militar de la historia antigua?

Para poder conquistar Tiro en el 332 a. C., ciudad-estado fenicia situada en un enclave geoestratégico comercial del Mediterráneo, Alejandro Magno tuvo que hacer gala de un gran ingenio hasta la fecha nunca visto.

Alejandro Magno, el protagonista de la gesta

Alejandro nació en el norte heleno en el 356 a. C., en un momento en que la antigua gloria griega se había casi desvanecido. Del gran protoimperio de polis se había pasado a una serie de ciudades-estado enfrentadas entre sí, hecho que aprovechó el padre de Alejandro, Filipo II, rey de Macedonia, para conquistar el territorio.

Tras el asesinato de su progenitor, Alejandro fue coronado rey con tan solo veinte años. Y, una vez consolidado su poder, inició sus campañas militares de conquista, una epopeya que duraría once años y que le otorgó una impronta imborrable en los anales de la historia.

Alejandro Magno, el conquistador

El primer enemigo que abatir fueron los persas de Darío III, a los que vencería en la batalla del Gránico en el 334 a. C. y en la de Issos un año después, para luego dirigirse hacia el asedio de Tiro, contienda que duró siete meses.

Tras la capitulación de la ciudad, ejecutó a siete mil hombres y esclavizó a más de treinta mil. El mensaje era claro: o las ciudades se unían pacíficamente a su campaña o serían devastadas hasta sus cimientos, hecho que se repetiría en la ciudad de Gaza, pero no en Egipto, puesto que estos últimos aprendieron rápidamente la lección y se rindieron sin presentar batalla.

Una vez conquistada esta milenaria civilización, se volvieron a enfrentar a los persas en Gaugamela, batalla que se saldó, de nuevo, con la victoria macedónica. Poco tiempo después, llegó a tierras afganas y prosiguió su camino hacia la exótica India. Aunque los hindúes le plantaron cara, con una nueva arma jamás vista por las tropas conquistadoras, los elefantes de combate, no pudieron frenar al ejército de Alejandro y perdieron en la batalla de Hidaspes. Pero tras el amotinamiento de sus tropas, ya hastiadas del ansia expansionista de Alejandro, al joven conquistador no le quedó más solución que renunciar al avance y dar media vuelta.

Poco a poco, el tempestivo comportamiento de nuestro protagonista le hizo ganarse cuantiosos enemigos. Todo indica que era un ser egocéntrico, que ingería grandes cantidades de alcohol, fornicaba con cientos de mujeres y hombres, y ejercía su poder de un modo despótico, casi paranoico, torturando a los que tildaba de enemigos. Murió a los treinta y tres años en la ciudad de Babilonia, para algunos historiadores por envenenamiento; para otros, por culpa de alguna enfermedad como la fiebre tifoidea o la malaria.

La gran hazaña

En aquella época, la ciudad de Tiro se hallaba dividida en dos entidades, una primera que se encontraba en la costa del Mediterráneo oriental, y la otra que se situaba en una pequeña isla a casi un kilómetro del litoral. Esta última se hallaba protegida por enormes murallas que podrían repeler fácilmente cualquier ataque realizado por barco.

Tras conquistar la parte costera de la urbe, Alejandro Magno mandó construir una gran plataforma que uniría el continente con la isla. Y, por las fuertes demandas de material, decidió destruir la Ciudad Vieja de Tiro, que se hallaba en la costa, amontonando todos sus restos en el mar hasta crear el espigón de tierra firme que le permitiría atacar la urbe insular.

Los habitantes de Tiro intentaron defenderse con flechas, matando desde sus barcos a los trabajadores. Para poder seguir con su labor, Alejandro creó una especie de mamparas con madera y cuero. Ante esta situación, los tirios decidieron atacar, esta vez, la gigantesca obra mediante la utilización de catapultas o mandando barcos llenos de materiales explosivos e inflamables (azufre o brea).

Aunque la primera construcción fue destruida, Alejandro decidió crear una aún más colosal. Y, con el fin de protegerla, constituyó una fuerte armada naval que tenía por misión mantener en su ciudad a sus enemigos. A partir de ese momento, la calidad de vida de los asediados empeoró drásticamente, añadiendo la sed y el hambre a su calvario. Pero su resistencia aún era feroz, lo que dificultó el avance macedónico.

Una vez frente a las puertas de la ciudad, los macedonios fueron recibidos con flechas y arena hirviendo desde las murallas mientras intentaban derruir sus puertas. Cuando por fin lograron entrar, una batalla explotó en la urbe. Los habitantes lucharon con ahínco por cada calle y plaza, pero finalmente fueron vencidos por el conquistador macedónico. Miles murieron en la batalla, unos dos mil fueron crucificados y el resto vendidos como esclavos: un castigo ejemplar para que los futuros enemigos de Alejandro se lo pensaran dos veces antes de resistir su avance.

Capítulo 3

SIETE MOMENTOS DE LA HISTORIA EN LOS QUE SE VIVIÓ UN INFIERNO EN LA TIERRA

Nuestra extensa historia nos deja épocas de verdadero suplicio e inhumanidad, momentos en los que en la tierra germinaron cruentas etapas que aún hoy parecen imposibles (o que solo se pueden realizar en el cine).

Una espeluznante epidemia que mató casi a la mitad de la población europea; unos desesperados ciudadanos que bajaban a la calle para comprar carne humana; un duro invierno que congeló, de la noche a la mañana, el Viejo Continente; una lejana y remota isla en la que sus habitantes se comieron entre sí; una ciudad pirata sepultada por el mar; y dos países africanos maltratados por las terribles autoridades coloniales: uno sufrió los abusos en forma esclavitud, denigración, torturas y ejecuciones que se saldaron con casi 10 millones de víctimas, y el otro vio surgir en su territorio una brutal matanza entre vecinos, armados con machetes.

Estas son las historias de siete acontecimientos que han creado verdaderos infiernos en la Tierra.

La pesta negra, el terror invisible

No es ningún secreto que, a lo largo de la historia, han acontecido etapas muy complicadas, e incluso terroríficas, en las que el ser humano ha tenido que convivir con el miedo y la muerte de forma cotidiana.

Épocas de peligros en las que nuestros depredadores nos observaban, desde los árboles, mientras relamían sus fauces, cuando aún nos costaba andar erguidos sobre nuestras dos piernas. Tenebrosas y místicas etapas de la Antigüedad, cuando las hambrunas y los bárbaros invadían y destruían civilizaciones, sumiendo a sus poblaciones en una vorágine autodestructiva de desesperación absoluta. Tiempos de largas campañas militares en las cuales la moralidad era relegada al olvido, dando rienda suelta a los instintos más bajos de la conciencia humana, normalmente manipulada por los vientos de despotismo y fanatismo de los grandes genocidas de nuestro pasado.

Pero pocas etapas pueden ni siquiera acercarse a la que fue la época más oscura de la historia europea, un duro momento en el que una epidemia asoló casi todo el continente. Un enemigo invisible e insaciable que dilapidó su demografía, dejando tras de sí ciudades que perdieron más de dos tercios de sus habitantes en cuestión de unos pocos años, campos vacíos y un terrible malestar social al no comprender lo que entonces acontecía.

¿Qué pasaría por la cabeza de los supervivientes de tal masacre cuando paseaban por las calles vacías y oscuras de sus burgos?

Esta es la historia de la etapa más brutal de Europa. Esta es la historia de la peste negra.

Un enemigo invisible e inexplicable

Esta tenebrosa época encuentra sus raíces en la bacteria *Yersinia pestis*, que se propagó por Europa, desde Asia, debido al comercio internacional que entrelazaba estos dos continentes por los puertos del Mediterráneo oriental. Más precisamente, mediante la intromisión de unos viajeros no invitados de los barcos mercantes: las pulgas a lomos de las ratas negras que se afincaban en las bodegas y que pronto infestarían las sobrepobladas calles de las ciudades europeas. Estas empezarían no solo a picar a las ratas, sino también a los humanos, transmitiendo de este modo la enfermedad a la sociedad feudal de mediados del siglo XIV.

Esta mortífera epidemia hizo su aparición en 1347, siendo los años que transcurren desde esta fecha hasta el año de 1353 los más álgidos y agresivos de esta implacable dolencia. Los afectados por la peste presentaban una serie de síntomas comunes. Entre todos ellos, destacan un considerable aumento de la fiebre acompañado de intensos escalofríos, fuertes dolores de cabeza, diarreas, una tos seca con sangre y los conocidos bubones negros que aparecían en los cuerpos de los malogrados enfermos (de ahí su apelativo de *peste bubónica*).

La mortalidad era de un 70 por ciento, en una media de cinco días tras sufrir los primeros síntomas. Al final de esta terrible época, se estima que un tercio o la mitad de la población europea perdió la vida (entre 30 y 40 millones de personas, nada menos). Aunque, como ya hemos visto, la fuerte embestida acabó en el año 1353, esta epidemia siguió volviendo de forma reiterada, en forma de brotes más pequeños y controlados, hasta principios del siglo XVIII.

Los orígenes de la epidemia y su llegada a Europa

Todo apunta a que esta enfermedad se inició en China cuando, tras un fuerte cambio climático que dejó paso a una breve «edad de hielo», las ratas que habitaban los campos y pastizales, una vez que estos se congelaron, se mudaron a las ciudades. De este modo se transmitió una afección propia de los roedores a los seres humanos.

Sea como fuere, la peste dilapidó la sociedad china en la década de 1330. Y de allí se movió hacia el Asia central, afectando a los mongoles, hasta llegar a Europa siguiendo la Ruta de la Seda (ruta comercial que conectaba Asia con Europa ya desde épocas romanas).

En este contexto, el Imperio mongol, en el año 1346, asedió la ciudad de Caffa, controlada por los genoveses debido a su ubicación estratégica en la importante ruta comercial anteriormente citada. Para acabar con la resistencia de la fortificada urbe, les lanzaron sus propios cadáveres afectados por la peste para que esta se extendiera en el seno de la sociedad asediada. Muchos de los genoveses que lograron huir volvieron a su país con la enfermedad, y es por eso por lo que Italia fue el primer epicentro en Europa.

Pero cuando la epidemia aún se hallaba solo en Italia, el Reino de Hungría decidió atacar al de Nápoles, y las tropas dirigidas por el emperador Luis I regresaron de sus campañas con la epidemia a cuestas. A esto se suma que, al observar la propagación de una nueva y desconocida dolencia en sus puertos, las autoridades italianas obligaron a los barcos mercantes a atracar lejos de Italia, en puertos franceses y españoles. La virulenta peste se estaba propagando por toda Europa y ya nadie podía hacer nada para detener este avance.

La epidemia se propaga

Son diversos los factores que nos explican cómo pudo avanzar tan rápidamente por la cartografía europea medieval. Entre ellos, hay que destacar el contexto político de la época, los inicios de la guerra más importante del Medievo europeo, la guerra de los Cien Años, que opuso a los franceses e ingleses por el trono galo (véase el epígrafe «La maldición del viernes 13, una historia de templarios, reyes, papas y vikingos»). El movimiento de tropas, junto con las condiciones económicas y sociales de miseria propias de cualquier confrontación bélica, creó el caldo de cultivo perfecto para la rápida propagación de la enfermedad.

Otro factor que tener en cuenta es el tiempo de su incubación, que podía tardar unas dos semanas antes de manifestarse los primeros síntomas (aunque lo normal eran cuatro días). Es decir, las personas infestadas la propagaban durante un buen lapso de tiempo sin darse cuenta de que estaban enfermas.

Por su parte, el contexto climático tampoco fue favorable, ya que a principios del siglo XIV un cambio de temperatura dio lugar a una pequeña edad de hielo, que dilapidó las producciones agrarias de la época, creando fuertes hambrunas que produjeron un desequilibrio en los sistemas inmunológicos de los coetáneos. Este hecho debilitó las defensas de la población, aumentando notablemente su mortandad.

Finalmente, el fenómeno del éxodo rural propio del Bajo Medievo, que atrajo una gran cantidad de población hacia las hasta entonces olvidadas urbes (muchas de ellas abandonadas o semiabandonadas tras la caída del Imperio romano), concentró a muchos individuos en unas condiciones higiénicas desastrosas (sin alcantarillado ni medidas de higiene ni espacio suficiente, etcétera).

Una sociedad sin armas para la batalla

El nivel de la medicina de la época que, aunque no era inexistente tampoco estaba demasiado desarrollado, dejó a la población sin armas para defenderse de la epidemia. Los médicos, completamente sobrepasados por la situación, solo pudieron recetar alguna que otra infusión, lavativas y polvos digestivos, medidas claramente insuficientes. Además de que se le atribuyó a esta dolencia un origen más divino que científico.

Para la psique de la época, esta enfermedad respondía a un castigo del Todopoderoso, y, claro está, para combatirla había que rezar más. Y ¿dónde reza uno? En la iglesia. Esto hizo que las poblaciones de la urbe se concentraran más si cabe, aumentando el ritmo de propagación. Aunque normalmente la peste se pasaba de las pulgas a las personas, si esta afectaba a los pulmones, se podía también transmitir de una persona a otra.

Eso sí, con el tiempo (tras varios brotes de peste) se percataron que una buena manera de paliar esta situación era aislar a los enfermos, creando así las primeras medidas de cuarentena y de confinamiento, que fueron su mejor arma a la hora de luchar contra la enfermedad. Pero, como los confinamientos domiciliares tampoco surtían grandes efectos, ya que los enfermos rara vez vivían solos, se crearon los hospitales de peste. Por ejemplo, en Venecia, una de las ciudades que más sufrieron esta afección, debido a su tradición comercial, se utilizaron islas enteras para confinar y aislar a los enfermos.

Por último, cabe destacar que también existen casos de ciudades que decidieron exiliar a los enfermos lejos de sus murallas, dejándolos completamente desamparados y a merced de esta asesina implacable. Además de los aislamientos y confinamientos, se pusieron en práctica las primeras medidas de higiene urbanísticas, como la creación de alcantarillados, hasta entonces prácticamente inexistentes en las nuevas urbes feudales.

Las consecuencias de la pandemia negra

Las terribles consecuencias de la cruel peste negra no se hicieron de esperar. Las ciudades y los campos medievales quedaron despoblados súbitamente. Dejando de lado las secuelas psicológicas de una sociedad que tuvo que enterrar, en tan poco tiempo, a tantos seres queridos sin comprender bien lo que había acontecido, una fuerte crisis económica se expandió por casi todo el continente. En el territorio oriental europeo, los supervivientes tuvieron que trabajar duramente para poder afrontar las ingentes demandas tributarias de una sociedad estamental, en la que los campesinos mantenían económicamente a sus señores. Al ser menos personas y tener que pagar los mismos tributos, la vida se tornó mucho más servil y cruenta para los no privilegiados.

Por otro lado, los progromos se multiplicaron por toda Europa. Violentos movimientos ciudadanos culpaban de todos sus males a los judíos, encontrando en ellos el chivo expiatorio de sus problemas, matándolos por centenares, forzando su exilio y destruyendo sus posesiones. El primero de ellos se realizó ya en el año 1348 en la ciudad francesa de Toulon. Aunque hay que resaltar que el pontífice Clemente VI rechazó estos actos inhumanos.

Finalmente, el *statu quo* del Medievo fue dilapidado. Los señores feudales que vivían de sus dominios agrarios, debido a la escasez de siervos, cayeron en desgracia por culpa del aumento de las revueltas campesinas (ahogados por los impuestos). Los reyes se transformaron así en monarcas absolutistas que atesoraban el poder político en sus manos. A esto se le añade una fuerte revolución en el plano filosófico y científico, la aparición del humanismo, que sin ser ateo desplazó del centro del interés general a Dios para colocar al ser humano.

Cabe destacar que para muchos historiadores la sociedad medieval anterior a la peste se había estancado, debido a una fuerte demografía y a una escasa evolución de los medios de producción que no permitía la manutención de la población. Si la peste no hubiera matado a ese gran número de personas, el equilibrio muy probablemente se habría roto, dejando tras de sí fuertes hambrunas y una inestabilidad social que bien podría haber sido aún más mortífera e inhumana que la pandemia.

1709: *Winter is coming*

Jóvenes estivales, «¿qué sabéis vosotros del miedo? El miedo es para el invierno, cuando la nieve alcanza cuarenta varas de espesor. Hace miles de años hubo una noche que duró toda una generación. Los reyes morían helados en sus castillos, como los pastores en sus chozas. Y las mujeres asfixiaban a sus hijos para no verlos morir de hambre. Y lloraban, y sentían las lágrimas helarse en sus mejillas». ¿Estas son las clases de historias que os gustan?

Todos conocemos el increíble mundo confeccionado por G. R. R. Martin, pero ¿hubo algún momento en nuestra historia reciente en el que el ser humano tuvo que enfrentarse a un destino tan brutal como los protagonistas de *Juego de tronos*? La respuesta es sí, y solo debemos mirar trescientos años atrás, a 1709, el año de la «pequeña glaciación»; el año de la *big freeze* inglesa, o el *grand hiver* francés. El año en que toda Europa se congeló.

La llegada del frío

Los europeos despertaron la mañana del 6 de enero de 1709 en un mundo que había cambiado. En un continente más reconocible para los neandertales. En una Europa congelada desde el norte italiano a las frías tierras escandinavas, y desde las orientales tierras rusas a la costa occidental gala.

Los ríos se helaron, al igual que el mar. El ganado moría de hambre, como los animales aún por domesticar. Los árboles estallaban por la congelación, y el floreciente y verde paisaje europeo dejó paso a uno seco y frío.

Nadie podía escapar de este funesto destino. Las temperaturas en la capital británica descendieron hasta los doce grados bajo cero, y en la francesa hasta los quince. Nunca un invierno había sido igual.

Un tortuoso invierno

Tras tres meses de profunda helada, la hambruna acompañó a este martirio. Ya no había agricultura para alimentar a las ciudades, los pueblos eran atacados por los famélicos lobos, los viajeros morían en los caminos y los animales, intentando cazar, se habían congelado (al igual que los de las granjas).

Europa se adentró en el caos, y tanto reyes como campesinos se hallaban supeditados a él. Fue el duque de Orleans, desde el suntuoso palacio de Versalles, quien escribió: «Estoy sentado con un rugiente fuego, [...] con una piel de marta alrededor de mi cuello y mis pies en una bolsa de piel de oso, y aun así, estoy tan aterido de frío que apenas puedo sostener el lápiz. Nunca en mi vida había visto un invierno como este». El balance fue trágico, más de un millón de muertos a principios del año 1710.

Los rapanuís, la civilización sobre la que se cernió el infierno

El trágico final de los rapanuís es digno de una película. Una sociedad que sucumbió al caos absoluto, que vio germinar un infierno en la tierra como pocas veces ha ocurrido a lo largo de la historia y al que estaban todos atados, sin tener ninguna vía para escapar, aislados en una de las islas más remotas de nuestro planeta.

¿Te imaginas vivir en un lugar sin alimentos y sin salida? ¿Te imaginas que a este martirio se le añaden cientos de individuos, ataviados con pinturas de guerra, que no solo quieren matarte sino también devorarte, en el sentido literal del término? ¿Te imaginas desnutrido, oculto en algún recoveco de una cueva, escuchando a esos malévolos individuos susurrar en la oscuridad buscándote para saciar su sed de carne humana con tu cuerpo?

Aunque no lo parezca, esto no es una película de zombis, sino el final de una de las civilizaciones más conocidas del mundo. Esta es la historia del cénit y ocaso de los rapanuís, los constructores de los moáis transformados en sedientos caníbales.

La isla de Pascua, los rapanuís y sus moáis

En la actualidad, la isla de Pascua, o Rapa Nui, es uno de los lugares más recónditos y desiertos del planeta (si no contamos a los miles de turistas que acuden cada año). Pero en ella, tiempo ha, habitó una de esas civilizaciones que siguen fascinándonos aún hoy, la rapanuí, sociedad que ha dejado como legado los ultraconocidos moáis.

Con una superficie de 168 kilómetros cuadrados, esta isla del Pacífico, creada por la erupción de tres volcanes, se halla a tres mil ochocientos kilómetros hacia el este de la costa americana; la tierra más cercana a ella se encuentra a unos mil novecientos kilómetros hacia el oeste (las pequeñas islas Pitcairn). Estas enormes distancias nos demuestran que, sin lugar a dudas, este es uno de los lugares más recónditos a los que ha llegado el ser humano.

Pero ¿quiénes fueron los primeros pobladores de esta isla? ¿Cuándo llegaron? ¿Qué motivos los impulsó para colonizar esas lejanas tierras? ¿Qué significan esas enigmáticas y gigantescas cabezas que nos han legado para la posteridad? ¿Por qué ya no queda casi ninguno de ellos para contar su historia? Y, ¿cómo acabaron todos comiéndose los unos a los otros?

Los rapanuís

La cultura polinésica emergió en Taiwán a principios del I milenio a. C. Volcada hacia el mar, fue una de las civilizaciones marítimas más avanzadas de su tiempo (y de nuestra historia), hecho demostrado por las grandes distancias que recorrieron, guiados por el viento, el cielo y las olas. Sobre el siglo IV a. C. colonizaron las islas Filipinas, y desde allí se adentraron hacia lugares más ocultos del océano Pacífico con un solo objetivo en mente: asentarse en nuevas tierras.

Entre los siglos V y X, unos pocos colonizadores se toparon con una isla paradisiaca de frondosos palmerales, cristalinas aguas y riquezas marítimas casi infinitas: la isla de Pascua, que se transformó de esta manera en el satélite más oriental de la cultura polinesia, y en la que con el tiempo se desataría el verdadero infierno en la tierra.

Esos ínfimos colonizadores pronto se multiplicaron, confeccionando en la ínsula una serie de tribus confrontadas entre sí por los recursos y la supremacía del lugar. En el momento de mayor esplendor de esta civilización se contabilizan unos veinte mil individuos, poblaciones que construyeron no solo casas y huertos, sino enormes plataformas sobre las cuales instalaron las que son, seguramente, las estatuas más conocidas y misteriosas de nuestra historia, los moáis.

Los moáis

Todo parece indicar que estas enormes estatuas, algunas de ellas con dimensiones que superan los nueve metros de altura y con un peso de ochenta toneladas, fueron construidas por la cultura rapanuí para así poder venerar a sus ancestros.

Debido a sus rudimentarias herramientas, necesitaban una piedra fácilmente moldeable para la realización de estas figuras. Al ser una isla volcánica, encontraron grandes cantidades de toba, material poroso creado mediante la concentración de cenizas. Pero esta piedra solo se hallaba en las canteras diseminadas por toda la isla, en lugares muy concretos y alejados entre sí.

Todo indica que los artesanos tallaban *in situ* sus estatuas, para luego transportarlas hacia las aldeas rapanuís o a los diversos lugares de exposición. La cabeza y el cuerpo eran tallados mediante la utilización de piedras de basalto más duras que la tuba. Se calcula que haría falta el trabajo de doce personas durante un año para el moldeado de la figura.

Una vez finalizado el moái, despegaban su espalda de la piedra madre, hacían rodar colina abajo la estructura tallada de piedra y allí acababan tallando la parte posterior. Luego, era levantada y transportada hacia el *aju*, la plataforma sagrada en la cual descansaría durante siglos. Pero esta, muchas veces, se hallaba a kilómetros de distancia de la cantera.

Aunque en un primer momento se pensó en la confección de una especie de camino de troncos por el que harían rodar la estatua (ya que esta sociedad no disponía de animales de tiro ni ruedas), este hecho ha sido desmentido por recientes investigaciones. Los arqueólogos se dieron cuenta de que las estatuas, a medio construir o rotas, que hallaban por los caminos no tenían aún trabajados los ojos, presentando un ángulo bien marcado y definido. Esta evidencia nos indica que erguían las estatuas y, mediante una cuerda atada en las angulosas cuencas de sus ojos que sujetaba la cabeza, las movían, balanceándolas, gracias a las varias personas que sujetaban cada lado de la cuerda haciendo fuerza hacia sí. La estatua se movería de este modo por los largos caminos de los rapanuís.

Pero la construcción de los moáis paró súbitamente, algo cambió en la isla. El aciago ocaso de la cultura rapanuí se inició.

El principio del fin rapanuí

Los rapanuís eran un pueblo agricultor, y para poder crear sus campos agrícolas (suficientemente grandes para alimentar a una población que llegó a superar los veinte mil habitantes) empezaron a talar los frondosos palmerales de la isla. Lo que acabó, como veremos a continuación, siendo un arma de doble filo.

Por otro lado, una nueva e inesperada amenaza se estaba multiplicando en la isla desde la llegada de los primeros pobladores. Una especie foránea, traída, seguramente sin querer, por los polinesios que desembarcaron en este lugar. Las ratas. Estas, que se debían de contar por millones (ya que no existía ningún depredador en su nuevo territorio), se comieron las nueces de palma de las pocas palmeras que aún quedaban en pie. Nueces que debían de caer al suelo para transformarse en nuevas palmeras y engrosar así el número de árboles de la isla.

Y, en ese momento, un cambio climático sacudió el territorio dando paso a un clima más seco y menos lluvioso. El agua de los ríos empezó a escasear.

Pronto los rapanuís se fueron quedando sin árboles, y sin ellos no hay barcos para pescar la que siempre fue la base proteínica de estas poblaciones, los delfines y los atunes. Entonces empezaron a cazar las aves marítimas del lugar (antes de la llegada de los pobladores, la isla fue una de las mayores reservas de aves del planeta), pero no sabían que el guano de los pájaros era vital para la fertilización de los bosques y campos de la zona. Y sin bosques no había ninguna barrera que protegiera los cultivos de la salinidad del lugar, haciendo ya casi imposible cultivar nada en el hogar rapanuí.

Alejados del mundo, sin casi comida ni bebida y con una sobrepoblación más que flagrante, seguramente muchos de ellos pensaron en escapar de su funesto destino. Pero sin árboles, no hay barcos ni para pescar ni para escapar. Los dados ya estaban echados. El infierno se desencadenaría sobre la tierra. Y los rapanuís se hallaban encadenados a él.

El ocaso rapanuí, el infierno se desata

Tras el cambio climático y la deforestación, la hambruna se extendió por la isla. Las tribus, anteriormente en coexistencia pacífica las unas con las otras, iniciaron una época de fuertes y violentos conflictos por el control de los escasos recursos.

El miedo, en su máxima extensión, se afianzó entre las poblaciones del lugar, como bien demuestran los nuevos hogares que se construyeron bajo la tierra, en las grandes cuevas de la isla volcánica, para así ocultarse de sus enemigos. El canibalismo apareció como único modo de conseguir proteínas en la isla, y las persecuciones y asesinatos proliferaron en el territorio rapanuí.

La sociedad se hallaba al borde del colapso, y para frenar la vorágine de violencia, los líderes tribales desarrollaron una revolucionaria idea, el ritual del hombre pájaro. Con el fin de elegir qué clan controlaría los recursos, durante un año, cada uno de ellos presentaba a uno de sus soldados para competir con los de los clanes rivales. La prueba consistía en una carrera en la que los competidores debían bajar corriendo una colina, cruzar a nado un kilómetro de mar hasta llegar a un peñasco situado enfrente de la isla de Pascua, buscar el huevo de un ave marina de la zona (a veces tardaban varios días en dar con uno), y volver a la meta siguiendo el mismo camino.

Pero este ritual tuvo un éxito efímero, puesto que nuevos depredadores llegaron a la zona en la Pascua de 1722, los colonizadores holandeses. Con sus armas vencieron a los rebeldes, con sus enfermedades diezmaron la población, y los pocos que escaparon de este genocidio fueron capturados y vendidos como esclavos a las potencias europeas del momento. Y con ellos acabaron los últimos vestigios de la sociedad rapanuí, que dejó tras de sí sus ultrafamosas estatuas.

Los piratas del Caribe, Port Royal y el apocalíptico final de la cuidad del pecado

Hubo una época en la que el Caribe se convirtió en el centro del comercio mundial del oro y de la plata. Un rico lugar infestado de oscuras personas que querían apoderarse, por la fuerza, de toda riqueza que pasase por el territorio, rumbo a Europa. Como bien nos explica John Roberts, artífice del Código del Pirata: «Con una ocupación honesta recibes bajos salarios y duro trabajo; en cambio, con esta entretenida actividad, libertad y poder. Una vida corta y feliz sería mi lema». Y, de entre todos los lugares en los que se asentaron, destaca la urbe jamaicana de Port Royal, la gran ciudad de los forajidos de los mares.

Esta fue la gran capital de la piratería. Una urbe repleta de filibusteros, bucaneros y corsarios armados, diseñada para protegerlos y para que dilapidasen sus incontables botines en sus numerosas tabernas y prostíbulos. Una ciudad hecha para el pecado y habitada por pecadores, que, como por ira divina, fue engullida en cuestión de minutos por el mar.

Esta es la trágica historia de Port Royal, la verdadera Sodoma (o Gomorra).

La piratería en el Caribe

Aunque la historia de la piratería se remonta a los albores de la civilización y al nacimiento del comercio marítimo, fue un fenómeno desconocido en América hasta la llegada de los conquistadores españoles. Momento en que las ingentes cantidades de oro y plata que consiguieron, pillando los tesoros aztecas e incas y explotando las minas americanas, fueron fundidas en doblones y escudos, transportados en barcos hasta España por el Caribe.

Y, como es lógico, estas enormes riquezas llamaron prontamente la atención del resto de las potencias europeas, que envidiaban la fortuna española, pero no querían una confrontación directa con el Imperio. Ante esa tesitura, decidieron financiar expediciones para hacerse con el codiciado botín.

El primero de esos expedicionarios, y más conocido corsario, fue Francis Drake. Este, financiado por la Corona británica, inició las actividades de piratería en el Caribe, saqueando puertos y galeones españoles, y trayendo consigo hacia Inglaterra importantes botines.

Su éxito fue tal que sería nombrado sir, marcando una estela de promoción social y económica que pronto muchos decidieron seguir. De este modo, se inició la era de los piratas del Caribe.

La táctica de los piratas

Al estar esa zona fuertemente protegida por los grandes buques de guerra españoles, sus tácticas de ataque más recurrentes se basaban en acercarse sigilosamente, de noche y con pocos efectivos, en pequeños botes, para tomar por sorpresa a los barcos fondeados en la costa.

Las armas utilizadas para sus escaramuzas nocturnas solían ser mosquetes con cañones muy largos, para poder atacar a modo de francotirador y disparar mientras se acercaban a los barcos, matando a sus timoneles y rompiendo las cuerdas que sostienen las velas.

Al llegar al barco, dejaban el armamento de larga distancia para tomar armas para recorridos más cortos. Solían ir muy armados, con dos pistolas, dos machetes y alguna que otra granada de mano. Iban vestidos con chaquetas embadurnadas con alquitrán o brea, con el fin de amortiguar los ataques enemigos. Su objetivo, inmovilizar rápidamente el buque mercante para poder robar sus riquezas y huir antes de la llegada del ejército español.

La primera ciudad pirata

El primer enclave pirata del Caribe, propiamente dicho, fue Tortuga, isla haitiana que, debido a su peculiar relieve, confeccionado por montañas y bosques en el norte, junto al bastión defensivo construido en el sur, pudo guarecer y proteger a los primeros núcleos de piratería de la zona. Se creó así un punto de libre mercado en pleno corazón del monopolio hispánico, controlado, desde 1640, por el oficial de la armada francesa Lavasseur y la Cofradía de los Hermanos de la Costa.

La organización pirata, anteriormente citada, defendió un posicionamiento político, social y económico revolucionario, con ciertos tintes libertarios y anarquistas. En un mundo claramente definido por religiones, castas y razas (como podemos observar en la trata de esclavos africanos), en su seno no importaban religión, raza ni condición sexual o social para poder ser miembro y establecer relaciones sociales en su seno.

Por un lado, la propiedad privada fue prohibida, medrando la propiedad colectiva, con el fin de crear una economía igualitaria. Los botines de las expediciones piratas eran repartidos de forma ecuánime entre todos los asaltantes. Si uno de los hermanos capturaba un barco, este pasaba a ser propiedad de la cofradía, para así poder ser utilizado por cualquiera de los miembros.

Por otro lado, imperaban los principios democráticos, siendo los capitanes elegidos por votación para ejercer como tales en un periodo de tiempo establecido por todos, y pudiendo ser depuestos, democráticamente, en cualquier momento. Además, si herían a alguien y perdía algún miembro, se le otorgaba una indemnización como subsidio.

La gran gesta pirata y la caída en desgracia de Tortuga

Tras imponer un régimen despótico en la isla (aumentando impuestos, creando una cárcel para torturar a sus enemigos políticos, etcétera), Lavasseur fue asesinado. De este modo, el poder de la isla cayó bajo el dominio de la Compañía Francesa de las Indias Occidentales, que mantuvo esa política de puertas abiertas a los piratas de Lavasseur.

Entre ellos, estaba el galés Henry Morgan, autor de la mayor gesta pirata de todos los tiempos, el saqueo de la ciudad fortificada de Panamá en 1671, joya de la Corona hispánica que se hallaba protegida de las garras corsarias por treinta kilómetros de jungla. Para tal empresa, tuvo que formar el mayor ejército pirata jamás reunido hasta la fecha, con un total de casi dos mil soldados y más de ciento cincuenta navíos.

Morgan y sus hombres tomaron el río Chagres hasta llegar a los lindes de la inexpugnable jungla, iniciando nueve días de penosa marcha a través. Sin alimento, puesto que los nativos americanos, al verlos llegar, quemaban sus aldeas y huían, se vieron incluso obligados a comerse sus propios zapatos (hirviendo el cuero). Pero, una vez llegados a su destino, la guarnición de la ciudad no pudo frenar el vendaval pirata.

Los asaltantes se mantuvieron en la ciudad hasta tres semanas. Largo tiempo para saquear, violar y torturar a los malogrados ciudadanos. Tras la gesta y el cuantioso botín obtenido, Morgan sería nombrado teniente gobernador de Jamaica, hecho que marcaría el principio del fin de la hegemonía de Tortuga.

Port Royal, la gran capital de los piratas y del pecado

Con el tiempo, las ideas libertarias piratas fueron cayendo paulatinamente en desuso. Los capitanes ya no eran elegidos democráticamente, sino que se imponía el más fuerte y sanguinario. Se inició así una nueva era del individualismo que dio nuevas alas a la piratería en el Caribe.

Sería en ese preciso momento cuando Henry Morgan, tras hacerse con el control de Jamaica, pivotó, mediante el uso de la fuerza en contra de sus antiguos hermanos de Tortuga, el eje de poder pirata hacia la isla. De este modo, la mítica Port Royal se transformó en la capital del mundo de la piratería. Ciudad protegida por la Corona británica, imperio decidido a hacerse un hueco en el Caribe español y suplantar a la Tortuga francesa.

Situada en la costa sur de Jamaica, Port Royal se transformó así en la ciudad pirata por antonomasia, en cuyas calles, tabernas y prostíbulos se reunían día y noche los bucaneros, filibusteros y corsarios, dispuestos a dilapidar las pequeñas fortunas que les habían otorgado sus hazañas de piratería en alcohol, fiesta y sexo. En su máximo apogeo llegó a tener más de ocho mil ciudadanos.

Pero esta Sodoma y Gomorra contemporánea cayó también por un horroroso apocalipsis. Poco antes del mediodía, el 7 de junio de 1692, un verdadero cataclismo de dimensiones bíblicas golpeó sin clemencia la malograda ciudad.

El trágico final de la ciudad del pecado

Mientras que los ciudadanos de Port Royal se hallaban ocupados con sus quehaceres diarios, una onda sísmica que viajaba a una velocidad de ocho kilómetros por segundo pegó de lleno en la zona.

Las calles se hallaban repletas de personas, los puertos de mercancías y mercaderes. El golpe fue tan violento que tiró a los habitantes al suelo. El pavimento se resquebrajó por las profundas grietas, los ladrillos se levantaron y las casas se derrumbaron, provocando una auténtica masacre en las callejuelas de la ciudad repletas de individuos. Según testimonios, las calles ondulaban como si fueran olas en el mar.

Esta fuerte sacudida balanceó más de dos tercios de la urbe, y la ciudad no ofrecía ningún lugar seguro a las personas que allí se hallaban. Pero el seísmo no fue más que la punta del iceberg, y algo más profundo y oscuro sepultó para siempre la ciudad de los piratas.

A este curioso y extraño fenómeno se lo denomina «licuefacción del suelo», y significa que el suelo se transforma en una suerte de arenas movedizas. Estas engulleron, literalmente, las calles, las casas y a todos los habitantes que en ellas se encontraban, a unos cinco metros de profundidad, debido al arenoso y mojado suelo de la antigua urbe pirata (situada en una playa). En total, se calcula la muerte de más de dos mil personas. Un verdadero infierno en la tierra que vino a llevarse una de las ciudades más pecaminosas de la historia.

El asunto de las manos cortadas, o el sufrimiento del Congo

El desenlace de la colonización belga del territorio del Congo es una de las historias más trágicas que ha vivido la humanidad. Una auténtica película de terror cuyos protagonistas fueron unos sádicos colonizadores, que no dudaron en crear un verdadero sistema del terror con el fin de llenar sus bolsillos; y un malogrado pueblo que vio cómo esos seres monstruosos los sometieron a su voluntad, esclavizándolos e imponiéndoles cuotas de producción casi imposibles, bajo pena de ver sus manos cortadas o a sus familias asesinadas si estos no las cumplían.

Pero esta no es una historia de ficción, este es el «asunto de las manos cortadas» del Congo.

Leopoldo II: mentiras y engaños por el bien de su bolsillo

En 1885, el recién fundado Estado de Bélgica, con unos cincuenta años de existencia, logró controlar un territorio más que rico en materias primas y minerales, bienes muy codiciados por las potencias europeas de la época para poner en marcha la Segunda Revolución Industrial. Pero ¿cómo pudo el rey de un país de unos treinta mil kilómetros cuadrados controlar un territorio de casi dos millones de kilómetros cuadrados?

Durante la década de 1870, el monarca Leopoldo II defendió, en todos los congresos a los que fue invitado, la imperiosa necesidad de civilizar a los «salvajes» pueblos africanos. Para ello, creó la Asociación Internacional Africana en 1876, que era propiedad del monarca belga.

Con ese supuesto fin filantrópico financió al explorador Henry Stanley, quien se ocupó no solo de confeccionar el primer mapa del territorio, sino también de afianzar el monopolio comercial en forma de tratos con las tribus africanas del lugar. Tratos que pronto se tornaron en concesiones de soberanía mediante la injerencia de la nueva asociación creada por Leopoldo, la Asociación Internacional del Congo (AIC). Pero lo más complicado aún estaba por llegar: que las grandes potencias europeas, que luchaban en la carrera colonial, le dieran su parte del pastel.

Con este objetivo en mente, Leopoldo, además de engañarlos con su propaganda filantrópica, supo aprovechar muy bien la coyuntura internacional. Los intereses franceses fueron acallados otorgándoles parte del territorio congoleño y prometiéndoles que si el empeño colonizador de la AIC fracasaba, el Congo pasaría a su tutela. Bismarck (hombre fuerte del Gobierno alemán) fue presionado por su mayor banquero, Gerson von Bleichröder, amigo íntimo de Leopoldo II. Por su parte, a Portugal lo dieron de lado, tanto los franceses como los ingleses, ya que sus políticas económicas proteccionistas no concordaban con las defendidas por esas potencias, basadas en el libre mercado. Finalmente, Inglaterra se contentaba con un mal menor, puesto que ese rico territorio no pasaría a manos ni de los franceses ni de los lusos.

De este modo, el 26 de febrero de 1885, el Congreso de Berlín ratificó la propiedad del Congo a manos de Leopoldo II y su AIC. Le dieron rienda suelta para confeccionar, en la recién adquirida propiedad, uno de los sistemas más salvajes e inhumanos jamás vistos en nuestro mundo.

El Congo colonial, historia de un genocidio

En un primer momento, todo acontecía normalmente en el Congo, o por lo menos a ojos de la desinformada opinión pública. Bélgica, como el resto de las potencias europeas colonizadoras, se estaba esmerando en su misión filantrópica de civilizar a esos bárbaros pueblos de ultramar, que tanto necesitaban de la intrusión del hombre blanco para alcanzar cuotas civilizatorias hasta ahora desconocidas por ellos (o por lo menos eso defendían las potencias occidentales).

Pero la liebre saltó cuando Joseph Conrad, a finales del siglo XIX y tras un viaje al Congo, escribió su conocida obra *El corazón de las tinieblas*, en la que describe el vejatorio trato que recibían las poblaciones nativas por culpa del expolio de sus riquezas. Como bien escribió, este era «el saqueo más vil que jamás haya desfigurado el rostro de la conciencia humana».

El verdadero objetivo de Leopoldo II, que trataba el Congo como su propiedad privada, era el sistemático saqueo de sus riquezas —oro, marfil, diamantes y caucho—. Con este fin, imponía a la población congoleña cuotas de explotación, y si alguno no las alcanzaba, ya fuera niño, adulto o viejo, se le cortaba una mano (las mujeres eran retenidas para forzar a los hombres al trabajo y evitar su posible huida hacia los impenetrables bosques congoleños).

Para mantener a raya las posibles revueltas, confeccionó un verdadero ejército de mercenarios, de unos noventa mil individuos, que tenían por objetivo encontrar aldeas, quemarlas y esclavizar por la fuerza a sus habitantes.

Además de ser mutilados, se les torturaba a diario y eran asesinados si oponían cualquier tipo de resistencia. Las fuertes hambrunas siguieron al martirio, ya que no tenían tiempo de trabajar la tierra para su provecho. Al final de la empresa filantrópica de Leopoldo II, se contabilizan diez millones de muertes, casi la mitad de la población congoleña de aquel entonces.

El Congo pasa de manos, pero el expolio se mantiene

Tras el fuerte escándalo que suscitó el libro de Joseph Conrad, Leopoldo II fue deslegitimado para seguir siendo el propietario del inmenso país africano, y este pasó a la jurisdicción del Estado belga desde 1908 hasta el día de su independencia en 1960.

Aunque se puede afirmar que la calidad de vida de los congoleños mejoró notablemente, pudiendo muchos de ellos acceder por primera vez a una educación, junto con la abolición de las sistemáticas mutilaciones, no hay que olvidar que la esclavitud siguió vigente, que la esperanza de vida media era de cuarenta años y que el *apartheid* se mantuvo, transformando a los congoleños en ciudadanos de segunda en su propio país.

Sin mencionar los infames zoos humanos que se fundaron en Bélgica y en el resto de los países europeos (véase epígrafe «Los zoológicos humanos, o la expresión de racismo más flagrante de Occidente»), en los que los curiosos visitantes podían ver encerrada a una familia de congoleños mientras tiraban cacahuetes para observar cómo se los comían los nativos encadenados.

Ruanda, el verdadero averno

En 1994, una noticia explotó como la pólvora en todos los noticiarios del mundo. La gente enmudeció al observar cómo, en un pequeño y casi desconocido país centroafricano, sus poblaciones estaban padeciendo uno de los actos más salvajes jamás acontecidos en la tierra.

Miles de personas, armadas con fusiles y machetes, salieron a la calle para matar de un modo brutal e inhumano a sus indefensos vecinos. La opinión pública internacional, escandalizada por esos terribles acontecimientos, estalló en contra del crimen perpetrado por esas monstruosas personas, los demonizados (y hasta entonces desconocidos) hutus.

Pero más allá del discurso de buenos y malos, verdugos y víctimas, la historia de Ruanda encierra muchas realidades que deben ser analizadas para entender este infame acontecimiento. Esta es la historia de Ruanda, el país que vio germinar un verdadero infierno en la tierra.

Ruanda, un país abocado al desastre

Ruanda es un pequeño país centroafricano que limita en el sur con Burundi, al norte con Uganda, al este con Tanzania y al oeste con la República Democrática del Congo. En un principio, fue habitado por los twas, tribus pigmeas casi prehistóricas que vivían de la caza y la recolección.

A lo largo del siglo XI, tribus hutus empezaron a asentarse en el territorio, conviviendo en una relativa paz con los habitantes autóctonos de la zona, y estableciendo el sedentarismo en forma de poblados agrícolas. Finalmente, en el siglo XIV, llegarían los tutsis, pastores de rebaños que acabarían por completar este mosaico sociocultural que es la sociedad ruandesa.

Dos siglos más tarde, los últimos en llegar se impusieron militarmente al resto de las poblaciones y se convirtieron en la clase dominante (utilizando su preponderancia económica, ya que ser los dueños de la ganadería significaba dinero y poder en ese territorio). De este modo, se estableció una suerte de relación de vasallaje en la que ellos se hallaban en la cúspide, como auténticos señores feudales, y los hutus y twas fueron relegados a la base social (estos últimos en una situación de casi esclavitud).

Se confeccionó de esta forma la monarquía ruandesa, encabezada por el *mwami*. Pero, lo que en un principio fue una jerarquización puramente social, que dividía a la población en tutsis (la minoría privilegiada, un 14 por ciento), los hutus (la gran mayoría social dependiente de los tutsis, un 85 por ciento) y una pequeña parte de twas (último escalafón de esta especie de sociedad estamental), acabaría siendo racial con la llegada de los colonizadores alemanes y, sobre todo, belgas. La diferenciación racial precipitaría al país, a mediados de los años noventa del siglo XX, a una de las mayores sangrías jamás realizadas por el ser humano. Y sus cifras dan prueba fehaciente de ello.

En los cien días que duraron las matanzas, 800.000 civiles ruandeses perdieron la vida de forma violenta, lo que significa un total de 8.000 muertos al día, 333 por hora, o 5 por minuto. Estas son las cifras del horror. Pero, como todo acontecimiento de este signo, este no se rige por la improvisación humana, sino que responde a toda una serie de hechos que desembocaron en esta inhumana atrocidad. El genocidio ruandés.

Ruanda: el colonialismo entra en escena

Existe una fuerte controversia para poder entender el origen de la barbarie acontecida en el año 1994, es decir, la verdadera diferencia entre las tribus enfrentadas. Para ciertos historiadores se trataría de una diferencia étnica: defienden que hutus y tutsis son entidades étnicas diferentes. Para otros, la razón de fondo sería económica, como sucedía con las diferencias entre un señor feudal con sus vasallos campesinos. Sea como fuere, dicho problema se acentuó con la llegada de un nuevo actor a escena, los colonizadores europeos, alemanes, en un primer momento, pero sobre todo belgas (ya que el territorio les fue entregado por la Sociedad de Naciones tras la Primera Guerra Mundial, para así castigar aún más la endeble economía teutona de la década de 1920).

Para los colonizadores no había duda, las diferencias entre las castas que convivían en su colonia eran sociobiológicas. Es decir, existía una diferencia racial, por lo que no dudaron en tildar de superiores a los más semejantes, físicamente, a los caucásicos europeos, y concederles la supremacía sobre los inferiores. Es decir, acentuaron la supremacía tutsi mediante teorías étnicas racistas.

Los nuevos amos del territorio sumaron dos más dos de una forma grotesca, caricaturizando el complejo escenario político que se abría ante sus ojos. Para ellos, su reinado precolonial explicaba la supremacía tanto social, económica e histórica de unos pocos tutsis sobre unos muchos hutus. Estos últimos eran vistos como campesinos dependientes de la Corona, mediante el establecimiento de una red de vasallaje a la antigua usanza medieval europea. Se añadió el componente de superioridad racial y la tensa situación explotó.

Para defender su teoría, los belgas confeccionaron un estudio étnico de los diferentes habitantes del país, trayendo consigo calibradores para medir la capacidad craneal de unos y otros, elaborar un índice midiendo la forma y las dimensiones de los apéndices nasales, y así establecer diferencias físicas que se añadían a las económicas confeccionadas a lo largo del reinado de los tutsis. De este modo, se creó una diferenciación hasta la fecha desconocida, que defendía que los tutsis estaban más evolucionados fisiológicamente que los hutus, debido a que sus rasgos eran más parecidos al de los caucásicos.

De este modo se confeccionó un país por y para tutsis (y por y para los intereses mercantiles belgas), un Estado en el que los hutus eran excluidos del Gobierno y de la educación superior, obligados a realizar el trabajo forzoso de forma casi esclava. Se crearon incluso cartillas identificativas donde se subrayaba la etnia de todos los habitantes, utilizándose como medio de control social.

De este modo, se transformaron dos castas en dos razas distintas, acentuando la segregación entre hutus y tutsis, reforzando la dominación de los segundos. Pero, al mismo tiempo, fue calando en el seno hutu la idea de que los tutsis eran una raza extranjera que los estaba oprimiendo, apoyada por gente que venía aún de más lejos. Y la situación cambió radicalmente a finales de la década de 1950.

Ruanda y el cambio de ruta: el apogeo hutu

En los años cincuenta del siglo XX sopló un nuevo aire en África, un auténtico vendaval que tenía por objetivo acabar con el Antiguo Régimen de servidumbre africana creado por el interés mercantil europeo. La descolonización sacudió los cimientos del régimen colonial establecido en Ruanda, pero de forma bien distinta a la esperada.

Como ya hemos explicado anteriormente, Ruanda se encuentra anclada entre varios países, entre ellos —y en aquel momento— el Congo de Lumumba y la Tanzania de Nyerere, importantes figuras del independentismo africano que fueron usados como modelo por los independentistas ruandeses. Estos, con cierta sorpresa, fueron sobre todo tutsis, al tratarse de la clase más instruida y ambiciosa del país. Ante esta situación, y tras la muerte del último rey tutsi, Mutara III, en 1959, los belgas aprovecharon la coyuntura para favorecer esta vez a los hutus, un estrato social mucho más dócil y fácil de manejar por su falta de educación.

Y así estalló la Revolución ruandesa. Miles de hutus salieron a la calle armados con machetes y dispuestos a aplicar su propia ley (quemando las propiedades tutsis y matando a sus antiguos amos). Cabe destacar que tras la independencia de Ruanda, en 1962, el antiguo Estado colonial se dividió en dos países, Ruanda y Burundi, el primero gobernado por los hutus y el segundo bajo la preponderancia tutsi (una dictadura militar).

Ante la sangrienta situación que explotó en Ruanda, unos trescientos mil tutsis decidieron huir hacia Burundi. Desde allí iniciaron, a lo largo de los años sesenta, ofensivas armadas con el objetivo de destruir las propiedades fronterizas hutus, creando una situación más que insostenible entre ambos países y ambas etnias, ya que el Gobierno hutu respondía con violencia en contra de la población tutsi de su país. La situación desencadenó la llegada de una dictadura militar hutu en Ruanda, con Juvénal Habyarimana en el frente, tomando el conflicto una nueva perspectiva, añadiendo a la social y racial la política (puesto que muchos hutus anhelaban la llegada de la democracia para acabar con la corrupta dictadura impuesta en 1973).

Ruanda y la llegada del Frente Patriótico, antesala de la tragedia

En 1990 apareció en escena el Frente Patriótico Ruandés (FPR), grupo militar formado por los tutsis que habían huido del país y que entraron en Ruanda desde Uganda, dando el pistoletazo de salida a la guerra civil ruandesa. Temiendo por su seguridad, el dictador llamó a Mitterrand, presidente galo por aquel entonces. De este modo, y apoyándose en la doctrina moral de la francofonía (es decir, la defensa de todos los países francoparlantes), llegó a Ruanda un pequeño grupo de combatientes franceses (caricaturizando esta situación como una invasión extranjera en contra de un país soberano y culturalmente aliado).

Sin ningún tipo de interés en iniciar una lucha armada en contra de esta poderosa nación, el FPR se mantuvo a distancia de la capital, pero estableció su control en los territorios del noroeste ruandés. La guerra se detuvo, pero la tensión política aumentó considerablemente en el territorio. Se mantuvo así una inestable situación en el país. Por un lado, los tutsis no habían dejado de lado sus anhelos de venganza en contra de la dictadura, y los hutus tenían miedo de la inminente contraofensiva tutsi y de las repercusiones que iba a tener. El propio Gobierno se dividió en dos vertientes: los que intentaban crear un Gobierno de coalición y la parte más fundamentalista de los hutus, que quería preservar su situación de superioridad. Este último sector se organizaba alrededor de la mujer del dictador, Agathe.

En 1993 se consiguen firmar los Acuerdos de Arusha, en los que se comprometían al final de las hostilidades, el retorno de los refugiados y la formación de un nuevo Gobierno de coalición. Esta solución no fue del agrado del sector fundamentalista, que desarrolló una nueva ideología de Estado que tenía por objetivo mantener la preponderancia hutu y como fin práctico aniquilar por completo a la población tutsi. La teoría fue desarrollada por los pensadores hutus en la Universidad de Butare. El dictador, por su parte, tomó una posición ambigua que poco favorecía a la tensa situación, firmando los acuerdos para luego ridiculizarlos y desacreditarlos en público.

Con este escenario se llegó al día clave del conflicto, el 6 de abril de 1994, cuando el avión que transportaba al dictador fue abatido por dos misiles, magnicidio cuya autoría sigue siendo un misterio. Para unos, dicho acto lo llevó a cabo el FPR; para otros, los fundamentalistas, encabezados por la mujer y los hijos del fallecido, para así tener un pretexto para el combate e instaurar su ansiado exterminio tutsi. Sea como fuere, Ruanda explotó.

Explota la barbarie

Tras el sonado magnicidio, la emisora de radio ruandesa Mil Colinas, único medio de información del país, dirigido por los fundamentalistas, empezó a lanzar consignas de odio en contra de los tutsis. El mensaje cuajó por completo en el seno de una sociedad casi analfabeta y dependiente de la ideología que emanaba del aparato gubernamental.

Miles de personas armadas, con palos y machetes, iniciaron la fuerte represión en contra de las poblaciones tutsis desarmadas. Las tarjetas de identidad creadas por los belgas fueron retomadas y utilizadas de nuevo como herramienta de control social (todo ciudadano debía portarla consigo, si no era fusilado; si en la tarjeta se mencionaba el origen tutsi, esa persona era asesinada en el acto). Fue vital para encontrar a los ciudadanos tutsis. Además, se utilizaron los censos para marcar a todos los enemigos del Estado y darles caza, no solo a tutsis sino también a hutus díscolos.

Cuando la barbarie explotó, tanto Naciones Unidas como las tropas francesas se retiraron, dejando vía libre para que se consumara la masacre. Pero su miserable actuación no acabó allí. Agathe y sus más leales sirvientes, líderes del movimiento fundamentalista que envenenaba con odio a la población hutu, fueron evacuados por los franceses para así no sucumbir a las represalias del FPR, que pronto tomaría el timón del país.

Tras la matanza, cien días que se saldaron con la despiadada muerte de más de ochocientas mil personas, el Gobierno hutu ya no existía y el FPR tomó el poder, lo que hizo que cientos de miles de hutus abandonaran precipitadamente el país. Paul Kagame se transformó así en el nuevo presidente de Ruanda, confeccionando un Estado claramente dictatorial, pero aliado geoestratégico de Estados Unidos (ya que sus intereses mercantiles en la zona son importantes).

Cabe destacar que buena parte de los hutus decidieron alojarse en el inestable Congo, formando guerrillas paramilitares, avivando el conflicto congoleño, guerra fratricida con un final lejos de ser accesible. Ante esta situación, el Gobierno ruandés se asentó en el este del país, minando más si cabe la frágil estabilidad del Estado vecino.

La venta de carne humana en Leningrado

Cuando analizas la historia, te das cuenta de que la moralidad humana es algo más bien laxo, superfluo. Actos claramente normalizados en nuestros días produjeron un fuerte rechazo en las sociedades pasadas que habitaban este mismo territorio, y el análisis se puede hacer también a la inversa. Es decir, ¿por qué algo bien visto en el pasado ahora está prohibido o es mal considerado? ¿Nos equivocamos nosotros o se equivocaban ellos? ¿Y en el futuro? ¿Habrá actos cotidianos para nosotros que susciten un repudio social absoluto?

El canibalismo, un acto repulsivo

Aunque la moralidad humana viene y va, hay temas tabúes para casi todas las sociedades civilizadas pasadas, presentes y, más que probablemente, futuras. Hay temas en los que la moral humana siempre ha sido clara y tajante, y que han generado y generan una fuerte oposición, como lo es el acto de alimentarse de carne humana.

Y pienso que este rechazo que sentimos todos es de fácil comprensión. Y no es para menos, puesto que nuestro repudio viene dado cuando nos imaginamos nuestra pierna servida, con un par de patatas, tras una cocción al horno de poco más de una hora que produce un olor que hace salivar a los futuros comensales.

El canibalismo, un acto foráneo

Normalmente, cuando hablamos de canibalismo, nos retrotraemos a un pasado remoto y a un lugar distante. Una isla perdida en medio del Pacífico, o unos extraños nativos que habitan en unas profundas selvas con tatuajes y pendientes de lo más variopintos. Sociedades y paisajes muy dispares a los nuestros. Mundos exóticos que poco o nada tienen que ver con el que nos engloba.

Pero imagina vivir en un lugar del mundo muy parecido al nuestro, con las mismas calles, las mismas casas, los mismos coches y con personas muy similares a nosotros, en el que, cuando vas a comprar alimentos, puedes encontrar auténtica carne humana en las tiendas, para que te la lleves a tu hogar y se la cocines a tus seres queridos. Y, solo tal vez, el trozo de carne con el que te estás alimentando formaba parte de una persona a la que habías conocido, e incluso amado.

Imagina que esto aconteció en Europa hace menos de un siglo. ¿No sería demasiado arriesgado afirmar que si pasó hace tan poco tiempo y en un lugar no tan alejado de nuestra tierra, a lo mejor tú, o tus hijos, tengáis que vivir algo parecido? ¿No te recorre una pequeña y delgada línea de sudor por tu espalda que eriza todos tus cabellos? Esta es la historia del asedio de Leningrado, la ciudad rusa que tuvo que subsistir mediante la venta y la compra de carne humana.

El canibalismo hace su aparición en la Europa del siglo xx

En el contexto de la Segunda Guerra Mundial, en junio de 1941, se inició la Operación Barbarroja, invasión planeada por el Alto Mando militar nacionalsocialista alemán que tenía por objetivo hacer sucumbir a sus grandes enemigos del Este, los comunistas de la Unión Soviética dirigidos por Iósif Stalin. Esta campaña se dividió en tres grandes objetivos: el ataque a la capital política rusa (Moscú), el de la capital económica (Stalingrado) y finalmente el de la capital cultural (Leningrado). Esta última ciudad vivió un terrible asedio que duró más de novecientos días y que llevó a la población a vivir una de las etapas más duras de la historia de la urbe, el asedio de Leningrado.

Esta táctica bélica de debilitamiento civil consiste en controlar todas las vías de comunicación con el exterior de una ciudad para que esta caiga en una más que caótica situación, debido a las miles de muertes que acontecen por culpa de la hambruna o alguna que otra epidemia que pueda surgir en la urbe (ya que nadie puede salir ni entrar en la ciudad, ya sean personas, alimentos, medicinas o agua potable). Y, entre los miles de asedios acontecidos en la historia, sobresale el sitio de Leningrado, uno de los más terribles que haya sufrido la humanidad.

Esta gran ciudad contaba con más de tres millones de personas que se vieron forzadas a recurrir a métodos de supervivencia extrema, tales como alimentarse de ratas, palomas o cucarachas una vez que sus despensas fueron desvalijadas por el consumo humano. Pero, poco a poco, estos animales se hacían más difíciles de encontrar, y a los rusos no les quedó otra que empezar a alimentarse de la carne de sus vecinos que iban muriendo, a miles, debido a las carencias alimenticias. Se confeccionaron incluso mercados donde poder comprar este desesperado alimento.

Este terrible escenario duró hasta enero de 1944, cuando los batallones nazis tuvieron que retroceder hacia su territorio ante la tenaz resistencia del pueblo ruso afincado en la urbe. Sin lugar a dudas, el sitio de Leningrado fue un hito de resistencia soviético, y sus setecientas mil víctimas fueron glorificadas como mártires de la lucha antifascista.

Capítulo 4

CURIOSOS PERSONAJES DE NUESTRA HISTORIA

El hombre más valiente de la historia

Fue durante una expedición soviética a la Antártida, en 1961, cuando un dolor agudo en el apéndice recorrió todo el cuerpo del cirujano soviético Leonid Rógozov. En medio de la nada polar, siendo el único cirujano de la expedición y sin ninguna posibilidad de recibir ayuda externa, tuvo que tomar una difícil decisión: operarse a sí mismo o morir.

Es decir, sacarse él mismo sus propios intestinos y extirparse el apéndice. Pero no tenía otra alternativa, como bien reflejan las palabras que escribió en su diario la noche antes de la intervención: «No pude dormir en toda la noche. ¡Me duele como el demonio! Una tormenta de nieve azota mi alma, gimiendo como cien chacales».

Para ello necesitó la ayuda de dos de sus camaradas, uno para iluminarlo y el otro para sujetar el espejo, ayudantes que —como muestran los apuntes del cirujano— «estaban ahí vestidos con las batas blancas quirúrgicas, pero más blancos que ellas».

El hombre que salvó a la humanidad

Mediante una importante petición, «que ambos bandos emprendan de nuevo la búsqueda de la paz antes de que los oscuros poderes de destrucción desencadenados por la ciencia acaben con toda la humanidad», el discurso de investidura de Kennedy ya permitía entrever el gran problema que podría asolar el mundo de los dos bloques antagónicos que luchaban por su supremacía en el contexto de la Guerra Fría. Es decir, el fin de la humanidad debido a la guerra nuclear, hecho que casi aconteció dos años más tarde, en la crisis de los misiles cubanos de 1962.

El contexto que pudo acabar con nuestro mundo

Debido a la existencia de misiles atómicos estadounidenses situados en Turquía y apuntando a la Unión Soviética, Jrushchov (secretario general del Partido Comunista soviético) decidió pagarles con la misma moneda e instalar sus propios misiles cerca de la frontera norteamericana, en la recién independizada Cuba.

La guerra nuclear estuvo más vigente que nunca, y como bien explicó Kennedy, «en la era termonuclear [se] puede producir más devastación en pocas horas de la que han provocado todas las guerras en la historia de la humanidad». Nunca la Guerra Fría fue tan caliente, y todo apuntaba a que, de un momento a otro, el conflicto atómico mundial que todos temían, el preludio al fin de la humanidad, se iba a desencadenar.

Ultimátum yanqui sin *quid pro quo*

El presidente Kennedy dio un ultimátum a los soviéticos, si estos seguían con la intención de armar nuclearmente la isla: el fatídico desenlace se desataría. Pero no dio ninguna garantía al líder bolchevique en cuanto al desmantelamiento de sus propios misiles en Turquía ni que su aliada Cuba no fuera a ser invadida por sus tropas.

El mundo contuvo la respiración cuando los barcos soviéticos llegaban por el Atlántico y al observar que el ejército norteamericano se preparaba para invadir la isla. Pero de esta locura surgió un héroe que impidió que este apocalíptico final sucediese.

El funesto día

El 27 de octubre de 1962 fue, seguramente, el momento más peligroso de toda nuestra historia. Cuando una de las flotas soviéticas se dirigía hacia la zona fronteriza de las aguas cubanas, escoltada por cuatro submarinos armados con cabezas nucleares.

Ante esta tesitura, los aviones estadounidenses empezaron a lanzar minas de proximidad al agua, y una de ellas explotó cerca de uno de esos submarinos. Este se quedó a oscuras y, en su interior, la temperatura aumentó vertiginosamente, junto a la cantidad de dióxido de carbono. Este hecho dejó casi sin oxígeno a una tripulación que creía haber sido atacada deliberadamente por su acérrimo enemigo.

Incomunicados con el mando general, supusieron que la guerra nuclear había comenzado, y, si este hecho era real, tenían órdenes de contraatacar al territorio norteamericano con sus propias bombas atómicas, lo que habría desencadenado una reacción en cadena a nivel planetario.

Nuestro héroe

El capitán ordenó armar los torpedos nucleares, pero por ventura para la humanidad Vasili Arjípov se hallaba en ese navío. El suboficial soviético calmó y convenció a su dirigente para que no realizara tal evento bélico. Gracias a su valiente intromisión se evitó la guerra nuclear, lo que habría significado, con casi total seguridad, el fin de nuestro mundo tal cual lo conocemos.

El último soldado japonés en rendirse en la Segunda Guerra Mundial, veintinueve años después de su finalización

Esta es la curiosa historia de Hiroo Onoda, un teniente japonés que vivió en una selva filipina hasta 1974, puesto que se negó a rendirse tras la debacle nipona en el Pacífico durante la Segunda Guerra Mundial. Aunque, ya en 1945 encontró, junto a los tres soldados que lo acompañaban, un folleto que explicaba a los soldados que la guerra había acabado y que había que «bajar de las montañas», resolvieron que era una trampa de los estadounidenses y decidieron continuar su labor y defender la posición en la que estaban instalados por el bien del Imperio japonés (ya destruido antes del lanzamiento de las bombas atómicas y la llegada a Manchuria de los soviéticos, hechos que acontecieron anteriormente y precipitaron la rendición nipona, véase el epígrafe «Las bombas atómicas no tuvieron un papel relevante en la Segunda Guerra Mundial»).

A los pocos años, uno de ellos se rindió a las fuerzas filipinas y en 1952 se lanzaron, sobre la montaña, fotografías de los familiares y amigos de los soldados nipones atrincherados con el fin de que dejaran su inútil labor. Pero siguieron pensando que todo era un ardid de los yanquis. Su labor no había acabado y se mantuvieron firmes en su lucha.

En 1953 uno fue herido tras un tiroteo contra unos pescadores y el otro fue acribillado en 1972 por la policía filipina, tras un ataque a unos arrozales propiedad de unos campesinos de la zona (que según nuestros protagonistas eran vitales para la manutención de un ejército que se había ido del lugar hacía más de veinte años).

Tras la muerte de su segundo de abordo, Onoda quedó solo en la jungla y, para más inri, en 1974 se cruzó con un estudiante japonés que se hallaba en las selvas filipinas para buscar un panda y al abominable hombre de las nieves (claro que sí, guapi).

Este le intentó convencer de que la guerra había acabado años atrás. Pero lejos de escucharle, ya que por si no te habías dado cuenta, cabezón era un rato, Onoda le dijo que no abandonaría su puesto hasta que su superior viniese a darle las órdenes oportunas, obligando al pobre comandante Taniguchi a dirigirse a Filipinas, buscarlo por la jungla y llevarlo a Japón.

Como colofón al asunto, el joven estudiante murió en 1986 en el Himalaya debido a una avalancha cuando se hallaba buscando a su hombre de las nieves (por lo menos, lo buscaba donde tocaba).

El diplomático español que salvó la vida a más de cinco mil judíos durante el Holocausto

Ángel Sanz Briz, un embajador español en Hungría

Ángel Sanz Briz fue un diplomático español que estuvo destinado como embajador en Hungría desde 1942 (durante la Segunda Guerra Mundial). En esas fechas y, aunque el país era un aliado del Eje, Hungría aún no había realizado ningún tipo de política de exterminación de su población judía. Pero, tras su anexión directa al Tercer Reich (en 1944), las políticas antisemitas empezaron a organizarse desde el Gobierno húngaro.

Alarmado por el nuevo rumbo que estaba tomando el país, un poco antes de su anexión al Tercer Reich, el 25 de junio de 1944, Ángel envió una carta al Gobierno español explicando todo lo que estaba aconteciendo (los judíos eran encerrados en sus casas, sin poder abandonarlas más de dos horas al día; un *apartheid* se estaba constituyendo en el seno del país, separando las zonas públicas para judíos y no judíos; se les prohibía comunicarse con sus vecinos a través de las ventanas de sus hogares; la gran mayoría estaba perdiendo todas sus posesiones materiales, etcétera).

El Ángel de Budapest

Las funestas noticias sobre la suerte que estaba corriendo la población judía húngara siguieron aumentando en los meses venideros. Se estaban creando guetos en los países colindantes al Tercer Reich, desde los cuales miles de personas eran enviadas a los campos de concentración. Y nuestro héroe decidió actuar.

Utilizando un real decreto promulgado por el Gobierno de Primo de Rivera en 1924, en el que se estipulaba que los judíos sefardíes (expulsados de la península por los Reyes Católicos) tenían la nacionalidad española, pudo proporcionar a unas cinco mil doscientas personas documentación española, salvándolas de este modo la vida (aunque muchas de ellas, en realidad, no tenían origen sefardí).

Para este fin creó, junto con los embajadores de Suecia y de la Santa Sede, la carta de protección, mediante la cual se otorgaba a sus titulares la protección de los países neutrales. En 1991, el Gobierno de Israel le otorgaría el reconocimiento de «justo entre las naciones» y la Gran Cruz de la Orden del Mérito Civil por el Gobierno del dictador Francisco Franco en 1961.

El verdadero Robinson Crusoe

Aunque la mayoría de las personas conocemos la historia de Robinson Crusoe, no todo el mundo conoce al escocés que inspiró este relato, Alexander Selkirk, el hombre que naufragó, en 1705, en una de las islas desiertas de un archipiélago chileno y que tuvo que sobrevivir más de cuatro años en total soledad.

Este navegante se enroló en una expedición corsaria, diseñada por el Imperio británico, que tenía por objetivo expoliar las colonias españolas en América para así enriquecerse, pero, debido a la desnutrición y a una mala preparación, los corsarios se amotinaron y dividieron. El barco en el que viajaba nuestro protagonista arribó a una isla chilena, Más a Tierra, para proveerse de cuanto necesitaban para partir rumbo a casa. Selkirk aconsejó al nuevo capitán reparar el navío antes de partir al mar, y este lo desatendió. Esto provocó una pelea entre ambos que se saldó con el abandono en tierra de nuestro protagonista (sus camaradas serían hundidos y apresados por los españoles poco tiempo después).

Los primeros meses, en su nueva y solitaria estancia, los pasó en la costa, alimentándose de crustáceos y esperando divisar en el horizonte algún que otro barco. Pero cuando las playas se llenaron de leones marinos en celo tuvo que migrar hacia el interior, donde logró vivir gracias a las cabras, los nabos y las coles, muy abundantes en el lugar.

La soledad la combatió leyendo el ejemplar de la Biblia que se había guardado y escribiendo su nombre en los troncos de los árboles. La isla recibió alguna que otra visita durante su estancia, pero siempre tuvo que esconderse, puesto que todas ellas eran españolas. Fue encontrado por el corsario Rogers en 1709 y repatriado a su país.

Anne Bonny, la primera mujer pirata del Caribe

La juventud de la futura pirata

Nuestra protagonista nació en Irlanda en 1698. Fue el fruto de una infidelidad, por parte de su padre, un abogado de alta alcurnia. Aun así, Anne creció rodeada de lujos y haciendo gala de un temperamento caprichoso. Y, ya desde su adolescencia, se vio fuertemente atraída por el ideal romántico de la vida del pirata.

En su juventud conoció a un mercader de baja cuna y reprochable modo de vida, John Bonny, con el que se casó al poco tiempo. Ante esta situación, su padre la desheredó y ella decidió mudarse al corazón del mundo de la piratería, en la isla de New Providence, en las Bahamas (véase el epígrafe «Los piratas del Caribe, Port Royal y el apocalíptico final de la ciudad del pecado»). Pero, lejos de vivir esas ansiadas aventuras, su marido la forzó a tener una vida monótona y aburrida como ama de casa. Según parece, se hizo conocida entre los marineros por su belleza y comportamiento viril (se peleaba, bebía, fumaba, etcétera).

Empieza la vida de pirata

Su vida cambiaría drásticamente cuando conoció a Jack Rackham (Cálico Jack), el verdadero Jack Sparrow de la saga *Piratas del Caribe*. En 1719, Anne inició una relación con este conocido corsario, abandonando a su marido. De este modo, se inició la leyenda de la mujer pirata.

Según se piensa, su mayor gesta fue la de tomar un cuantioso botín de tres buques españoles que fondeaban la costa cubana con ingentes cantidades de oro y joyas, provenientes de las familias más acaudaladas de la isla. Además, cabe destacar que, en otra ocasión, Jack y Anne desembarcaron en la isla cubana, dejando allí al hijo que ambos habían engendrado, para así poder proseguir con su vida de piratas.

Finalmente, en una de sus escaramuzas apresaron a la tripulación de un navío, en la que se hallaba una mujer vestida de hombre, Mary Read. Esta se convirtió rápidamente en una oficial al mando del barco pirata capitaneado por Jack y Anne.

Los piratas son juzgados y arrestados

En octubre de 1720, la Armada Real británica dio con el paradero de los piratas, a los que apresaron y juzgaron (se dice que solo Anne y Mary lucharon por su libertad, ya que el resto de la tripulación estaba demasiado ebria y acobardada). Tras el juicio, que conmocionó a la población caribeña, puesto que era la primera vez que se juzgaba por piratería a una mujer, todos fueron condenados a la horca. Todos menos Anne y Mary, que alegaron estar embarazadas. La noche antes de la ejecución de su marido, Anne obtuvo el permiso para reunirse con él. Sus últimas palabras fueron demoledoras para el pirata: «Si hubieses luchado como un hombre, no te ahorcarían como a un perro».

Mary moriría de fiebre poco tiempo después y Anne no se sabe bien. Unos piensan que huyó tras un soborno realizado por su padre, viviendo en la alta sociedad norteamericana hasta el día de su muerte, y otros dicen que murió en cautiverio.

Rasputín o la polla que acabó con un Imperio

La leyenda de Rasputín

La San Petersburgo de principios del siglo XX fue testigo de la pulverización de la dinastía más poderosa que jamás haya reinado el territorio ruso. Para muchos coetáneos, esta hecatombe fue debida a las influencias de las malas artes y del tan temido oscurantismo, personificados en la tosca y áspera figura del mago Rasputín.

Personaje alto, de pocas palabras y con una mirada tan penetrante como la de un basilisco, consiguió subyugar al todopoderoso zar Nicolás II y cautivar a la indefensa y devota zarina mediante su demoniaca y pecaminosa palabra. Era un ser malévolo, surgido del corazón de la enorme, lejana y fría Siberia, lugar donde nacían las pesadillas que atormentaban a los niños de la corte rusa, y que se reflejaba en sus ojos segundos antes de hipnotizarte a su voluntad.

Este oscuro personaje consiguió controlar los deseos carnales de su propia zarina y, embestida tras embestida, la condenó al martirio eterno, y con ella, el destino de una dinastía con más de trescientos años de existencia. Pero, como suele pasar con las historias que se cuentan de boca en boca, la veracidad no se halla en la trama general, sino que se esconde entre sus renglones ocultos. Esta es la historia de Rasputín, la verdad que esconde su tenebrosa y sórdida leyenda.

El milagro

Esta extraña figura histórica, parte esencial del folclore moderno ruso, fue, sin lugar a dudas, una de las personas más conocidas del San Petersburgo de principios del siglo XX. En la ciudad ennegrecida por la humillación militar (durante la Primera Guerra Mundial), en la ciudad del miedo al rojo vendaval bolchevique y de la conspiración palaciega, surgió una leyenda casi tan atípica como su protagonista.

Venido de las lejanas tierras siberianas, atormentado por la angustia de haber perdido a un hermano de corta edad y consolado por la religión (y las mujeres), llegó a la corte zarista un curandero que se jactaba de sanar animales con solo tocarlos y de conocer hasta el último deseo de la persona a la que miraba tan solo unos segundos a los ojos. Pero su aparición no fue casual, aunque sí el secreto más bien guardado de la familia Romanov. Su hijo, su único heredero, se hallaba aquejado por una enfermedad que no tenía cura y este secreto atormentaba a su madre, a su padre, a toda una familia, día y noche, con el temor de perder trágicamente a su vástago hemofílico, y con él, a su dinastía.

Según se relata, la zarina quedó fuertemente impresionada la primera vez que se reunió con Rasputín, y para más inri este consiguió realizar un milagro tras el encuentro con el enfermizo Romanov.

Aquejado de un dolor insufrible y desmayado por el suplicio, este no vio entrar al curandero, junto a su madre, en su dormitorio. El sanador le pellizcó la nariz, despertando al joven infante de su sueño perturbado por su escueta salud. Entonces escucha, por primera vez, la voz de su «salvador». Una sonrisa se dibuja en sus labios y duerme. Duerme tan profundamente que la fiebre desaparece.

La soberana cree haber encontrado el remedio a la enfermedad de su hijo, su simiente, su estirpe. Pero el pueblo, ignorante de esa realidad, murmura. Y esos murmullos se transformaron en gritos tras observar diariamente los hábitos pecaminosos de los que hacía gala el brujo, siempre en tabernas y prostíbulos, jactándose de sus conquistas o en compañía de alguna cortesana, seguramente sodomizada por el indigno ser.

El pueblo y la corte conspiran

Al no conocer esa secreta realidad, el pueblo y la corte no entendían qué hacía ese brujo en el seno de la familia real, ni por qué su zarina lo veneraba de aquel modo, y lo culparon de todos los males que acechaban al país. En un pueblo servil y devoto como lo era el ruso, la figura del rey absolutista, del zar, del gran padre, no era ni por asomo una figura a la que se pudiera culpar ni juzgar. Pero Rasputín era diferente.

Fue el chivo expiatorio, la ofrenda que se les da a los dioses para aplacar su ira. El mensaje comunista cuajó mucho mejor en una población que centraba su mirada en el que se hallaba al lado de la Corona y no al que estaba debajo de ella. Pero las miradas nunca se mantienen rígidas al frente, siempre se tuercen con el tiempo. Las críticas que acechaban al mago pronto irían destinadas al monarca, y eso la nobleza lo sabía muy bien.

Por este motivo se le acusó, de modo secreto y sin juicio, del mayor de los crímenes: deslealtad a la Corona por medio de brujería e hipnotismo, arte maligno que él dominaba muy bien y que le había hecho entrar más de una vez en la alcoba de la propia zarina. Pero la verdad es que esta relación jamás fue demostrada, por lo que, seguramente, era una calumnia hacia un donjuán cuyos grandes pecados fueron el alcohol y las mujeres (antes de su muerte, todas cortesanas).

Lo que no sería de extrañar es que el ego de este semental, al que nunca se le olvidaba pregonar a los cuatro vientos sus aventuras, no le permitiese negar, aunque tampoco afirmar, un *affaire* secreto con la emperatriz. Sea como fuere, este tema fue el chismorreo preferido de las concurridas calles de San Petersburgo, lo que hundió aún más la dañada imagen de un zar que, batalla que emprendía, batalla que perdía durante la Gran Guerra de 1914-1918 (1917, para los rusos). Cabe destacar que en una de las cartas que se conservan de él, Rasputín advertía a su rey: «La guerra no es algo bueno [...], deberíamos de evitarla».

Aun con todo, la nobleza conspiró para asesinar a Rasputín antes de que fuera demasiado tarde. Uno de los máximos artífices fue el príncipe Yusupov. Este era un hombre de poca estabilidad emocional, debido a una homosexualidad latente que intentaba disimular a toda costa; incluso se piensa que propuso una fiesta privada con Rasputín para probar esa gran arma pecaminosa de la que tanto se hablaba en las tertulias más picantes de la corte, pero Rasputín no mostró ningún interés en asistir. Se eligió como arma el cianuro y como lugar el palacio del príncipe, más concretamente una pequeña sala bien enterrada y arrinconada de la lujosa mansión. Pero su muerte no hizo más que agrandar su leyenda.

La muerte de Rasputín, el inicio de su leyenda

Tras beber y comer una cantidad de cianuro ingente —disimulada entre pastelitos y vino— y ni siquiera marearse, el príncipe ya no tenía duda alguna de que lo que tenía delante de sus ojos era nada menos que la encarnación del propio Satán, y no dudó en dispararle a bocajarro con su pistola.

Rasputín cayó al suelo, pero no murió, y su verdugo no tuvo otra opción que huir en búsqueda de sus aliados para derribar a la bestia que se hallaba en sus dominios. Cuando estos bajaron la escalera para acabar con el trabajo divino, su presa ya no se hallaba en la sala, sino que intentaba huir por los jardines, donde fue abatido por un gran número de pistoleros. Nuestro peculiar protagonista fue desposeído de un cuchillazo de su más valioso apéndice y hundido en el río, siendo sus aguas las que finalizaron el trabajo que no pudieron realizar ni el cianuro ni las balas ni el cuchillo. Es decir, aunque parezca mentira, Rasputín murió ahogado, o así lo reveló la autopsia que le hicieron a su cadáver antes de enterrarlo.

Pero ni siquiera en la muerte Rasputín encontró su descanso eterno. Poco tiempo después su cuerpo fue profanado por la turba popular y reducido a cenizas. Aunque no todo su cuerpo, puesto que el apéndice más valioso de nuestro protagonista, su inmenso y bien amado falo, se halla en alguna vitrina del Kremlin. Así que, hijo mío, si alguna vez vas al Kremlin y tienes la oportunidad de ver ese frasco, recuerda que lo que tienes delante no es nada menos que la grandiosa y solemne polla que derrumbó a la familia Romanov.

El pastelero transformado en rey de España

El 1 de agosto de 1595 finaliza uno de los episodios más absurdos de la historia española, la del pastelero de Madrigal que se hizo pasar por el rey portugués Sebastián I, desaparecido en combate (más precisamente en la batalla de Alcazarquivir en 1578).

La muerte del monarca de Portugal, que no había dejado descendencia, propició que el trono luso cayese bajo la tutela del emperador español Felipe II, tío del soberano desaparecido. Ante este hecho, el otrora confesor de la corte de Sebastián, fray Miguel de los Santos, intentó urdir un plan para engañar al monarca español y recuperar la autonomía portuguesa: encontrar a un pelirrojo cualquiera (color del cabello del antiguo líder luso) y hacer correr la voz de que el rey perdido había regresado para ocupar el trono que le pertenecía.

Como era de esperar, el magnífico plan no cuajó, y nuestros protagonistas fueron condenados a morir en la horca el 1 de agosto de 1595.

Yasuke, el samurái negro

Aunque Yasuke ha dejado una impronta imborrable en la historia por ser el primer (y puede que único) samurái negro del Japón, su vida fue muy parecida a la de muchos otros niños malogrados que cayeron bajo las garras de la trata de esclavos (véase el epígrafe «La trata de esclavos y el comercio triangular. ¿El comercio más lucrativo de la historia?»).

Arrancado de los brazos de sus progenitores en el actual Mozambique, este niño acabó llegando a Japón en 1579, tras una breve estancia en la India, de la mano de los misioneros jesuitas. Muy pronto se hizo muy famoso en la isla, puesto que los nativos pocas veces (o nunca) habían visto una persona de tez negra. A lo que hay que añadir su metro ochenta y largo de estatura, que tampoco dejaba indiferentes a los nipones (verdaderos aludes de personas se agolpaban para verlo cuando se bajaba de algún barco en el puerto o se paseaba por alguna ciudad o pueblo).

Era tal su fama que el mismísimo Oda Nobunaga (un señor de la guerra) quiso entrevistarse con él, nombrándolo portador de sus armas (un puesto muy codiciado por aquel entonces), otorgándole, además, un hogar en un castillo al nordeste de Kioto, sirvientes y el emblema del samurái, una catana. De este modo se transformó en el primer samurái negro de la historia del Japón.

Bonnie y Clyde, los últimos forajidos

La historia de un amor diferente

Los años treinta del siglo XX fueron una etapa harto complicada para la población estadounidense, marcada por el crac del 29 y la crisis económica que aconteció a la postre, la Gran Depresión. Muchos coetáneos vieron en el robo y el crimen la única salida a su miserable destino, y entre todos ellos se hallaban Bonnie Parker y Clyde Barrow.

La primera nació en Rowena (Texas) en 1910. En su más tierna infancia perdió a su padre, y su madre tuvo que mudarse a casa de sus hermanas en Dallas, lugar en el que empezó a sentir una fuerte atracción hacia la poesía. A los dieciséis años huyó con el amor de su infancia, pero este se tornó un maltratador. Tras tres años de pesadilla pudo por fin librarse de él (encarcelado tras cometer un asesinato) y volvió a casa de su madre.

Por su parte, Clyde nació un año antes en Ellis County (Texas), en el seno de una familia humilde de granjeros. En su adolescencia empezó a delinquir para poder sobrevivir, por lo que fue encarcelado en dos ocasiones.

En 1930, en casa de unos amigos en común, la pareja se conoció y, según se piensa, el flechazo fue instantáneo. Aunque en un principio la pareja intentó sentar la cabeza, buscando Clyde un trabajo en una empresa de la construcción, a los pocos meses saldrían a la carretera para crear juntos una historia de amor y violencia que aún perdura en nuestros tiempos. Un cuento protagonizado por la pareja de forajidos más conocida de la historia, Bonnie y Clyde.

«La balada de Bonnie y Clyde»

Clyde fue encarcelado de nuevo, y en su dura estancia en prisión (de la que incluso logró huir unas semanas gracias a una pistola que le proporcionó su amada), asesinó a un reo, pero pudo zafarse del crimen inculpando a otro individuo ya sentenciado a cadena perpetua. A los dos años fue liberado. Y una cosa tenía claro, nunca más volvería a separarse de su esposa.

De este modo empezó su carrera delictiva, junto a su banda, en la que se hallaban el hermano de Clyde y su mujer (Buck y Blanche), y otro compinche, Jones. Se especializaron en pequeños golpes rentables en gasolineras o tiendas (a veces bancos) cerca de las fronteras, para así poder burlar rápidamente a la autoridad cambiando de jurisdicción. Sus hazañas, aunque violentas, fueron dotadas de cierto aire de heroísmo romántico, y una imagen de justicieros al estilo Robin Hood empezó a germinar en el seno de la opinión pública.

Tras un tiempo decidieron tomarse un merecido descanso en una cabaña en Joplin, Misuri, en abril de 1933. Sus fiestas nocturnas atrajeron la atención de los vecinos, y estos alertaron a la policía. Cuando esta se presentó en el lugar, se inició un fuerte tiroteo y la banda tuvo que huir, dejando tras de sí numerosas pertenencias, como un gran número de fotografías. El cerco se cerraba cada vez más: ahora eran un blanco fácilmente reconocible.

Aunque ganaban miles de dólares con sus actos delictivos, tenían que vivir en un movimiento constante, siempre en su coche (un Ford V8, el más rápido de la época), lavándose en fríos ríos, alimentándose con comida enlatada y haciendo turnos para dormir. Una vida brutal que solo podía acabar de una manera, vaticinada en el último poema escrito por Bonnie, quien se lo entregó a su madre una semana antes de su muerte, «La balada de Bonnie y Clyde». «Habrá unos pocos afligidos, para la ley será un alivio, es la muerte para Bonnie y Clyde.»

El fin de los últimos forajidos de la historia

En junio de 1933, tras un accidente de tráfico, Bonnie quedó lisiada (de por vida) de su pierna derecha (quemada por el líquido de la batería del coche). La banda tuvo que detener su movimiento constante para poder atenderla. Al poco tiempo, fueron descubiertos por la policía, y una patrulla se presentó en su casa. Buck fue herido fatalmente en la cabeza, y tras varios días de huida tuvo que parar. Su mujer, Blanche, decidió quedarse con él y ser así apresada. Jones aprovechó la tesitura y huyó, aunque también fue capturado.

Pero su gran golpe aún estaba por llegar, una especie de *vendetta* personal de Clyde contra la cárcel en la que tanto había sufrido: tras atacar sus instalaciones, logró liberar a cinco presos, entre ellos su amigo Hamilton. Este y otro delincuente de poca monta, Methvin, serían los integrantes de la nueva banda de los forajidos.

Ante esta situación le dieron el caso a Franck Hammer, un conocido *ranger* retirado que inició una persecución sin tregua contra los bandidos. Pero la gota que colmó el vaso fue el incidente de Grapevine en la Pascua de 1934, cuando la banda acribilló, sin razón aparente, a dos guardias de tráfico. Hasta ahora y, aunque habían matado a varias personas en sus atracos y huidas, nunca habían matado a sangre fría. Es más, los policías que habían sido secuestrados por la pareja siempre habían defendido que estos les habían dado un trato amable. Pero ahora la opinión pública se abalanzó en contra de ellos, y las autoridades pusieron precio a sus cabezas.

El 23 de mayo, tras haber sido vendidos por Methvin, los tres miembros de la banda fueron acribillados cuando se hallaban en Luisiana, conduciendo su coche (se lanzaron 167 proyectiles contra este). El vehículo, junto a sus víctimas, fue llevado a una ciudad cercana y una turba de cientos de individuos se agolparon alrededor en búsqueda de su propio recuerdo, como trozos de sus ropajes o mechones de pelo de Bonnie. La pareja no fue sepultada junta, y sus entierros se tornaron verdaderos eventos multitudinarios con miles de asistentes. De este modo se dio por finalizada la historia de Bonnie y Clyde, una historia de amor que, para bien o para mal, no deja a nadie indiferente.

Salazar, el dictador que no sabía que ya no gobernaba

António de Oliveira Salazar fue el líder del dictatorial Estado Novo portugués, régimen vigente desde 1933 hasta 1974. En un principio, ejerció como ministro de Finanzas de la dictadura militar que se instaló tras la caída en desgracia de la Primera República lusa, hasta que asumió el poder como primer ministro en 1932, confeccionando la nueva Constitución, punto de partida de su dictadura, en 1933.

El Estado Novo portugués

Con un lema que poco deja a la imaginación, *Deus, pátria e família*, este régimen autoritario, en el que el Gobierno atesoraba en su haber el poder legislativo y ejecutivo, se basó en el corporativismo, el colonialismo, el conservadurismo y un nacionalismo a ultranza.

La dictadura de Salazar tomó como pilares una política centralizadora fuertemente inspirada por el dogma católico, el culto al líder o el adoctrinamiento de la juventud típicos de los fascismos. A lo que hay que sumar una fuerte represión política en contra de los denominados enemigos del régimen (comunistas, sindicalistas o liberales, entre otros).

Con este fin, el Gobierno inició una política de fuerte censura, prohibiendo, con pena de cárcel, cualquier tipo de disidencia política en los medios de información o en las organizaciones sociales. Era, sin lugar a dudas, un sistema totalitario en el que el líder había aglutinado todo el poder entre sus garras, llegando incluso a prohibir la Coca-Cola y el fútbol profesional en su territorio (vistos como subversivos y adictivos para el pueblo). Pero esta situación dio un giro de ciento ochenta grados durante los últimos años de vida del dictador.

Un dictador sin poder alguno

Cuando el dictador portugués ya estaba bastante adentrado en años, el 3 de agosto de 1968, tuvo un fortuito accidente al caerse y golpearse fuertemente la cabeza, lo que le valió una trombosis craneal y un coma.

Durante su estancia hospitalaria, el timón del país fue tomado por Marcelo Caetano, y, al despertarse, ninguno de los altos gerifaltes lusos se atrevió a explicar la nueva situación política del país. Y, con este fin en mente, prepararon una gran pantomima para mantener ocupado al antiguo dictador en sus últimos años de vida. Le organizaron falsas reuniones con el supuesto Consejo de Ministros, firmó importantísimos papeles que pronto acabarían quemados o en la basura, grabaron programas radiofónicos o televisivos que nunca vieron la luz, etcétera.

En 1970, con ochenta y un años en su haber, el antiguo dictador moriría sin saber nada del ardid creado por su grupo de allegados ni de los nuevos aires de revolución que se iniciaban en el país, que tuvieron como máximo baluarte la Revolución de los Claveles de 1974 y el fin de la dictadura.

El hombre que sobrevivió a 638 intentos de asesinato

En el contexto de la Guerra Fría, cuando el mundo se hallaba dividido en dos superpotencias que rivalizaban por el control de este, surgió uno de los líderes más controvertidos de la historia reciente. Aunque, en 1959, durante un viaje a Washington D. C., llegó a afirmar: «El pueblo de Cuba sabe que el Gobierno revolucionario no es comunista. [...] Toda esta campaña de "comunista" [es una] campaña falsa, [una] campaña canallesca», muy pronto se alió con el eje soviético. ¿El motivo? Fidel Castro buscaba un proyecto político de nacionalización de su economía, muy influenciada hasta ese momento por los intereses estadounidenses.

Ante esta situación, estos iniciaron una política anticastrista, y Castro decidió entablar acercamientos con la Unión Soviética (en búsqueda de apoyo internacional, tanto para proveerse de petróleo ruso y ser financiado económicamente, como para defenderse militarmente de la amenaza yanqui). Así pues, para muchos historiadores, fue Estados Unidos quien azuzó a la bestia comunista cerca de sus fronteras.

Sea como fuere, Fidel fue quien lideró una de las revoluciones más peculiares de la Guerra Fría. Revolución que instauró un régimen abiertamente comunista a pocos kilómetros del máximo adalid del capitalismo, Estados Unidos. Y, como no podía ser de otro modo, estos no iban a permitir que sus enemigos camparan plácidamente tan cerca de sus fronteras.

Un comunista demasiado cerca de Florida

En 1959, a poco menos de ochenta kilómetros de Florida, triunfó la Revolución cubana, derrocando el régimen de Fulgencio Batista.

A este acontecimiento le siguió una política de nacionalización y expropiación de los recursos, mediante una ley de reforma agraria. Durante los gobiernos anteriores, sobre todo en los de Batista, la propiedad de la tierra y las riquezas del país habían acabado en los bolsillos de la alta sociedad cubana, la mafia norteamericana (que controlaba los burdeles y casinos de la isla), el corrupto Gobierno y alguna que otra empresa estadounidense. Las autoridades norteamericanas, por su parte, le proporcionaban un fuerte espaldarazo financiero y militar.

Fidel Castro inició una política para confiscar los bienes tildados de mal habidos. Este hecho socavó las fortunas y propiedades de la clase alta cubana y las empresas norteamericanas asentadas en la isla. De una forma drástica, el dócil país vecino se convirtió en un verdadero quebradero de cabeza para Estados Unidos, que intentó, por todos los medios posibles, acabar con esta experiencia de corte comunista tan cercana y peligrosa para sus intereses.

La Operación 40

El intento de derrocamiento más claro de la CIA en contra del régimen castrista fue la secreta Operación 40. En su confección participó nada menos que el presidente Eisenhower, y fue dirigida personalmente por su vicepresidente Richard Nixon (futuro presidente).

Con el fin de derrocar el régimen castrista, el ejército norteamericano adiestró y financió a los cubanos exiliados para que retomaran el control de la isla. En marzo de 1960, atacaron un barco francés y otro cubano que fue a socorrerlo, matando a unas cien personas e hiriendo al doble. En abril de 1961 aconteció la invasión de la bahía de Cochinos, hecho más significativo de la Operación 40, en la que participaron más de mil quinientos cubanos exiliados organizados y armados por la CIA. Pero la intentona fracasó y, aunque no fue el último intento de esta secreta operación, su éxito fue muy bajo y relativo.

La Operación Mangosta

El fiasco de la bahía de Cochinos no frenó el envite estadounidense en su afán de acabar con la experiencia socialista en Cuba. Con este objetivo pusieron en marcha la Operación Mangosta en 1962. Buscaban desestabilizar el Gobierno de Castro, para después suplantarlo por uno acorde a los designios de la superpotencia.

Para ello organizaron, clandestinamente, una red contrarrevolucionaria cubana, que inició una serie de sabotajes, acciones guerrilleras, terroristas o de espionaje, intentos de asesinato de altos mandatarios castristas y la confección de revueltas populares. También asaltaron aldeas campesinas, quemaron plantaciones azucareras y sabotearon centrales eléctricas. Pero su éxito fue más bien nulo.

Fidel Castro, diana para Estados Unidos

A pesar de que la isla sufrió los ataques de los yanquis, su blanco preferido fue su máximo dirigente, Fidel Castro. Según el servicio de inteligencia cubano fueron 638 veces las que los norteamericanos intentaron quitar la vida al líder revolucionario. Aunque cabe destacar que para los estadounidenses este número ha sido exagerado, tras la desclasificación de los archivos secretos de la CIA en el año 2007, hay claras evidencias de intento de magnicidio en la Cuba castrista.

Desde el Gobierno de Eisenhower hasta el de Clinton, pasando por Kennedy, Johnson, Nixon, Carter, Reagan y Bush, todos ellos intentaron asesinar a Castro (por lo menos según dicen las fuentes del servicio de inteligencia cubano). El récord de intentos fallidos se lo lleva Reagan con 197. Eso sí, seguido muy de cerca por Nixon y sus 184 intentos.

Y hubo intentonas para todos los gustos y colores. Por un lado, intrincadas operaciones secretas propias de las películas de espías, al más puro estilo James Bond. Por el otro, verdaderas chapuzas que aún hoy dejan perplejos a propios y a extraños.

Intentos que harían enmudecer al mismísimo James Bond

Según la CIA, el plan que más cerca estuvo de acabar con la vida del líder cubano aconteció en 1963. Este tuvo por protagonistas el hotel Habana Libre, la sobrina del antiguo presidente cubano Ramón Grau y un batido de chocolate.

Leopoldina «Polita» Grau entregó pastillas de veneno a un camarero, y este tenía que introducirlas en el batido de chocolate que había pedido Fidel. Hasta ese momento, las pastillas quedarían disimuladas en la nevera. El problema: las pastillas, debido a las bajas temperaturas del frigorífico, se habían quedado adheridas a este y habían vertido su contenido antes de tiempo.

No sería la última vez que probaran suerte en un hotel. En otra ocasión, la CIA contactó con la amante del líder caribeño, Marita Lorenz, para transformarla en agente secreto. Esta tendría que introducir veneno en la copa de su «amado» en una estancia en el hotel Hilton de La Habana. Pero Marita, en el último momento, no se atrevió y tiró el veneno antes de que fuese ingerido por Castro.

Las mafias al acecho

Los grandes mafiosos vieron bajar considerablemente su patrimonio tras la Revolución cubana y la pérdida de su multimillonario negocio en los casinos y prostíbulos de La Habana. Por eso, uno de los grandes enemigos de Fidel Castro fueron las grandes familias mafiosas italianas y judías instaladas en Estados Unidos. Entre ellas podemos destacar a la banda de Al Capone, Sam Giancana o Tony Varona, entre muchos otros.

Además de apoyar las operaciones militares de bahía de Cochinos o Mangosta, realizaron varias intentonas de magnicidio. La más conocida fue Esperanza, en la que intentaron sorprender al líder comunista en una de las islas de Puerto Rico en las que se hallaba para asistir a una reunión. Pero fueron descubiertos por las autoridades, confundidos con narcotraficantes, y detenidos.

«No podemos con él, pues droguémoslo o quitémosle la barba para fastidiarlo»

No entiendo aún muy bien el porqué, pero en el seno de la CIA se había propagado la absurda noticia de que el poder de Castro residía en su barba. Puede, tal vez, que esta haya dado cierto simbolismo a su imagen (siempre con barba y un buen habano en la mano) y es cierto que incluso los revolucionarios, en un principio, se hacían llamar «barbudos», pero de ahí a atentar contra su barba hay un buen trecho.

Y eso es justamente lo que pasó. Al tener por objetivo la barba, el servicio de inteligencia ideó un plan para que absorbiera una significativa cantidad de sal de talio (colocándola en sus zapatos o en su puro) para que su vello se cayera. El plan nunca fue puesto en marcha.

Otro curioso plan de ataque fue intentar drogarlo con LSD mientras se dirigía a su nación por televisión. El objetivo era que esta pensara que su líder había enloquecido y lo derrocara.

Tabaco envenenado, caracolas, puros explosivos y mortales trajes de neopreno

Entre las tácticas más utilizadas por los norteamericanos para acabar con la vida del líder cubano se hallaban los puros envenenados o provistos de explosivos. Uno de estos incidentes aconteció durante la estancia de Castro en Nueva York en 1961. El objetivo era que explotara cuando este lo encendiera en la habitación del hotel en el que se hospedaba (Waldorf-Astoria).

Por último, merece la pena mencionar los intentos de asesinato marítimos. Era bien conocido que a Fidel le gustaba mucho el submarinismo y le regalaron un traje de neopreno «forrado con esporas y bacterias que le provocarían una grave enfermedad en la piel», según confirma el Senado de Estados Unidos en 1975. Otra intentona de lo más curiosa fue poner explosivos en una caracola de lo más peculiar para que explotaran cuando Castro se acercara a observar el lecho marino. Pero estas iniciativas también fueron un estrepitoso fracaso.

Y como colofón, en julio de 1960, la CIA organizó un accidente aéreo, o más bien pagó 10.000 dólares al piloto José Raúl Martínez, para que este lo organizara. El vuelo elegido fue el que llevó a Fidel y a la comitiva de su partido hacia Praga. El problema fue que el piloto no pudo organizar tal accidente, debido a que el plan fue demasiado precipitado.

El vikingo que llegó a América casi cinco siglos antes de Cristóbal Colón

En sus inicios, los vikingos eran una serie de tribus de agricultores y comerciantes que vivían dispersas en la misteriosa y remota Escandinavia. Con el fin de recorrer el mundo, en búsqueda de nuevas tierras para colonizar, idearon sus famosos barcos. Y estos se transformaron, con el devenir de los siglos, en el verdadero secreto de su éxito.

El secreto de su éxito

Estos nuevos barcos, más ligeros, rápidos y flexibles, les permitían recorrer fácilmente los ríos y atracar en casi cualquier costa. De este modo, los vikingos se agenciaron una clara superioridad naval respecto a sus coetáneos.

Gracias a ellos realizaron múltiples incursiones en tierras europeas, tanto hacia Occidente, llegando a la mismísima América, como hacia Oriente, comerciando y atacando a la todopoderosísima Constantinopla. A su paso saquearon numerosas aldeas y ciudades (sobre todo grandes puertos comerciales como París, Lisboa, Sevilla, York, Hamburgo o Pisa).

Su *modus operandi* era el ataque salvaje y sorpresivo, aniquilando a sus adversarios y apoderándose de sus riquezas antes de huir a la mar. Muchas veces llevándose también rehenes para venderlos como esclavos. Cabe destacar que la trata de seres humanos se convirtió en su ingreso más lucrativo.

La débil Europa de la época

Aprovechando la debilidad y fragmentación de Europa tras la caída del Imperio romano, y el constante acoso realizado por las fuerzas musulmanas desde el norte de África, se van expandiendo por todo el continente, apropiándose de vastos territorios en Gran Bretaña y Francia (Normandía), llegando incluso hasta el Mediterráneo (Sicilia).

Su poder era cada vez mayor, sobre todo tras la elección de un soberano en el territorio germano de sangre vikinga, Federico II, y la victoria de Guillermo el Conquistador, también de ascendencia escandinava, en 1066 y su posterior reinado en suelo británico. Pero, tras una brutal irrupción en la historia, allá por el siglo IX, de repente desaparecieron, a finales de la Alta Edad Media.

Parece que su fuerte expansión y su rápida adaptación a los nuevos territorios acabó con sus características de vikingos paganos, fundiéndose así en la historia europea.

Las primeras incursiones vikingas hacia Occidente

En el verano de 793, un grupo de saqueadores atacó, de modo sorpresivo y violento, el monasterio británico de Lindisfarne. La noticia se propagó como la pólvora por toda Europa: un nuevo y brutal enemigo había nacido. Así empezó la era vikinga.

Al poco tiempo, su expansionismo les hace llegar a una isla deshabitada. Debido al frío que padeció la primera expedición durante su primer invierno en ella la denominaron la Isla del Hielo (Islandia), y una fuerte oleada colonizadora partió desde Escandinavia al nuevo territorio.

Erik el Rojo, el explorador vikingo

Entre todos estos colonos estuvo Erik, apodado el Rojo (por el color de su pelo), exiliado político de los reyes noruegos, con un rudo carácter del que pronto hizo gala. Tras asesinar a su vecino, fue de nuevo exiliado durante un periodo de tres años. Sin ningún tipo de mapa ni brújula, emprendió el camino hacia el salvaje e intempestivo oeste, el desconocido Atlántico.

En el 982 llegó a una nueva isla, cuya costa occidental exploró. Encontró en ella paisajes inhóspitos de hielo, grandes montañas y tierras fértiles. La llamó Greenland (Tierra Verde), con el fin de atraer una colonización de granjeros nórdicos como pasó con Islandia. Cuando regresó a Islandia, reagrupó a un buen número de vikingos para colonizarla.

Vikingos en América

Tras un intempestivo viaje, del que solo catorce de los veinticinco barcos llegaron al destino, Erik el Rojo se convirtió en la máxima autoridad de su próspero asentamiento. Pero, con el paso del tiempo, este fue informado de una serie de tierras desconocidas que se hallaban más lejos en el oeste. Ese nuevo camino fue emprendido por su hijo Leif Erikson, el Afortunado, quince años después de la nueva expedición que confeccionó un asentamiento en Vinland, la actual Terranova, convirtiéndose de este modo en la primera persona europea que llegó a América.

Pero la muerte de Erik el Rojo obligó a Leif a volver a Groenlandia, abandonando así su asentamiento. Aunque su hermano Thorvald regresaría, su muerte a manos de los indígenas les hizo abandonar definitivamente su asentamiento americano.

Jesse Owens, el gran icono deportivo de la lucha contra el racismo

Jesse Owens, el afroamericano que enmudeció a los arios

Nacido en Alabama en 1913, aunque prontamente se mudaría a Ohio, Jesse tuvo una dura infancia trabajando en los campos de algodón, como ascensorista, estibador y repartidor de periódicos. Cuando se hallaba en la Universidad de Ohio, se hizo un nombre debido a las marcas que alcanzaba en sus carreras, hecho que le valió su apodo, Bala, y un vuelo a las Olimpiadas de Berlín (véase el epígrafe «1936, los Juegos Olímpicos del Führer»).

En este importantísimo evento del nazismo, que tenía por finalidad hacer partícipe al mundo de la grandiosidad y supremacía de la raza aria, este joven afroamericano dejó por los suelos la racista propaganda nazi. Con sus cuatro medallas de oro (en cien y doscientos metros, salto de longitud y carrera de relevos), y su icónica fotografía es, sin lugar a dudas, el gran símbolo de las Olimpiadas de 1936.

Vuelta a la realidad

Cuando Jesse Owens volvió a su tierra natal se topó con una más que ingrata realidad. Por un lado, le organizaron una gran acogida, con confeti y un paseo multitudinario. Por otro, no fue invitado a la Casa Blanca (como el resto de los premiados).

En su estancia en la villa olímpica germana, el deportista fue patrocinado por el futuro fundador de la marca Adidas, el alemán Adi Dassler. Este fue el primer patrocinio en la historia del deporte a un atleta afroamericano. Pero, tras su vuelta a Estados Unidos, las autoridades del deporte le quitaron el estatus de deportista *(amateur)* que tenía. De este modo, dilapidaron su carrera deportiva.

Para poder sobrevivir llegó incluso a participar en carreras, o más bien espectáculos, contra caballos o automóviles. Como bien defendía el antiguo atleta olímpico: «La gente decía que era denigrante ver a un campeón olímpico competir contra un caballo, pero ¿qué podía hacer? Tenía cuatro medallas de oro, pero no podía comérmelas».

Una realidad algo polémica

Aunque es bien sabido el carácter racista del régimen nacionalsocialista, Jesse Owens siempre ha defendido que fue mucho más respetado en Alemania que en su país. El deportista fue incluso esperado por un gran número de fans, que coreaban su nombre e intentaban arrebatarle, tijeras en mano, partes de su atuendo como si fuesen una especie de reliquia.

En Alemania tenía la libertad de hospedarse en cualquier hotel, en Estados Unidos solo podía acceder a unos pocos debido a la segregación racial. Es tal el despropósito que incluso en uno de ellos, en el Waldorf-Astoria, tuvo que subir en un montacargas para poder asistir a un evento organizado en su honor (puesto que los ascensores estaban reservados para los blancos). Sin olvidar que en Estados Unidos, por aquel entonces, los afroamericanos no podían comer en los mismos restaurantes, ni siquiera entrar por la misma puerta, que los blancos, ni disponer de los mismos asientos en los transportes públicos ni utilizar los mismos aseos, entre otros muchos ejemplos.

Por su parte, es cierto que Hitler se negó a darle la mano tras sus múltiples gestas. Pero, en honor a la verdad, hizo lo mismo con todo deportista que no fuera germánico (o con cierta ascendencia aria, según sus racistas premisas). A raíz de este hecho, y tras el escándalo que surgió a la postre, el Führer optó por no darle la mano a nadie (puesto que la otra opción era dársela a todos). Pero, según Jesse Owens, sí lo saludó con cierto afecto al pasar junto a él en un momento del evento. Triste gesto que ni siquiera realizó Roosevelt, más preocupado por aquel entonces en las elecciones venideras y en conseguir un buen resultado en los estados sureños, más propensos a la segregación y al racismo.

Capítulo 5
HISTORIAS PARA NO DORMIR

El origen de Halloween

No somos pocas las personas que, cuando pensamos en el miedo, una de las primeras festividades que se nos viene a la cabeza es Halloween. Esta popular fiesta anglosajona ha copado el mercado del miedo a nivel mundial y, aunque muchos critiquen esta intromisión, que deja de lado los cultos propios a los muertos que toda cultura alberga, pienso que es un buen punto de partida para esta sección. Sentaos junto al fuego, niños y niñas, empiezan las historias para no dormir.

Un origen celta

El origen de esta solemne celebración popular se remonta a los pueblos celtas de la Edad del Hierro, cultura que dividía el calendario en dos mitades, la mitad de la luz y la mitad de la oscuridad. La festividad de Samhain era el acontecimiento que daba paso a la mitad de la oscuridad del año, época de la última cosecha y del reinicio del ciclo terrestre (el año nuevo celta).

Al contrario que en nuestros días, no tenía una fecha concreta, ya que el calendario celta estaba basado en los solsticios lunares y solares, lo que hacía variar su día cada año. La señal para dicha festividad eran las tres noches de luna llena más cercana al punto medio entre el equinoccio de otoño y el solsticio de invierno (siempre entre finales de octubre y principios de noviembre).

El primer rasgo claro de esta fiesta pagana, como en tantas otras culturas de la época, era marcar el fin del ciclo de la cosecha. Este era un momento del año traumático, con claros tintes simbólicos y apocalípticos. Si una tribu o clan no había cultivado el alimento necesario para la supervivencia del núcleo social, el invierno sería una época fatal, muriendo a decenas y poniendo en peligro la supervivencia del conjunto.

Para paliar este grave problema, había que acabar el ciclo dando las gracias, en forma de ofrendas y demás ritos antiguos, a sus dioses. Este era el modo de obtener su favor y de poder sobrevivir durante una etapa tan dura como eran los largos meses de oscuridad, frío y tierras baldías.

Una historia de fantasmas

Este rasgo, como hemos explicado anteriormente, era propio del conjunto de las sociedades paganas de la época. Pero lo que ha hecho del Samhain un acontecimiento que perdura en nuestros tiempos es su segunda característica, la que se halla fuertemente ligada a la muerte y el contacto directo con los espíritus.

El momento más peligroso de esta celebración acontecía durante la última noche de las tres lunas llenas, conocida como la Noche de los Espíritus. Era una especie de momento de desequilibrio entre la parte de luz y la de oscuridad de su calendario, una noche en la que los muertos volvían de entre sus tumbas, eliminando el velo que separa el mundo de la muerte del de la vida, suspendiéndose de este modo las leyes naturales.

Este acontecimiento daba pie a dos realidades bien diferentes. Por un lado, era el único momento del año en el que los vivos podían reunirse de nuevo con sus antepasados y familiares perdidos en la vorágine de los tiempos. Para ello, en los hogares, siempre se preparaba comida de más y se dejaba algún que otro hueco, abriendo las ventanas de par en par y atrayéndolos, mediante un gran y acogedor fuego, al interior del cálido hogar. Pero también era el momento en el que los espíritus malignos podían campar a sus anchas en la tierra de los vivos.

Por ventura, el fuego ejercía un papel protector frente a estas criaturas, que, acostumbradas a su mundo de sombras y oscuridad, no podían defenderse de él, ya que este los carbonizaba al instante.

Eso sí, si algún vivo se adentraba en la oscuridad podría perderse y acabar en el más allá (el camino abierto no solo era del muerto al vivo, sino también a la inversa), además de ser atacado por alguno de los espíritus malignos que se hallaban rondando entre los árboles, lejos del mágico fuego celta.

Los juicios de Salem

El aquelarre de las brujas que tuvo en vilo a un pueblo

A finales del siglo XVII, la pequeña población de Salem fue testigo de un terrorífico acontecimiento. La brujería, con sus aquelarres, había anidado en el seno de su aldea, embrujando y manipulando a sus habitantes mientras jugaba con sus almas y los llevaba de la mano hacia una vida eterna en el infierno.

Todo empezó cuando la hija, de nueve años, del pastor del lugar (Betty Parris), junto a su sobrina de once (Abigail Williams), empezaron a sufrir de fuertes y oscuras dolencias sin razón lógica aparente. En sus cuerpos aparecían mordeduras y picotazos mientras gritaban aterrorizadas y se zarandeaban de un lado a otro. Ante tal situación, el reverendo Samuel Parris, hombre de fuertes convicciones puritanas, no tuvo la menor duda, sus jóvenes familiares estaban siendo torturadas por algún malévolo ser venido del inframundo.

Pero no fueron las únicas. Un grupo de sirvientas de algunas de las familias de renombre de la zona también fueron aquejadas por este mal incomprensible. Un fuerte temor social germinó en la aldea y, señalada por el dedo de las niñas y las sirvientas (adolescentes en la mayoría de los casos), apareció Tituba, la esclava de la familia Parris, quien fue acusada de brujería.

Ante la atenta mirada de las autoridades locales y los habitantes de Salem, la acusada afirmó que el diablo la estaba visitando y señaló que no era la única miembro del aquelarre, sino que este estaba compuesto por nueve personas más del pueblo, dando solo los nombres de dos de ellas. Y el temor se transformó en una histeria social sin precedentes hasta la fecha. Esta es la historia de los juicios de Salem.

Salem, una aldea de su tiempo

El de Salem no fue el primer juicio de brujas de la historia. Este tipo de magia oscura ha acompañado a la psique humana desde los albores de la civilización (aunque en un principio tenía tintes más bien benignos). Durante el Medievo europeo, estas fuerzas naturales, ligadas al paganismo, fueron perseguidas por las autoridades religiosas, dejando un reguero de más de cincuenta mil víctimas tras de sí (bien colgadas en la horca, bien quemadas en la hoguera).

Con la llegada de nuevos valores durante los siglos XVI y XVII, con la aparición de la revolución científica y del humanismo, estos hechos fueron cayendo paulatinamente en el olvido en Europa. Pero los puritanos que migraron hacia las colonias al otro lado del Atlántico adoptaron una interpretación mucho más estricta de la Biblia, texto utilizado como escudo y espada en contra del mal oscuro que se estaba expandiendo en sus nuevas tierras.

La Nueva Inglaterra de finales del siglo XVII era, sin lugar a dudas, un lugar complicado para las poblaciones que se habían mudado desde la metrópolis británica a las colonias norteamericanas. Era un territorio hostil, rodeado de enemigos wabanakis, nativos americanos que estaban perdiendo buena parte de su territorio debido a la expansión de la colonia de Massachusetts y que no dudaban en emplear la violencia para defender sus tierras ancestrales de la colonización europea. Y la tensa situación explotó cuando un grupo de nativos se adentró en el territorio colonial para comerciar con sus habitantes, siendo apresados y vendidos como esclavos por estos. De este modo se inició una guerra abierta entre ambos bandos.

Los habitantes de la colonia, fuertemente ligados al puritanismo, tenían la sensación de vivir en un lugar habitado por seres demoniacos donde predominaba la magia negra. Su labor se transformó, en muchos casos, en una labor de purgación del maldito lugar. Y de entre todos esos lugares sobresale Salem, la ultraconocida aldea en la que se desarrolló la caza de brujas más famosa de la historia.

La histeria toma forma en Salem

La primera mujer acusada formalmente por brujería fue Tituba, la esclava de la familia Parris (en enero de 1692). Y, con el fin de que esta se declarase culpable de los actos, la audiencia fue claramente falseada. La acusada era una nativa americana que apenas hablaba el mismo idioma que sus acusadores y que debía argumentar su inocencia sobre los gritos de las niñas Parris y las adolescentes sirvientas (que, además, decían ver a un hombre vestido de negro tras ella o a un pájaro amarillo chuparle la sangre). A esto se añade que la sala se hallaba abarrotada de un compungido público, que no dudaba en gritar, llorar y pedir la cabeza de la presunta bruja. Y, claro está, Tituba se declaró culpable.

Pero la cosa no acaba aquí, puesto que la acusada decidió acusar formalmente a nueve personas más, Sarah Osborne (una mujer soltera), Sarah Good (una indigente), y otros siete individuos que no reconoció, pero que habían estado presentes enfrente del mismísimo diablo junto a ella. Y, de este modo, se desató la cacería.

En un principio, las personas acusadas eran más bien marginadas del núcleo social (una esclava, una indigente y una soltera), pero a partir de entonces la cosa cambió. La primera en caer fue Martha Corey, una respetable feligresa señalada con el dedo por las sirvientas que, ante sus gritos y aullidos (en simbiosis con lo acontecido con Tituba), fue declarada bruja, aunque esta lo negaba con vehemencia.

En abril, la cárcel de la aldea (una pequeña chabola de madera sin ningún tipo de comodidad) ya contaba con siete mujeres arrestadas, entre ellas la niña de cuatro años de Sarah Good. Pero el caso que más sorprende es el de George Burroughs, reverendo que ejercía como misionero en las fronteras de la colonia de Maine, que fue señalado como brujo por una niña y acabó en la horca delante de los vecinos de Salem (un poco más tarde, en julio de 1692). La situación se estaba tornando caótica y las autoridades coloniales decidieron tomar cartas en el asunto.

Los juicios de Salem

Ante lo que estaba aconteciendo, el presidente de la colonia organizó un juicio formal, y el 27 de mayo de 1692, dirigidos por el ferviente puritano William Stoughton, las mujeres acusadas fueron llevadas al atril. Las acusadas debían representarse a sí mismas y probar su inocencia de las acusaciones absurdas sin ningún tipo de pruebas fehacientes (como que sus espíritus estaban atormentando a los vecinos), siendo interrumpidas constantemente por las adolescentes sirvientas y las niñas Parris, que afirmaban ver al demonio, un pájaro amarillo o un perro negro en la sala mientras lloraban, gritaban y se retorcían en el suelo. Y, tras el procedimiento, se dictaba sentencia.

Si las acusadas condenaban a otra persona, eran absueltas. Si no, acababan colgadas. La primera sentencia a la horca aconteció el 2 de junio, y el 19 otras cinco mujeres fueron ejecutadas. Todo ello ante la atenta mirada de los vecinos del lugar. Pero lo peor aún estaba por llegar. Tras la ejecución del reverendo Burroughs, llegaría la etapa más fatídica de esta historia con las ejecuciones de septiembre.

A lo largo de este mes, un total de nueve individuos serían ahorcados tras haber sido acusados de brujería. Pero, tras el sangriento mes, las mujeres que se habían librado de la horca por haber señalado a otra empezaron a tener remordimientos y desmintieron sus acusaciones (defendiendo que se vieron coaccionadas por ciertos individuos). Debido a este hecho, los jueces se vieron obligados a juzgar también a las personas acusadoras y, por arte de magia, las acusaciones finalizaron.

El tribunal fue disuelto a finales de octubre. En 1697, uno de los jueces pidió perdón públicamente. En 1703, el Tribunal General rechazó las pruebas presentadas en los juicios de Salem. En 1711 se otorgó una indemnización monetaria a las familias, hecho que marcaría el final del último y más conocido juicio de brujería de la historia. Pero, antes de acabar, nos falta responder a una pregunta: ¿qué narices había pasado realmente en Salem?

Los juicios de Salem, ¿un juego de niñas?

Para comprender lo que en Salem aconteció hay que empezar por el principio, el caso de las niñas Parris. ¿Qué les pasó? ¿Fue un espíritu el que las atormentaba? ¿Una enfermedad? ¿Un juego?

En un principio, ciertos historiadores especularon sobre la posibilidad de que algún tipo de envenenamiento adulterara el raciocinio del pueblo (algún tipo de droga natural, como la ergotina, por ejemplo). Pero, en la actualidad, esta teoría está más bien descartada, puesto que no fue toda la aldea la que se vio afectada por esas terroríficas visiones, sino unos casos más bien aislados. Si el pan o el agua hubieran sido adulterados de algún modo, toda la aldea habría experimentado ese tipo de síntomas.

Otra teoría apunta más bien a algún tipo de animal (como ratas o pulgas), cuyos mordiscos habrían sido el elemento desencadenante de este miedo. Pero esta teoría tampoco se tiene en pie (analizando la descripción de los hechos y marcas, siendo heridas *a priori* autoinfligidas).

Se suele pensar más bien que las niñas fueron llevadas por toda esa histeria religiosa que las rodeaba (al ser su padre y tío —respectivamente— un devoto pastor de la Iglesia puritana, enemigo confeso de las fuerzas demoniacas), que transformaron en una especie de juego y, al ver que si ninguna bruja aparecía podrían ser ellas juzgadas como tales, señalaron a la persona más débil que conocían, su esclava.

Las sirvientas, por su parte, decidieron seguir a Mercy, posible instigadora del grupo. Esta era una joven doncella que, a temprana edad, vio cómo unos nativos entraron en su aldea matando a todos los que allí se encontraban (entre ellos, a sus padres y a sus familiares). Esta traumática vivencia le habría hecho ser una persona temerosa de los nativos y, al tener Tituba esos rasgos físicos, decidió verter todo su odio contra ella, sin saber que la joven nativa apuntaría a siete personas más, avivando la histeria social. Pero ¿por qué narices los adultos de la aldea decidieron seguir el juego de una doncella racista y unas niñas con pocos escrúpulos y mucha imaginación?

La oscura realidad detrás de la matanza de Salem

Desde hacía décadas, en Salem, había surgido una fuerte rivalidad que dividía la aldea en dos facciones enfrentadas por el poder y la posesión de las tierras. Estas dos se hallaban en medio de una disputa debido a que una de ellas quería construir una iglesia en la aldea, y los otros se oponían a ello (por motivos de presupuesto, parte del cual iba a acabar en los bolsillos de los de la primera facción).

Entre todas esas familias sobresale la de los Putnam, devotos seguidores de Parrish, que juntos (marido, mujer, hija y doncella, Mercy) fueron los responsables de la gran mayoría de las acusaciones por brujería (siempre apuntando a sus más aguerridos rivales, como en el caso del reverendo Burroughs, confeso enemigo de la familia). Esta familia manipuló claramente la situación de histeria del momento, instigando a devotos radicales como Parrish y a los jueces, para afianzar su poder en el seno de la colonia (creando, tras la matanza, una verdadera dinastía que duró largos años en el poder).

Por otra parte, cabe mencionar el nombre de George Corwin, el alguacil del condado que rápidamente analizó esta situación como propicia para sus intereses. Y no es para menos, puesto que los acusados perdían buena parte de sus posesiones, que recaían en los bolsillos de este individuo, además de tener que pagar por su «lujosa estancia» en su cárcel (comida, paja, almohada, uso del baño, etcétera). Todo apunta a que este personaje instigó esta histeria para poder agenciarse una pequeña fortuna (que jamás devolvería).

Así que ni brujas ni magia negra, todo indica que lo que realmente motivó los juicios de Salem fueron el dinero y el poder. Nada nuevo en el horizonte.

La maldición del viernes 13, una historia de templarios, reyes, papas y vikingos

A lo largo del Medievo, el Mediterráneo, eje central de los intercambios comerciales y culturales de la época, se hallaba dividido en tres grandes áreas. En Oriente se encontraba el ya menguante Imperio bizantino; en el norte, los reinos católicos, y desde España (al-Ándalus en aquella época) hasta Persia, pasando por todo el norte africano, el inmenso Imperio musulmán.

La Primera Cruzada

En el año 1095, el papa Urbano II recibió una carta del basileus de Constantinopla, Alejo I, emperador también cristiano, pero no católico sino ortodoxo, en la que le advertía de una amenaza común a los dos territorios de la cristiandad, los islámicos. Estos no solo habían tomado, tiempo atrás, la ciudad de Jerusalén y casi todos los territorios del Próximo Oriente, sino que ahora atacaban la integridad del Imperio bizantino superviviente.

Alarmado por la situación, el papa reunió a varios señores feudales y les explicó la imperiosa necesidad de volver a Tierra Santa y asestar un duro golpe a sus heréticos enemigos, retomando la sagrada capital.

Esto nos lleva al 1096, año en el que las huestes cristianas se organizaron, por decirlo de algún modo, y partieron hacia la santificada batalla, siendo el inicio de las cruzadas. Y la ciudad se tomó, a sangre y fuego, en el 1099 (según las crónicas de la época, la sangre de los malogrados ciudadanos formaba verdaderos ríos que cubrían hasta las rodillas de los conquistadores). La cristiandad dio así el primer golpe sobre la mesa y se llevó la victoria en esta primera contienda. Pero no solo se conquistó Jerusalén, sino que también se formaron los reinos latinos, una serie de monarquías cristianas a lo largo de toda la franja mediterránea oriental, zona estratégica para el incipiente comercio internacional.

Como bien sabía el papa, y para muchos historiadores este fue el verdadero motivo de la Primera Cruzada (y no el religioso), la zona en cuestión era el grifo de entrada de todas las mercancías que llegaban desde el Lejano Oriente (es decir China, la India y Japón), por la Ruta de la Seda, hasta el Mediterráneo. Quien controlase los puertos del Próximo Oriente controlaba, en gran medida, el comercio internacional. Lo que otorgó a los reinos latinos una situación de preeminencia económica en el seno de los Estados católicos.

Una historia de templarios

Estos reinos vieron nacer una de las instituciones más reconocibles de la época feudal, la poderosa Orden del Temple, fundada por Hugo de Payns en el año 1119 en Jerusalén, y cuyo propósito original era defender a los cristianos que querían realizar su peregrinación hasta los santos lugares.

Con su ultraconocido distintivo del manto blanco en el que se hallaba estampada una cruz patada roja, estos monjes guerreros rápidamente aumentaron en número y en poder. Y, siendo la élite del ejército cristiano y viviendo en un inestable territorio, reinos rodeados del enemigo musulmán y cuya población era en gran parte islámica, la llamada «espada de Dios» fue aumentando notoriamente sus riquezas.

Fue tal su predominio económico que pronto confeccionaron los primeros bancos europeos, aumentando de forma vertiginosa su patrimonio. Así pues, además de gozar de una inquebrantable popularidad en el seno de la población gala, ya que la mayoría de los templarios eran franceses, tenían un poder económico más que tangible. El siguiente paso estaba escrito: controlar el poder político, o eso pensaba el rey capeto Felipe IV a principios del siglo XIV.

Los enemigos se confabulan contra los templarios

Temeroso de que su dinastía fuese reemplazada por una templaria, Felipe IV se dirigió al papa Clemente V y ambos acordaron tomar cartas en el asunto antes de que fuese demasiado tarde. Y en el fatídico día del viernes 13 de noviembre de 1307 se inició la persecución y encarcelamiento de todos los miembros de la Orden de los Pobres Compañeros de Cristo del Templo de Salomón, acusándolos de herejía, satanismo y sodomía. Tras meses de duros interrogatorios y torturas, finalmente los templarios firmaron su acusación y uno a uno fueron ejecutados en la hoguera.

En marzo de 1314 le llegó el turno al gran maestre del Temple, Jacques de Molay, que ante su inminente final se dirigió a sus captores, el pontífice y el monarca galo, y los maldijo en público. *Dieu sait qu'aujourd'hui nous sommes jugés et assassinés avec grande injustice. Une immense calamité va bientôt arriver pour ceux qui nous ont condamné sans respecter la justice authentique. Dieu prendra soin de nous venger de notre mort. Je vais périr avec cette sécurité.* Es decir: «Dios sabe que hoy somos juzgados y asesinados con gran injusticia. Una inmensa calamidad pronto alcanzará a quienes nos han juzgado sin respetar la verdadera justicia. Dios se ocupará de vengar nuestras muertes. Hoy muero con esta certeza».

Lo que Molay quería decir es que, aunque las autoridades habían podido engañar a los mortales nunca podrían hacer lo mismo ante el Todopoderoso, puesto que solo Él sabe y entiende la verdad. El único delito de esta orden fue su éxito, y el miedo y la envidia que este suscitó y que precipitó su desaparición.

Cabe destacar que esta parte de la historia entra dentro de la leyenda. Hay muchas versiones diferentes de las palabras dichas por el gran maestre (incluso hay quien afirma que iba amordazado hacia la hoguera), y la historiografía se suele decantar hacia la idea de que la supuesta maldición nunca fue realizada. Pero esto no quita la cadena de infortunios que se iban a desatar, por desgracia para los enemigos de Jacques de Molay, tras su asesinato.

La maldición del viernes 13

Poco menos de un mes después de la maldición, en abril de 1314, el papa fallecería de forma súbita con tan solo cincuenta años de edad (se suele pensar que por culpa de un ataque al corazón mientras dormía). Pero lo peor quedó reservado a su otro antagonista, el rey de Francia, cuya dinastía se adentró de lleno en la etapa de los reyes malditos.

Felipe IV moriría en noviembre de ese mismo año, en un fortuito accidente de caza. Tras su fallecimiento lo sucedería su joven hijo, Luis X, que tan solo dos años después de su coronación, cuando solo tenía veintiséis años de edad, murió tras beber precipitadamente un vaso de vino frío al finalizar una calurosa tarde de verano de deporte con sus amigos. Al ser un monarca tan joven, aún no tenía descendencia legítima al trono, solo una hija, pero, por suerte, su mujer se hallaba embarazada.

Esta dio a luz a un joven vástago y fue nombrado enseguida rey de Francia con el nombre de Juan I. Pero la desgracia volvió a sacudir a los capetos y el nuevo rey de Francia murió a los cinco días de nacer, siendo este el reinado más corto de la historia gala. El título de máximo soberano pasó al hermano de Luis X, Felipe V, que moriría en 1322, de extrañas fiebres, y sin dejar tampoco descendencia. El título recaería en el pequeño de los tres hermanos, Carlos IV, que moriría en 1328, también sin heredero legítimo, precipitando el final de la dinastía capeta.

PERO ¿QUÉ TIENEN QUE VER LOS VIKINGOS CON TODO ESTO?

Para poder entender el problema vikingo en todo este asunto deberemos retroceder un poco en el tiempo, a la época del reinado de los carolingios, antigua dinastía francesa que nace, a finales del siglo VIII, con el reinado del ultraconocido Carlomagno (y de su padre Pipino el Breve), y que fueron desplazados del poder formalmente por los capetos en el año 984.

Los monarcas carolingios fueron perdiendo su autoridad política frente a sus señoríos gobernados por unos vasallos cada vez más poderosos y ambiciosos. La cartografía política gala se fragmentó en un verdadero mosaico de microrreinos regidos por poderes *de facto* cada vez más independientes del soberano y que presionaban a este a la hora de hacer política. Y este problema se inició tras la llegada de unos nuevos protagonistas a escena, los vikingos.

Llegados de la fría y misteriosa Escandinavia, los vikingos se dieron a conocer en las costas orientales británicas, más precisamente en el monasterio de Lindisfarne, sagrado lugar que asaltaron y expoliaron de forma salvaje en el año 793. ¡Se inició así la era vikinga!

Estos rudos guerreros conservaron siempre el mismo *modus operandis*. Llegar desde la mar, adentrarse, gracias a sus móviles barcos (los *langskip*), por las arterias fluviales de territorio extranjero y atacar de modo sorpresivo y brutal las indefensas aldeas y ciudades apostadas cerca de los ríos o de la costa. Desaparecían tan rápido como llegaban, dejando tras de sí innumerables pérdidas, nuevas presas para vender como esclavos y un reguero de sangre que manchaba la verde y frondosa hierba del territorio galo. Todo ello ante la atónita mirada de los reyes carolingios, atados de pies y manos, ya que no tenían el tiempo necesario para organizar sus huestes y partir hacia una batalla, frente a frente, contra sus temibles enemigos.

Dicha situación trajo consigo una fuerte inestabilidad social, puesto que todo aldeano temía el fatídico día en el que divisaran las velas vikingas. Esta agobiante coyuntura derivó en una profunda crisis política que finalizaría con la dinastía carolingia. Los temerosos campesinos buscaron la protección de sus señores, y estos construyeron sus inmensos castillos de piedra para poder resguardar a la población si el ataque se hacía efectivo en un futuro. Esto hizo que los reyes carolingios fueran perdiendo su poder político en favor de los cada vez más poderosos señores feudales, que teóricamente eran vasallos del soberano pero en la praxis controlaban señoríos más importantes y ricos que el minimizado dominio real.

Tales hechos forzaron al rey carolingio a negociar con los vikingos y otorgarles lo que tanto ansiaban, nuevas tierras que explotar y en las que crear sus propios señoríos feudales. Se confeccionó así, a principios del siglo x, el ducado de Normandía, que como su nombre bien indica era el territorio de los vikingos (de los *nord-man*, los hombres del norte), cuyo primer duque fue el mítico Roland.

Casi dos siglos más tarde, uno de sus descendientes, Guillermo el Bastardo, se hizo, tras la batalla de Hastings (1066), con el poder inglés, pasando de ser apelado Guillermo el Bastardo a ser conocido como Guillermo el Conquistador. Los vikingos habían llegado así al trono británico, y el nuevo rey de Inglaterra poseía un importante señorío en territorio galo, la ya mencionada Normandía.

Sus descendientes aumentarían notablemente sus posesiones en Francia mediante el matrimonio de Enrique II de Plantagenet, descendiente de Guillermo, y la duquesa de Aquitania, Leonor. Y esto nos lleva al momento explicado en estas páginas.

Cuando la dinastía capeta se extinguió, el rey británico postuló su candidatura para ocupar el trono galo, debido a que por sus venas corría sangre de la vieja aristocracia francesa. Pero el trono recayó finalmente en una dinastía emparentada con los capetos, los valienses. Estos iniciaron una política de reconquista frente a los supervivientes territorios franceses controlados por los británicos, lo que inició la guerra de los Cien Años, conflicto bélico que duraría ciento diecisiete años (1337-1453), y en el que rivalizaron británicos y franceses, sumiendo el territorio galo a una más que difícil época de su historia, en la que además de por la guerra fue asolado, pocos años después del inicio de la contienda, por la peste negra, cruel pandemia que acabaría con la vida del 30 por ciento de la población europea (véase el epígrafe «La peste negra, el terror invisible»).

El aquelarre de Zugarramurdi, el juicio de brujas más conocido de España

El 7 y 8 de noviembre de 1610, en Logroño, se presentaron, delante de los inquisidores del lugar y un público de más de treinta mil personas según ciertas fuentes (número aumentado deliberadamente, puesto que la ciudad contaba con poco más de cinco mil habitantes por aquella época), algo más de cincuenta personas, provenientes de las pequeñas aldeas pirenaicas. Veintinueve de ellas fueron acusadas formalmente por brujería. Es decir, por participar en aquelarres, hablar con el demonio, atemorizar a sus vecinos, destruir sus campos y ganados, enfermar a sus enemigos y a sus familiares, junto a un larguísimo etcétera.

Para tal evento se confeccionó, en la plaza de la urbe, un improvisado teatro de unos veinticinco metros por cada lado, con una capacidad de más de mil personas (sentadas en las gradas). Los inquisidores del lugar, que oficializaron el mediático juicio, se emplazaron en un balcón colindante. Ante la atenta mirada de los vecinos y las vecinas, once personas fueron condenadas a la hoguera (aunque cinco en efigie, es decir, a título póstumo, puesto que perecieron durante los interrogatorios); el resto fue perdonado por su arrepentimiento.

Pero ¿quiénes eran esas personas? ¿Qué motivos las impulsó a participar en los aquelarres? ¿Fue todo una gran farsa o se sanó un lugar que había caído bajo las redes del maligno? Esta es la historia del proceso de Zugarramurdi, el juicio de brujas más conocido de España.

Zugarramurdi, una aldea de su tiempo

La pequeña aldea de Zugarramurdi, con poco más de doscientos habitantes (la mayoría campesinos y ganaderos), se halla enclavada en los Pirineos navarros, cerca de la frontera con el reino de Francia.

En aquellos tiempos y muy cerca del lugar, en el Pirineo del País Vasco francés, se había desencadenado una fuerte persecución en contra de las brujas de la mano del funcionario galo Pierre de Lancre. Una caótica situación que acabó con cientos de víctimas, ajusticiadas por supuestos actos demoniacos, y que, además, había forzado la salida de muchos individuos de la zona (por miedo a que la caza afectara a sus familiares).

Entre ellos, en 1608, regresó a su tierra natal una joven, de poco más de veinte años, que había emigrado desde su pequeña aldea, Zugarramurdi, varios años atrás, en búsqueda de un futuro mejor. Una tal María de Ximildegui. Y con ella viajaron todas esas historias de brujería y magia negra que tanto la fascinaban y que muy pronto iban a desencadenar una caza de brujas como pocas veces se han visto en España.

La brujas llegan a Zugarramurdi

La joven afirmó que, durante más de un año, había participado en un sinfín de aquelarres. Según la veinteañera, alguno de ellos los realizó muy cerca de la aldea de Zugarramurdi y que, inclusive, había visto a una de sus vecinas, María de Jureteguía, asistir a uno de ellos.

Esta, aunque en un principio negó con vehemencia los hechos, tuvo que afirmar que era una bruja ante la fuerte presión de los aldeanos de Zugarramurdi. Los hechos llegaron a oídos del párroco del monasterio de un pueblo vecino, Urdax, fray Felipe de Zabaleta, que escuchó la versión de la acusada y le impuso una penitencia (confesarse ante el Todopoderoso y pedir clemencia a sus vecinos). Y, aunque estos la perdonaron, el caos ya se había desatado.

Al poco tiempo, varios aldeanos fueron acusados por sus vecinos de brujería. Un total de ocho mujeres y tres hombres se vieron forzados por el párroco a delatarse y arrepentirse ante la Iglesia. Pero, aunque todo parecía resuelto, el caso voló hasta los estamentos clericales más importantes de la zona, el Tribunal Supremo de la Santa Inquisición de Logroño, dirigido por Alonso Becerra Holguín y Juan de Valle Alvarado. Para desgracia de los vecinos, y sobre todo vecinas, de la pequeña aldea de Zugarramurdi, esto no había hecho más que empezar.

La Santa Inquisición entra en escena

Los inquisidores de Logroño se tomaron muy en serio lo acontecido en esa remota aldea, y mandaron a un comisario a investigar el asunto de cerca. Tras su informe, decidieron encarcelar en su ciudad a cuatro de las acusadas.

Una vez conseguido el informe, los inquisidores Alonso Becerra y Juan de Valle Alvarado se pusieron en contacto con la sede de la Santa Inquisición de Madrid. Estos, escépticos respecto a que lo que allí acontecía fueran realmente actos de brujería, mandaron, el 11 de marzo de 1609, un cuestionario con catorce preguntas que realizar a las acusadas, para poder así afirmar la veracidad de los hechos (como, por ejemplo, que explicaran cómo se las ingeniaban para que las personas que vivían con ellas no se diesen cuenta de su ausencia cuando iban a los aquelarres; si los niños lactantes las acompañaban, y si no, con quién los dejaban; o cuanta distancia andaban hasta llegar al lugar elegido y cuánto tiempo tardaban, entre muchas otras cuestiones).

Pero, lejos de escuchar las premisas mandadas desde la capital, prefirieron hacer oídos sordos y seguir con los duros interrogatorios que estaban realizando, con el fin de forzar a las acusadas a afirmar su culpabilidad y acabar con el supuesto nido de brujas que había germinado en su territorio.

Las investigaciones e interrogatorios de la Santa Inquisición

Uno de los problemas que se toparon a la hora de interrogar a las mujeres encarceladas es que estas solo hablaban el euskera, y necesitaban de un traductor para poder defenderse frente a sus acusadores. Debido a la presión y a las duras condiciones a las que se estaban enfrentando durante los interrogatorios, las cuatro chicas decidieron declararse culpables. Como bien escuchó uno de sus carceleros, que también hablaba euskera, las chicas pensaban que así el martirio acabaría, puesto que con un simple perdón serían puestas en libertad, prefiriendo mentir antes de seguir con el interrogatorio.

Pero los inquisidores no escucharon sus verdaderos motivos, que les explicó el carcelero que las había escuchado, y dictaron sentencia en contra de ellas, juzgándolas por haber cometido actos de brujería una vez que estas se autoinculparon.

Ante esta situación, varios vecinos de Zugarramurdi (Graciana de Barrenechea y sus dos hijas, junto a cuatro hombres) se presentaron ante los inquisidores logroñeses, con el fin de defender la inocencia de las chicas encarceladas. Pero, ante la duda, estas también fueron puestas en cautiverio (solo las mujeres del grupo). Tras largos meses de interrogatorios, las mujeres culparon a siete brujas y tres brujos más, que se hallaban afincados en las remotas aldeas pirenaicas.

La histeria se desató, y una nueva investigación se realizó en esos recónditos lugares, lo que derivó en el encarcelamiento de unas cuarenta personas más. La situación había llegado a su cénit, y en noviembre de 1610 se realizó el auto de fe, en el que quemaron a seis mujeres —a cinco en efigie—, tras ser condenadas por haber realizado actos de brujería y negarlo (y no pedir clemencia al Todopoderoso).

El hombre que puso, aunque tarde, un poco de cordura a todo este asunto

En junio de 1609 llegó a Logroño Alonso de Salazar Frías, con el fin de ser el tercer inquisidor del caso. Este, al contrario que los otros dos, había tenido una educación humanista y racional impartida en las Universidades de Salamanca y de Sigüenza. Desde el principio, se mostró muy escéptico con el caso, pero llegó demasiado tarde, una vez que las investigaciones ya se habían puesto en marcha, y poco pudo hacer para frenar la calamidad que estaba aconteciendo.

Tras el auto de fe, viajaría en persona al lugar de los hechos (Zugarramurdi y las aldeas colindantes), para iniciar su propia investigación. Trabajó en ella durante más de ocho meses (bajo el amparo de la Suprema Inquisición de Madrid, que le entregó un edicto para poder realizar sus indagaciones sin ser trabado por los inquisidores de Logroño, anteriormente citados).

Recogería un total de mil ochocientas dos declaraciones, junto a información de las personas que las realizaban (un volumen de más de once mil páginas). Además de describir una situación más que caótica en el lugar (pueblos que se creían sometidos por el diablo y en cuyo seno la violencia entre vecinos había germinado), Salazar logró evidenciar más de mil trescientos perjurios y falsos testimonios, junto a una ferviente crítica hacia las evidencias utilizadas durante los juicios de las supuestas brujas. Sus informes concluyen con una frase más que lapidaria: «Regulando todo en la igualdad y rectitud conveniente, he tenido y tengo por muy más que cierto que no ha pasado real y corporalmente ninguno de todos los actos deducidos o testificados en este negocio».

Un consuelo demasiado amargo para las mujeres que ya habían sido condenadas a la hoguera.

La danza macabra: morir bailando

Una mañana estival de mediados de julio de 1518, una mujer empezó a bailar atípica y frenéticamente en las calles galas de Estrasburgo, moviendo enajenadamente sus brazos y piernas, con la mirada al vacío, ante la curiosidad de los viandantes. Esta mujer, poseída por el diablo, logró congregar y contagiar a su alrededor a treinta y cuatro personas en una semana, y a más de trescientas en un mes, muriendo a decenas diariamente debido al agotamiento ante las atónitas miradas de sus angustiados vecinos.

Esta es la extraña historia de una epidemia diferente que fustigó a nuestro continente varias veces en nuestro pasado. Esta es la historia del baile del san Vito, de la danza macabra.

Una extraña realidad varias veces repetida

Aunque parezca mentira, este fenómeno social se ha repetido varias veces a lo largo de nuestra historia. La *coreomanía*, o enfermedad del baile, ha desestabilizado los cánones morales de nuestras sociedades pasadas en numerosas ocasiones y lugares de la cartografía continental.

Uno de los más antiguos, y destacados, de estos extraños fenómenos se desarrolló en la ciudad de Bernburg, allá por el año 1020, momento en el qué una veintena de campesinos cantaron y bailaron frenéticamente, y sin explicación aparente, alrededor de una iglesia en la víspera de Navidad. En 1237 afectó a un cuantioso grupo de niños y niñas a lo largo de todo el viaje que realizaron desde Érfurt a Arnstadt (dieciséis kilómetros), en el cual no pudieron parar de cantar ni de bailar.

Pero, sin lugar a dudas, el más absurdo aconteció en 1278 y tuvo lugar en uno de los puentes del río alemán Mosa, estructura en la que se congregaron unas doscientas personas en pleno éxtasis de baile, hasta que esta se derrumbó, matando a gran parte de ellas.

Casi cien años más tarde, en 1374, empezó en Aquisgrán uno de los mayores brotes conocidos hasta la fecha, extendiéndose a un gran número de ciudades cómo Flandes, Metz, Utrecht, Colonia o Estrasburgo, así como a gran parte del territorio de países como Luxemburgo o Italia. Al año siguiente resurgieron estos peculiares bailes en Alemania, Holanda y Francia.

Todo ello ante la incredulidad total de sus contemporáneos, que veían cómo decenas y centenares de improvisados danzantes morían debido a una especie de éxtasis satánico que no podían frenar ni comprender.

La angustia se apoderaba de todos ellos, cuando contemplaban las miradas perdidas y de sufrimiento de los bailarines, que parecían pedir clemencia y perdón al Todopoderoso para parar así de bailar y de sufrir. Pero este parecía hacer oídos sordos a su arrítmico y frenético sufrimiento, mientras morían por un ataque al corazón o se partían la tibia o las costillas bailando.

Cabe destacar que, generalmente, los músicos acompañaban estos actos para, según ellos, intentar calmar y proteger a sus afligidos ciudadanos, lo que, sin duda, confería un matiz aún más extraño a la situación.

Unas causas no tan claras

En un primer momento, y cómo no podía ser de otra manera, se aseguró que todo ello era producto de alguna maldición satánica o castigo santo (realizado por san Juan Bautista o san Vito), por lo que muchas de estas macabras procesiones danzantes acababan alrededor de algún lugar dedicado a estas santidades. Pero también se multiplicaron los exorcismos (ya que muchos se pensaban poseídos por el demonio), los aislamientos poblacionales (para frenarlo como frenaron otra epidemia, la peste bubónica) y los rezos en masa.

Según ciertos estudiosos del tema, este acto puede haberse debido a la proliferación de un hongo en el centeno que consumían, la ergotina, padre del actual LSD. Otros lo achacan a enfermedades como la epilepsia, el tifus o la encefalitis, pero ninguna de estas teorías es completamente coherente, ya que, aunque no son pocos los síntomas que desarrollaron esas poblaciones enajenadas por el baile que coinciden con las alucinaciones por ergotina o con la epilepsia, muchos otros no tienen nada que ver con estas causas.

Se piensa también que pudo ser producto de alguna secta religiosa o pagana, como acto ritual para burlar los cánones inamovibles y represivos del poder eclesiástico reinante de la época, pero esta explicación tampoco se puede asegurar con certeza.

Finalmente, otra posible explicación es que estas enajenaciones transitorias fueron el producto de una etapa de estrés colectivo provocado por hambrunas o desastres naturales. Un modo de evadirse de la realidad, una paranoia colectiva como lo fue el *punk* en la década de 1970 o las *raves* de los años ochenta y noventa del siglo XX, pero más bestia. Una especie de histeria colectiva, de trastorno mental propio de una sociedad que está sufriendo y no sabe a qué clavo aferrarse para salvaguardar su alma.

Sea como fuere, esos bailes, evasivos o no, nos siguen sorprendiendo aún hoy. Pobres almas torturadas por su tiempo que entraron en una espiral de autodestrucción al son de una música imaginaria que las hacía mover sus huesos, incluso rotos o tras la muerte.

¿Un gigantesco monstruo prehistórico sigue suelto?

Esta es una curiosa historia en la que toda la tripulación de un submarino alemán, mientras este combatía durante la Primera Guerra Mundial, defendió haber visto un monstruo prehistórico en el Atlántico Norte.

El 30 de junio de 1915, el submarino U-28, comandado por el barón Von Foerster, atacó un vapor británico en el Atlántico Norte, y cuando este se hundía, diversos soldados distinguieron a un animal extraño que saltó, cerca de ellos, sobre el agua.

Según las propias palabras del barón: «No pudimos identificar a la criatura, pero todos estuvimos de acuerdo en que parecía un cocodrilo de unos veinte metros de largo, con cuatro extremos similares a patas grandes, una cola larga y puntiaguda y una cabeza que también terminaba en punta. Desafortunadamente, no pudimos tomar una fotografía, ya que el animal desapareció de la vista después de diez o quince segundos».

Existen cuantiosas teorías al respecto. Las más locas de todas defienden que esta criatura no es otra cosa que un *Sarcosuchus,* un cocodrilo de agua salada gigante de época cretácica (extinguido hace más de 110 millones de años). Pero para la mayoría esta historia fue un bulo inventado por el barón puesto que, de los siete supuestos individuos que habían visto tal acontecimiento, seis murieron en la guerra, y el séptimo fue el cocinero que nunca habló sobre el tema. Además, la versión de Von Foerster fue cambiando con el tiempo (tanto la descripción del animal como de la situación).

Mother Shipton, la gran adivina

«Los carruajes andarán sin caballos y los accidentes llenarán el mundo de dolor. Los pensamientos volarán alrededor de la Tierra en un abrir y cerrar de ojos. Qué extraño y, sin embargo, se harán realidad.» Con estas palabras, hace unos quinientos años, la Mother Shipton vaticinaba la invención del automóvil y de Internet.

Una serie de profecías antiguas

Nuestra protagonista nació en la Inglaterra de Enrique VIII, se dice que en una cueva allá por el año 1488, siendo una bastarda, lo que le supuso ser entregada en adopción cuando solo tenía dos años y aún se llamaba Ursula Southeil. A los veinticuatro años se casó, y de su marido tomó el apellido por el cual se la conocería en adelante: Shipton.

Esta vidente no solo profetizó estos inventos modernos, sino que adivinó la disolución de la Iglesia católica en su país (lo que acaeció en tiempos de Enrique VIII), la prematura muerte del heredero a la Corona (Eduardo VI de Inglaterra), el reinado de terror de María I (Bloody Mary), la plaga que asoló Londres en 1665, el fracaso de la Armada Invencible y el incendio de la ciudad londinense, entre otros.

Y otros augurios no tan antiguos

Otras de sus profecías anticiparon el cine, los submarinos, los aviones y la ultraconocida Segunda Guerra Mundial. «Cuando las pinturas parezcan ser vivas y libremente movibles, cuando los barcos como peces naden bajo el mar, cuando los hombres como las aves crucen los cielos, entonces la mitad del mundo bañado en sangre perecerá.» Pero la cosa no queda aquí, y con estas palabras la adivina habló de las mujeres: «En esos asombrosos y lejanos días, las mujeres adoptarán el deseo de vestir como hombres, y usarán pantalones y cortarán sus melenas y cabellos. Cabalgarán a horcajadas con la frente de bronce, como lo hacen las brujas en nuestros tiempos, el amor cesará y ya no se casarán y los pueblos disminuirán al disminuir los bebés», haciendo así alusión a su emancipación de su rol tradicional de esposas, madres y amas de casa, al aumento (o simplemente la posibilidad) de los divorcios y la consiguiente disminución de la natalidad.

Unas profecías futuras

Pero lo que más nos asombra de esta fascinante personalidad histórica son las profecías que aún están por llegar. Y no es para menos, puesto que vaticinó la Tercera Guerra Mundial: «Ay, ay, la guerra vendrá de donde mora el turco y el pagano que en feroz riña se enfrascarán buscando cómo aniquilar sus vidas. Cuando el norte divida al sur y en las fauces del león el águila anide, entonces el impuesto, la sangre y la guerra vendrán a cada humilde hogar»; la gran catástrofe de nuestros tiempos: «Cuando el hombre se aproxime al último siglo, tres montañas que duermen unirán su respiración y lanzarán hielos, llamas y muerte. Los terremotos engullirán ciudades y los mares subirán e inundarán regiones costeras»; y la llegada de los extraterrestres: «Una serpiente plateada se verá y arrojará hombres de extraño semblante, mezclándose con la nueva tierra... Estos extraños hombres aclararán las mentes del hombre futuro. Estos se mezclarán y mostrarán cómo vivir. Y la edad de oro se iniciará de nuevo».

Gilles de Rais, un monstruo vestido de caballero

A principios del siglo XV nació un monstruo que se supo disimular dentro del canon del ideal caballeresco. Fue un gran héroe de la guerra de los Cien Años, el compañero infatigable de Juana de Arco. Un caballero valeroso, rico y poderoso que acabó con la vida de más de doscientos niños y niñas de las formas más macabras y espeluznantes posibles.

Aunque su leyenda inspiró al escritor galo Charles Perrault a la hora de escribir su cuento *Barba Azul,* la descripción más verosímil de la que disponemos de este lúgubre personaje de nuestra historia nos la aporta él mismo: «Yo soy una de esas personas para quienes todo lo que está relacionado con la muerte y el sufrimiento tiene una atracción dulce y misteriosa, una fuerza terrible que empuja hacia abajo. [...] Yo hice lo que otros hombres sueñan. Yo soy vuestra pesadilla».

El caballero perfecto

En el otoño de 1404 nació un vástago de la nobleza más pura y antigua francesa, emparentado con tres linajes de renombre: los Laval, los Montmorency y los Craon. Además, su sangre nobiliaria vino acompañada con un físico imponente (un metro ochenta y algo de estatura, un cuerpo musculoso, una ondulante cabellera negra y unos ojos azules), al que se sumaba una destreza inusitada en el arte del combate.

Las hazañas realizadas por el noble bretón, que luchó por los derechos sucesorios de Juan V, duque de Bretaña, no pasaron desapercibidas y Georges de La Trémoille (chambelán del futuro rey francés Carlos VII) lo reclutó debido a las dificultades de la Corona en su lucha contra los ingleses y borgoñones (durante la guerra de los Cien Años).

Y fue en este contexto, en 1429, cuando nuestro protagonista conoció a Juana de Arco, por la cual se sintió fascinado, tanto por su belleza como por sus visiones divinas. Se dice que, el día que la conoció, escribió: «Un estigma maligno se escapó de mi alma y ante el escepticismo del delfín y de la corte, yo persistí en creer en su misión divina».

Tras una serie de victorias militares de gran importancia (la liberación de Orleans y las batallas de Patay y Jargeau), la leyenda de estos dos personajes creció, siendo Gilles nombrado mariscal de Francia con tan solo veinticinco años.

Una leyenda que cambia de matiz

Tras la muerte de Juana de Arco (sentenciada a la hoguera por brujería por los borgoñones, sin ningún apoyo del que se suponía su señor y amigo, Carlos VII de Francia), su protector y compañero de armas enloqueció por completo. Debido a una vida de derroches, su increíble fortuna empezó a menguar, y para remediar esta situación buscó solución en el mundo de la alquimia, intentando encontrar o fabricar su propia piedra filosofal (la que convierte cualquier mineral en oro). Pero otras aficiones empezaron también a florecer.

A partir de ese momento, Gilles y sus servidores recorrieron la cartografía bretona en búsqueda de jóvenes infantes, a los que atraía con la promesa de hacerles pajes de sus castillos. Aunque la realidad fue bien diferente.

Una vez que la luna engullía el paisaje diurno, sus macabros juegos se iniciaban, y cuando el astro luminoso volvía de su letargo, Gilles, avergonzado, sollozaba por las calles y los bosques buscando el perdón del Todopoderoso, mientras los cadáveres eran quemados y las salas limpiadas por sus acólitos.

Debido al número elevado de jóvenes (de entre ocho y diez años) desaparecidos, el pueblo empezó a sospechar, pero no fue hasta 1440 (ocho años desde el inicio de su nueva afición) cuando todo se destapó.

Por culpa de un problema de herencia, las autoridades entraron en las estancias de nuestro protagonista y se toparon de frente con una realidad bestial, unos cincuenta cadáveres se hallaban descuartizados, asesinados o mutilados en una de las salas del otrora héroe nacional.

Un juicio escalofriante

El juicio dejó una de las más aterradoras confesiones que se recuerden en la historia. El propio Gilles, con todo lujo de detalles, confesó haber asesinado a más de doscientos niños, niñas y adolescentes.

Como bien quedó reflejado en el acta, estas fueron sus palabras:

> Yo, Gilles de Rais, confieso que todo de lo que se me acusa es verdad. Es cierto que he cometido las más repugnantes ofensas contra muchos seres inocentes (niños y niñas) y que en el curso de muchos años he raptado o hecho raptar a un gran número de ellos (aún más vergonzosamente he de confesar que no recuerdo el número exacto) y que los he matado con mi propia mano o hecho que otros mataran, y que he cometido con ellos muchos crímenes y pecados.
>
> Confieso que maté a esos niños y niñas de distintas maneras y haciendo uso de diferentes métodos de tortura: a algunos les separé la cabeza del cuerpo, utilizando dagas y cuchillos; con otros usé palos y otros instrumentos de azote, dándoles en la cabeza golpes violentos; a otros los até con cuerdas y sogas y los colgué de puertas y vigas hasta que se ahogaron. Confieso que experimenté placer en herirlos y matarlos así. Gozaba en destruir la inocencia y en profanar la virginidad. Sentía un gran deleite al estrangular a niños de corta edad incluso cuando esos niños descubrían los primeros placeres y dolores de su carne inocente.

Y la sentencia no se hizo esperar. La Iglesia lo excomulgó y la autoridad regia lo decapitó. Una sentencia que dejó muchas incógnitas por desvelar. ¿Fue un acto de barbaridad total emprendida por un niño caprichoso y mimado con cierta predisposición a la violencia, por un enajenado mental y sociópata, o simplemente una historia inventada por alguno de sus detractores tras la caída en desgracia de su baluarte, Juana de Arco?

Elizabeth Báthory, La vampiresa genuina

De la lejana y misteriosa Transilvania, allá por el año 1560, surgió una sanguinaria depredadora que dejó uno de los legados más crueles que se recuerdan: un total de más de seiscientas víctimas, todas ellas jóvenes y vírgenes doncellas, que utilizaba en sus macabros rituales con afán de alcanzar la juventud eterna. Ella es Elizabeth Báthory, la Condesa Sangrienta, la primera vampiresa, y esta es su historia (o leyenda).

La Condesa Sangrienta

Hija de una importante y rica estirpe aristocrática transilvana (su tío fue el rey de Polonia, Esteban I Báthory), cónyuge, desde los quince años, de un conde más implicado en las lejanas guerras que en su matrimonio o la regencia de su castillo, la condesa dedicó su tiempo a experimentar con la magia negra, la alquimia o la brujería junto a sus peculiares sirvientes (un enano cojo, una mujer decrépita y un ama de llaves autoritaria), mientras dirigía sus posesiones de un modo implacable, violento y abusivo (pegando, torturando y humillando a sus sirvientas, tras sesiones de amor lésbico que tanto le gustaba realizar junto a sus malogradas doncellas). Pero la verdadera locura que anidaba en su ser no se desplegó hasta la prematura muerte de su marido.

La vampiresa

Desdichada, siempre rodeada de jóvenes sirvientas, atemorizada al ver su rostro envejecer día a día en los espejos de su lúgubre castillo y aconsejada por su corte de hechiceros, este macabro personaje decidió dar rienda suelta a su locura e idear una de las más deshumanizadas invenciones humanas, su propia interpretación de la fuente de la juventud eterna, desalmado instrumento instalado en las más oscuras y escondidas galerías de sus aposentos.

Para poder alcanzar su maquiavélico fin debía, según su propia interpretación, bañarse y beber sangre de jóvenes, extrayendo así la codiciada vitalidad de su interior. Con ese fin se utilizó la máquina de ejecución más brutal e inhumana jamás diseñada por el hombre, la dama de hierro (un sarcófago repleto de pinchos que cuando se cierra acuchilla mortal y salvajemente a sus víctimas), transformando aquel en uno de los castillos más sanguinarios de la historia. Se cuentan a cientos las doncellas, engañadas por esta terrorífica condesa, que fueron conducidas por las angostas escaleras hasta su inhumano final, siempre acompañadas por alguno de sus desalmados sirvientes.

Tras ocho años de brutales y siniestros ritos, su fuente de alimento enfermizo, jóvenes plebeyas que aspiraban a ser doncellas, casi desapareció (puesto que ya eran pocas las que se acercaban por la zona). Pero la necesidad de sangre de Elizabeth no se disipó ni un ápice, lo que la obligó a buscar nuevas víctimas, esta vez en la corte, acto que no pasó desapercibido. Un ejército nobiliario entró en su lúgubre castillo y se topó con la realidad, decenas de cadáveres desangrados y en descomposición.

Sus sirvientes fueron ejecutados y ella emparedada viva en sus aposentos, un cuarto sin ventanas en el que vivió tres años más, ahogándose en su propia locura en una oscuridad más sombría que su propio corazón.

Cabe destacar que la historia de esta cruel y sanguinaria asesina ha sido puesta a debate por algunos historiadores, que afirman que esta biografía ha sido claramente falsificada por nobles coetáneos para desprestigiar su figura y quedarse con una buena parte de sus señoríos y riquezas.

Las puertas del infierno romanas

No es un secreto que en la Antigüedad surgieron todo tipo de cultos religiosos extraños cuando se analizan desde el prisma contemporáneo. Entre ellos se hallan las puertas del infierno de Hierápolis, santo y demoniaco lugar que mataba, en pocos minutos, a las personas y los animales que se aventuraban a atravesarlas.

Hierápolis, ciudad de vacaciones

La urbe romana de Hierápolis fue fundada en la actual Turquía en el siglo II a. C., y rápidamente atrajo a una fuerte oleada de turistas debido a la abundancia de aguas termales de la zona. Una especie de *spa* primitivo y natural para gozo y disfrute de las poblaciones romanas más adineradas.

Pero esta paradisiaca ciudad escondía también uno de los lugares más terroríficos de la antigua Roma. ¡Nada menos que las puertas al inframundo de Plutón! Es decir, la frontera entre los vivos y los muertos.

Un santo y demoniaco lugar

Las puertas del infierno daban a una pequeña cueva repleta de agua hirviendo, lugar que pocos, por no decir ningún romano, se aventuraban a inspeccionar por el miedo a ver cómo su alma abandonaba su cuerpo.

Plinio el Viejo nos relata cómo se llevaban animales para sacrificar a los dioses a la entrada de la caverna y estos morían sin necesidad de acción humana, adentrándose en la cueva con algún sacerdote romano que salía indemne de ese lugar de muerte y desolación, santificando aún más su posición social, tras pedir la benevolencia de Plutón para sus siervos.

Una explicación científica

La explicación a este peculiar hecho viene dada por su emplazamiento, ya que la ciudad estaba construida sobre fallas tectónicas con una fuerte actividad sísmica, donde se liberaban fuertes cantidades de dióxido de carbono que envenenaban a todo aquel que se acercaba demasiado a la cueva.

Los sacerdotes solo tenían que aguantar la respiración o tapar los conductos de respiración a la espera de que el animal sucumbiera, rápidamente, a la emanación venenosa del lugar (además de que el gas se concentraba sobre todo a altura de las fauces del animal, y no de la nariz de los humanos).

La momia que grita

A finales del siglo XIX, el arqueólogo Émile Brugsch realizó un escalofriante descubrimiento, una momia con claras evidencias de haber sido enterrada viva, puesto que en las facciones de su cara se reflejaban claros signos de horror en forma de grito. Esta es la terrible historia de la momia que grita.

El pasado de la momia

Esta historia se remonta al reinado del antiguo faraón Ramsés III (1184-1153 a. C.), a finales del cual explotó la llamada Conspiración del Harén. Este complot consistió en orquestar una revuelta externa, militar y popular en contra del soberano egipcio para asestarle el golpe de gracia con su asesinato dentro del palacio real.

Esta fue una época bastante convulsa, la etapa histórica en que se realizó la primera huelga conocida, un movimiento popular que se opuso a la corrupción galopante del Gobierno faraónico, los saqueos en las tumbas del Valle de los Reyes y la falta de pagos a los trabajadores egipcios.

Un castigo ejemplar

Pero, aunque los golpistas, según parece, consiguieron degollar al anciano emperador, las autoridades pudieron organizarse y acabar con la rebelión. El nuevo faraón, el futuro Ramsés IV, no dudó en aplicar la pena capital a la mayoría de los conspiradores y sentenciar a su hermano Pentauer a una muerte más que atroz enterrándolo vivo.

El resultado de tan implacable sentencia se evidencia con el nombre de dicha momia, «la momia que grita», debido a la expresión de terror que le quedó para la eternidad.

Las nuevas teorías

Cabe destacar que las nuevas investigaciones apuntan que el malogrado príncipe fue ahorcado antes de ser sepultado de por vida, y que esa mueca viene dada por el sufrimiento de la víctima y su posterior embalsamamiento. Según la teoría, esta se realizó sin casi preparativos para paliar esa terrible expresión de dolor, puesto que no se merecía pasar a la posteridad de forma solemne.

Pero este hecho no quita peso al asunto, porque lo que consiguieron los egipcios con esta acción fue plasmar la verdadera cara del terror para la historia (el momento en el que a una persona se le escapaba su último aliento justo antes de expirar colgado).

El científico loco que inspiró a Frankenstein

Desde finales del siglo XVIII, el científico Luigi Galvani inició unos curiosos experimentos que tenían por objetivo devolver a la vida, gracias a la electricidad, cuerpos muertos e inanimados.

En poco tiempo, el italiano se dio a conocer por toda Europa haciendo mover los apéndices de ranas muertas mediante descargas eléctricas, aunque el colofón a su carrera fue realizar el experimento con el cadáver de un preso, al que, según cuentan, hizo temblar la mandíbula y abrir uno de sus ojos.

Muchas similitudes con la obra que confeccionó, en 1816, Mary Shelley, *Frankenstein o el moderno Prometeo,* historia que narra la vida de un científico loco que creó, mediante la utilización de varios cuerpos muertos, un ser suprahumano y monstruoso, utilizando la fuerza más poderosa de la que disponía por entonces la ciencia, la electricidad.

El caso Diátlov, un escalofriante suceso aún por resolver

El 1 de febrero de 1959 ocurrió uno de los misterios más impactantes de la historia del alpinismo, el incidente del paso de Diátlov.

Se encuentran los cadáveres

Un grupo de nueve estudiantes del Instituto Politécnico de los Urales murieron esa misma noche en una zona de los montes Urales. Los cadáveres fueron hallados por las autoridades soviéticas, lejos de su campamento, con claros signos de violencia y con la sensación de que se hallaban huyendo de algo (habían rasgado sus tiendas de campaña por dentro y estaban vestidos con ropas claramente inadecuadas para las frías temperaturas de la zona).

Los cadáveres fueron encontrados el 26 de febrero. Los dos primeros, tendidos boca arriba, en ropa interior y con evidentes signos de haber intentado subir al árbol más cercano. En el bosque de pinos que había cerca de esos dos primeros cuerpos encontraron tres más, entre ellos el del líder de la expedición. Estos se hallaban mejor vestidos que los anteriores, pero aun así descalzos, y parecía que se estaban disponiendo a regresar al campamento. Al resto los encontraron cuatro meses más tarde, todos ellos sin ojos en las cuencas y uno de los cuerpos sin lengua en la boca. A esto se suman los restos de sustancias radioactivas encontradas en los cadáveres.

Las autoridades zanjan el tema con demasiadas preguntas en el aire

En un principio, según el informe oficial, estos malogrados alpinistas murieron «por culpa de algún tipo de fuerza desconocida». Y, claro está, un largo abanico de teorías surgieron a la postre, abanico que abarca desde los típicos ataques extraterrestres o el yeti hasta la creación de un nuevo prototipo de arma gubernamental. Cabe destacar que el nombre de esa zona, es decir paso Diátlov, fue dado *a posteriori,* tras el incidente, en honor al líder de la expedición, Ígor Diátlov.

Es, sin duda, uno de los misterios más extraños de nuestra historia y, aunque recientes investigaciones hayan zanjado que todo fue culpa de una avalancha, son aún muchos los escépticos con esta teoría.

El día más oscuro de la historia

El 19 de mayo de 1780 acontece el extraño fenómeno del día oscuro en Nueva Inglaterra, Estados Unidos, en el cual los atónitos norteamericanos observaron cómo el cielo diurno se oscureció de repente.

Como bien nos lo explica un coetáneo del evento: «Por la mañana salió el sol radiante, pero rápidamente se escondió. Aparecieron nubes negras y hubo truenos y relámpagos. Alrededor de las nueve de la mañana el cielo adoptó un tono cobrizo. Pocos minutos más tarde una nube negra y espesa cubrió todo el cielo, excepto un estrecho borde en el horizonte, y se puso tan oscuro como a las nueve de la noche en verano. Las aves volvían al corral y el ganado dormía mientras ranas y murciélagos salían para aprovechar la "noche". Después de las once de la mañana, la oscuridad se volvió extremadamente densa. Al terminar la tarde el cielo quedó parcialmente despejado y apareció el sol oscurecido por una neblina densa y negra. Al caer la noche la oscuridad no fue menos terrorífica. Aunque había luna casi llena, los objetos no se distinguían sin la ayuda de la luz artificial. Después de la media noche, la oscuridad se desvaneció y la luna apareció con apariencia de sangre».

La explicación más expandida de este extraño fenómeno ha sido dada por profesores de la Universidad de Misuri, quienes defienden que todo fue obra de una combinación de humo producido por un incendio forestal, la niebla y un día nublado. Pero los periódicos de esas fechas no hablan de ningún incendio, a lo que se suma que la niebla no suele estar presente a la hora ni en la época del año en la que se registra este suceso.

Estas pruebas abren un sinfín de teorías conspiranoicas, sobre todo de corte religioso (profecías bíblicas apocalípticas). Y no es para menos, puesto que fue tal la oscuridad que se necesitaron velas desde el mediodía hasta el día siguiente.

EL verdadero Holandés Errante

Seguramente ningún personaje encarna mejor el mal para los marineros que el Holandés Errante, personaje típico del folclore naval, capitán del barco fantasma condenado a navegar sin rumbo por toda la eternidad, viviendo de la piratería y alimentándose de las almas de los comerciantes que tenían la mala suerte de cruzarse en su camino.

Esta curiosa historia tiene su origen en las aventuras de un capitán de la Compañía Neerlandesa de las Indias Orientales del siglo XVII. Bernard Fokke consiguió la casi inhumana hazaña de cubrir el viaje desde Holanda hasta Java en tan solo tres meses. Fue tal la perplejidad de sus coetáneos que más de uno aseguró que tal gesta solo pudo conseguirse tras haber pactado con el diablo, dando origen así al mito del legendario y maligno barco pirata.

Capítulo 6

ESTOS CURIOSOS SOBERANOS

El gran emperador que nació en un retrete

Carlos I, uno de los monarcas más importantes de la historia hispánica, baluarte del gran Imperio español, nació en un retrete.

Su madre, Juana, conocida por la Loca (aunque parece que de loca poco, sino que fue más bien un complot, urdido por su querido padre y por su hijo, para desposeerla lo antes posible del título) estaba tan celosa que no podía permitir que su marido (Felipe el Hermoso) asistiera a ninguna fiesta sin su presencia, aunque estuviese embarazada (muy embarazada).

En una de estas fiestas, más precisamente en la que aconteció en el palacio de la casa del príncipe en Gantes, la aún princesa sintió fuertes dolores abdominales y tuvo que ausentarse e ir hacia el retrete más cercano para dar a luz a su primogénito.

Luis VII, el cruzado más tonto de la historia

La época de las cruzadas

Tras haber vencido a sus enemigos musulmanes en la Primera Cruzada y haber tomado la santa ciudad de Jerusalén (en 1099), la cristiandad no solo dio un fuerte golpe sobre el tablero internacional de la época, sino que, además, se agenció toda la costa del Próximo Oriente, lugar donde se fundaron los reinos latinos. Territorios que, en la época, eran enclaves comerciales de primer orden, controlados y gobernados por los cristianos, pero rodeados y habitados de enemigos musulmanes.

Fueron, sin duda, reinos difíciles de gobernar en los que se hicieron un nombre los ultraconocidos templarios (véase el epígrafe «La maldición del viernes 13, una historia de templarios, reyes, papas y vikingos»). Y, tras años de dominio cristiano, el ejército musulmán decidió atacar las posesiones cristianas.

El gran despropósito

En el año 1144, un ejército árabe tomó el condado cristiano de Odesa (el primer enclave conquistado de la zona durante la Primera Cruzada, allá por el año 1098). Ante esta situación, el papa Eugenio III convocó la Segunda Cruzada, que recayó sobre las espaldas del rey francés Luis VII, junto al alemán Conrado. Pero la sagrada misión fue un fracaso absoluto.

En un primer momento, y contra todo pronóstico, el piadoso rey galo decidió atacar Damasco, la única urbe de todo el panorama musulmán de la zona que se oponía al *atabey* de Mosul que había conquistado Odesa. De este inteligente modo transformó a un aliado en ciernes en un temible enemigo.

Pero esta astuta maniobra política no convenció al cruzado y, persuadido de que podía mejorar, más si cabe, su imbecilidad, decidió acampar a lo largo de la muralla este de la ciudad, que era la que menos defensas tenía, pero también la única que no disfrutaba ni de un metro de sombra (además de pocas reservas en agua y alimentos). Hastiados por el calor, los cruzados decidieron dar marcha atrás y volver a Jerusalén, pero el camino no iba a ser fácil. Sin casi agua ni provisiones, y en pleno verano, se fueron a andar por el desierto de Siria. ¿Cómo narices iba a saber nuestro querido rey que en verano, en un desierto, hace mucho calor? Y, claro está, los cruzados murieron a miles (sin contar los muchos otros que perecieron acribillados por los arqueros musulmanes).

Para mejorar más si cabe la situación, el monarca decidió llevarse consigo a su mujer, Leonor de Aquitania, que ya estaba de por sí bastante harta del carácter piadoso y lúgubre de su marido (lo que la llevó, según dicen las malas lenguas, a los brazos de su tío y amante, Raimundo de Antioquía). No se sabe bien cuál era el interés del rey en llevarse a su mujer, pero si era para mejorar su relación matrimonial y disfrutar de un bonito viaje de enamorados, le salió el tiro por la culata, porque tras el viaje llegaría el divorcio. Tonto era hasta decir basta.

Una ruina de cruzada para el rey de los franceses

Además de perder definitivamente a su mujer, lo que en aquella época significaba no solo una crisis sucesoria, sino también la pérdida de un poderoso aliado (el ducado de Aquitania, uno de los más importantes en Francia que, por si fuera poco, acabaría en la órbita de sus enemigos ingleses tras el matrimonio de Leonor y Enrique II Plantagenet), financieramente fue un jarro de agua fría para la endeble economía franca, al vaciarse sus arcas.

Por otra parte, el monarca estuvo ausente demasiado tiempo y perdió mucho rédito político en el seno de sus posesiones dinásticas. Un desastre en toda regla.

La emperatriz que le arrancó los ojos a su hijo

Santificada por la Iglesia debido a su condena a los iconoclastas y odiada por arrancar los ojos a su hijo en su afán de poder, la vida de la emperatriz Irene no deja indiferente a nadie.

Un Imperio complicado

La joven ateniense, debido a su matrimonio con el heredero imperial León IV, fue coronada emperatriz, tomando el nombre de Irene de Bizancio, en el siglo VIII. Una etapa difícil y belicosa en la que sus posesiones imperiales estaban siendo expoliadas y ocupadas por persas, búlgaros, turcos, eslavos y los recién formados reinos árabes.

En cuanto a su estabilidad interior, los acontecimientos tampoco le eran favorables a la joven emperatriz, sobre todo debido a una lucha fratricida entre dos interpretaciones religiosas, la de los iconoclastas (que no creían en las imágenes que representaban personajes divinos) y la de los iconódulos (que sí creían en ellas, y las divinizaban).

Tras el prematuro fallecimiento de su consorte, fue alzada como única gobernante de este vasto, poderoso e inestable Imperio. En los inicios de su reinado como regente (esperando a que su joven infante, Constantino, cumpliese la mayoría de edad) no faltaron tampoco las conspiraciones de los hermanos del difunto marido contra su persona y su reinado, lo que aumentó sus problemas de gobierno.

Una regente que quiere ser reina

La regente gobernaba con mano de hierro, confeccionando un gobierno leal en torno a su persona y eliminando del panorama político a todos sus detractores. Pero su hijo creció y se casó. No obstante, para poder reinar, tuvo que encerrar a su madre junto a sus consejeros, ya que no tenían ningún interés en cederle el puesto.

Los dos primeros años del reinado del joven emperador Constantino VI (790-792) fueron marcados por una serie de derrotas militares, y este se vio obligado a traer de vuelta a su progenitora, nombrándola coemperatriz.

Pero Irene quería de nuevo todo el poder en su persona, y para ello elaboró un astuto y maquiavélico plan, que su hijo fuese rechazado en su propio Imperio. Con este fin hizo que Constantino repudiase a su esposa para casarse con una de sus camareras, escándalo que minó por completo su imagen a ojos de su pueblo.

Una acción imprudente, un castigo ejemplar

El emperador se vio tan asediado por las conspiraciones de su madre que decidió huir para reunirse con su leal ejército en Anatolia, y así poder enfrentarse a ella y derrocarla. Pero Irene se anticipó, lo capturó y castigó. Y fue en la misma sala en la que veintiséis años antes su progenitora le dio la vida, la Cámara Pórfida, donde este se arrodilló para que ahora ella le arrancara los ojos. Amor de madre como nunca antes se había visto.

Una reina muy casta

El soberano español Fernando VII se casó por tercera vez con una más que joven María Josefa Amalia de Sajonia (que contaba con tan solo quince años el día de su matrimonio). Pero más que su juventud, cosa por desgracia demasiado frecuente en las nupcias de los monarcas a lo largo de la historia, lo que más interés suscita de este personaje es su inquebrantable castidad.

Y no es para menos, puesto que se negó a mantener relaciones sexuales con su marido hasta que el pontífice, Pío VII, le envió una carta en la que le explicaba que este acto, siempre que se realizara en sagrado matrimonio, no suponía ningún pecado a los ojos del Señor.

Y ni por esas se acercó a Fernando, ¿puede ser por un secreto que este escondía entre sus piernas?

El descomunal cetro real de Fernando VII

Un reino difícil de gobernar

El monarca Fernando VII puede que sea el más odiado de la historia de España. Y no es para menos, puesto que, de carácter bastante simplón, muchas veces comparado a un bebé grande, no supo estar a la altura de su tiempo. Por aquel entonces, España era un país asediado por dos frentes. Por un lado, como cualquier otro en el que regía un monarca absolutista, por su vecino del norte, con Napoleón Bonaparte a la cabeza. Por el otro, los vientos revolucionarios de cambio de rumbo se estaban levantando con un liberalismo cada vez más potente (que también pedía el fin del absolutismo y de la intromisión estatal en los asuntos económicos).

Pues bien, este monarca logró el difícil reto de ser odiado por todo el mundo. Por una parte, fue odiado por los liberales, ya que no permitió el desarrollo del liberalismo en España. Y, aunque en una época lo apodaron el Deseado, poco les duró la broma cuando este volvió a tomar las riendas del país, instalando de nuevo el absolutismo tras la experiencia liberal de la Pepa (la Constitución de 1812). Por otra parte, también fue odiado por los conservadores (más proclives a su hermano Carlos y su lema «Dios, patria y rey»). Y, finalmente, por el resto de los españoles, ya que regaló la Corona a su acérrimo enemigo, Napoleón. Pero más que su pobre mandato, nos vamos a centrar en su característica más particular, su enorme p*****.

El gran «cetro» del rey

Fernando VII se casó hasta en cuatro ocasiones. Con la primera, María Antonia de Nápoles, parece que poco hubo, ya que tardó más de un año en tener relaciones (todo apunta a que esta se lo estaba poniendo fácil, pero el joven príncipe poco se le acercaba). Tras la muerte de su primera esposa, cuando esta contaba tan solo veintiún años, el heredero al trono hispánico se volvió a casar, esta vez con su prima María Isabel de Braganza, con la que sí que tuvo una vida sexual algo más normal, descontando sus múltiples aventuras. Pero también moriría bastante joven, debido a una cesárea que pareció más una carnicería. Su tercera mujer, María Josefa Amalia de Sajonia, de la que ya hemos hablado, protagonizó uno de los episodios más absurdos de la historia de la monarquía española, al tener el primer encontronazo con el miembro de su nuevo marido.

Como escribe el historiador Prosper Mérimée, «ante esta horrible vista, la reina creyó desvanecerse, y fue mucho peor cuando su majestad comenzó a toquetearla sin miramientos, y es que la reina se escapó de la cama y corrió por la habitación dando gritos. El rey la persiguió, pero como ella es joven y ágil, y el rey gordo, pesado y gotoso, se caía de narices, tropezaba con los suelos. En resumen, el rey encontró este juego muy tonto y montó en espantosa cólera».

Y no es para menos, porque las dimensiones del soberano falo pueden haber sido la causa de la muerte tan prematura de sus dos primeras mujeres (o por lo menos una de las causas): el desgarro interno que podría haber dado tantas complicaciones de salud a sus jóvenes esposas.

Ante esta situación, su nueva y última mujer, María Cristina de las Dos Sicilias (su sobrina, ni más ni menos), tuvo que recurrir a todo su ingenio para no tener que sufrir como las que la precedieron. Los médicos reales decidieron cortar por lo sano con esta situación, ya que estaba empezando a hacer peligrar la estabilidad política del país (iban pasando los años y no conseguían heredero al trono), e idearon un novedoso método, una almohadilla con un agujero en el medio para que hiciese tope y el semental no reventara a sus mujeres.

Jorge III, el rey loco

Jorge III, rey de Inglaterra, tuvo que lidiar con la Corona en uno de los momentos más inestables de la política británica, durante la guerra de la Independencia norteamericana en ultramar (es gracioso saber que el mismo día que se firmó la Declaración de Independencia, 4 de julio de 1776, este escribió en su diario: «Nada importante ha sucedido hoy») y la expansión napoleónica en Europa.

A pesar de ello, fue un monarca bastante popular, teniendo una vida doméstica de ensueño junto a sus quince hijos y su mujer, la reina Carlota. Pero todo cambió cuando sus signos de locura fueron imposibles de disimular, por lo que tuvo incluso que ser encerrado en el castillo de Windsor hasta el día de su muerte.

En su retiro dio rienda suelta a su enajenación mental, pasándose el día desnudo, aullando como un perro, cazando mariposas y teniendo largas e interesantes conversaciones con árboles o algún que otro pato que descansaba a su vera.

Un buen día invernal de 1819 llegó a estar más de cincuenta y ocho horas hablando sin parar. Según se piensa, el monarca padecía una enfermedad mental llamada *porfiria,* aunque otros apuntan a un progresivo envenenamiento con arsénico o a un fuerte trauma tras la prematura muerte de su hija Amelia.

Un año sin sexo por dictamen del emperador

¿Te imaginas qué clase de locura puede llevar a un hombre a matar a toda mujer embarazada junto a su marido o amante, debido a un luto sexual impuesto que duró un año? Sí, has leído bien, un año entero sin poder gozar de tu tan sagrada y adorada sexualidad, 365 días sin poder disfrutar, ni hacer disfrutar, de una de las mieles más dulces de las que dispone la humanidad en su escueto paso por este mundo.

Shaka Zulu

Cuando leemos las innumerables páginas de nuestra historia, nos percatamos de la cantidad de lunáticos que han gobernado el destino de miles de personas, incluso millones, a lo largo de penosas y tortuosas etapas históricas.

Entre ellos, se halla el emperador, el gobernante de la nación zulú Shaka Zulu. Su nacimiento, allá por el año 1787 en la actual Sudáfrica, fue fruto de un embarazo no deseado y fuera del protocolo establecido por la nobleza de su tribu. Por esta razón, nuestro protagonista tuvo que enfrentarse al exilio forzoso junto con su madre, impuesto por su clan, e iniciar su fulgurante ascenso político, social y militar en una tribu vecina, los *mthethwa,* en la cual logró ser elegido jefe tribal.

Este personaje, casi desconocido para nosotros, está muy presente en el folclore británico, ya que fue uno más de tantos líderes tribales que el mercantilismo inglés depuso (asesinándolo) en pos de sus intereses económicos en el continente africano.

Un pobre diablo, hijo de su tiempo, que se enfrentó a un demonio más poderoso que él: el colonialismo europeo. Un jefe tribal que confeccionó una sociedad militarizada en la cual el adoctrinamiento de la juventud, la desligación familiar, la separación y jerarquización de sexos, y los principios de trabajo, disciplina y respeto al líder fueron el eje vertebral del denominado sistema de Amabutho.

Apogeo zulú

Tras la reorganización social y militar de su tribu, inició una etapa de expansión militar en tierras vecinas, con la idea de crear una gran nación militarizada para hacer frente al dominio colonial británico, expansión que se realizó con éxito debido a la inteligencia y estrategia militar que poseía Shaka.

Poco a poco, las tribus menores fueron asimiladas como apéndice del poder imperial zulú, a la que debían sometimiento y tributos. Shaka se transformó en el soberano absoluto de toda la región de Natal desde 1824, instalándose en un *kraal* fortificado en las orillas del río Tugela. Desde su palacio fortificado, el soberano reinaba de modo déspota, controlando en su ser todo el poder político, moral y cultural de su nación.

UNA POLÍTICA INTERNA GENOCIDA

Las normas impuestas desde su corte cada vez eran más estrictas, acallando al pueblo zulú mediante centenares de ejecuciones totalmente arbitrarias. Pero lo peor aún estaba por llegar. Para desesperación de su sometido pueblo, tras la muerte de su tan amada madre, el monarca zulú decretó un peculiar luto.

Más de siete mil zulús fueron ejecutados para demostrar la pena que inundaba el corazón de este genocida soberano; asimismo, prohibió beber leche, plantar cultivos o mantener relaciones sexuales durante un año. Toda mujer que estuviera embarazada sería asesinada junto a su marido.

EL FINAL DEL DÉSPOTA

El final del reinado de terror de este monarca se dio con la llegada de los colonos europeos, ingleses y holandeses, a la zona del cabo de Buena Esperanza.

Temeroso del poder colonial europeo, el rey intentó negociar, pero los intereses europeos sobre la tierra africana hacían imposible llevar a cabo con éxito dicha negociación. Tras el fracaso, el territorio zulú se hallaba en una profunda crisis política.

Y fue durante la noche del 23 de septiembre de 1828, cuando el monarca se hallaba esperando a la delegación británica para continuar las reuniones y negociaciones, que nuestro protagonista fue asesinado.

Tras su fallecimiento se contabilizan casi un millón de muertes debido a sus guerras expansionistas, a las migraciones forzosas ligadas a ellas y a su peculiar estilo de justicia gubernamental. Aunque bien es cierto que estos números, y esta historia, bien podrían haber sido falsificados por los británicos para reforzar moralmente su avance por esas tierras tan ricas en minerales y recursos primarios.

Justiniano II, el cruel emperador desnarigado

UN CRIMEN Y UN CASTIGO EJEMPLAR

En el Imperio bizantino las mutilaciones corporales estaban a la orden del día, sobre todo como castigo por hechos ilícitos.

Dependiendo de la proporción del delito, se amputaba un miembro u otro, condena con una clara interpretación simbólica. Si un hombre era infiel, se le cortaba la nariz como representación de su virilidad perdida.

Esta sanción fue impuesta a uno de sus emperadores, Justiniano II, en el 698, con el mismo simbolismo, pero por un crimen diferente, el empleo desmedido de la violencia en su reinado.

Tensión en las fronteras del Imperio

Justiniano II, heredero del emperador Constantino IV, fue coronado en el año 685, cuando solo contaba dieciséis años de edad. Por aquellas fechas, el Imperio bizantino gozaba de buena salud económica y de una estabilidad envidiable en sus fronteras. Debido a las victorias militares del progenitor de nuestro protagonista, el califato omeya pagaba religiosamente sus tributos, y no se aventuraba a iniciar nuevas guerras en contra de la supremacía bizantina en la región.

Este hecho fue aprovechado por Justiniano II para iniciar una expansión territorial hacia la zona de los Balcanes (además de haberse agenciado la isla de Chipre), capturando la ciudad de Tesalónica, controlada por los eslavos. Pero la situación se complicó en sus fronteras orientales, y las tropas imperiales perdieron en batalla el territorio armenio, que pasó bajo control de los omeyas.

Tensiones internas

Durante su reinado, el emperador realizó una serie de reformas que dieron más peso social al pequeño campesinado y sus minifundios. Esto no contentó a la aristocracia, que controlaba los grandes latifundios del Imperio, que pronto se opusieron a las políticas imperiales. Este hecho enfadó a Justiniano, que incluso llegó a amenazar con acabar con la clase aristocrática si esta seguía oponiéndose a sus leyes.

Y, para avivar más si cabe el fuego, el joven emperador decidió realizar una serie de obras faraónicas con el fin de engrandecer su imagen. Para su confección, obligó a la nobleza a financiarlas, recurriendo, si hacía falta, a la extorsión o la tortura. Se dice que los trabajadores eran brutalmente heridos por latigazos si no trabajaban conforme a las exigencias del déspota.

Esto fue la gota que colmó el vaso, y en el año 695 una rebelión explotó con el objetivo de acabar con el cruel reinado del soberano. El nuevo emperador, Leoncio, arrestó a Justiniano II, lo encarceló, le cortó la nariz y lo mandó al exilio (es curioso saber que Leoncio fue derrocado tres años después, y que a él también le cortaron la nariz).

El emperador desnarigado

Aunque uno de los objetivos de la amputación era impedir que volviese a tomar las riendas de su Imperio (puesto que era una especie de mofa hacia la persona del emperador), el castigo no frenó las aspiraciones de Justiniano II, y al poco tiempo (en el año 705) volvió a tomar el poder.

Para ello, sitió la ciudad de Constantinopla durante tres días, con la ayuda de un ejército confeccionado por eslavos y búlgaros. Ante la resistencia de la urbe, decidió adentrarse con un pequeño número de soldados, a través del acueducto, abriendo las puertas y dando así por finalizado el asedio.

Con una nariz protésica de oro, el emperador implantó un cruel régimen del terror. Encarceló, torturó y asesinó a sus detractores y opositores políticos, entre ellos, los dos emperadores que habían tomado el trono en su ausencia, Leoncio II y Tiberio III (pisoteados hasta la muerte en el hipódromo por la muchedumbre), junto a altos cargos militares. Al patriarca de Constantinopla (quien había coronado a los emperadores), por su parte, le arrancaron los ojos. Además, se sucedieron un gran número de ejecuciones masivas de individuos juzgados como enemigos del nuevo emperador.

Y, evidentemente, otra rebelión explotó en el seno del Imperio bizantino. El gobernante sería ejecutado en diciembre del 711.

Enrique VIII y Ana Bolena, el gran cisma del amor

Enrique VIII y Catalina de Aragón, una cuestión real

En 1509, Enrique VIII fue coronado rey de Inglaterra, y al poco tiempo contrajo matrimonio con Catalina de Aragón, hija de los Reyes Católicos. Pero de este matrimonio no se engendró ningún heredero varón, hecho que, debido a las presiones sociales (la sociedad británica no estaba por la labor de otorgar la Corona a la hija de estos, la futura Mary Bloody, por una cuestión de género), el monarca decidió anular su matrimonio y volver a casarse con una tal Ana Bolena (hermana de una de sus amantes más conocidas), de la que, según todo indica, había quedado locamente enamorado.

De este modo se inició la conocida etapa de la Cuestión Real, un verdadero culebrón que reposaba sobre dos ejes fundamentales: la viabilidad de la nulidad del matrimonio del rey o el aceptar como futura heredera al trono británico a una mujer. En un primer momento, los agentes del monarca intentaron deslegitimar a la reina consorte, puesto que esta se había casado varios años antes con el hermano de Enrique, Arturo. Pero como este murió a los pocos meses y Catalina defendía que su matrimonio no había sido consumado, tuvieron que abandonar esa idea.

Enrique VIII contra la Iglesia católica

Ante esta situación, Enrique VIII se dirigió directamente a la Santa Sede, buscando así su aprobación. Con este fin defendió la idea de que había sido engañado cuando contrajo su primer matrimonio. Pero el papa de aquel entonces, Clemente VII, estaba fuertemente ligado al emperador Carlos I (familiar directo de Catalina). Este no anuló el matrimonio, aunque sí le dio una especie de dispensa para poder casarse con cualquier mujer (de poco valor, porque seguiría casado con Catalina de Aragón).

Al no poder rascar demasiado en Roma, y tras una serie de acontecimientos y reuniones que no llegaron a nada, el arzobispo de Canterbury, Thomas Cranmer, desposó a Enrique VIII con Ana Bolena el 25 de enero de 1533. Y el Parlamento británico aceptó a su nueva reina, validando su matrimonio (al contrario que la Iglesia). Catalina, por su parte, se convirtió en la princesa viuda de Gales.

Ante esta afrenta, el papa excomulgó a Enrique VIII, y como respuesta el Parlamento aprobó toda una serie de leyes en contra de los intereses eclesiásticos. Se prohibió a la Iglesia realizar cualquier tipo de regulación ni legislación sin autorización directa del monarca, el clero sería nombrado por el soberano, se eliminaron los ingresos monetarios destinados al Vaticano y se nombró como «única cabeza suprema de la Iglesia en la tierra de Inglaterra» a Enrique VIII. A todo esto se le suma la persecución de los eclesiásticos británicos que se oponían al matrimonio (con torturas y ejecuciones de por medio) y la confiscación de sus posesiones. De este modo se gestaron las bases de una nueva religión en el seno del cristianismo, la religión anglicana.

El sangriento final de esta historia de amor

Pero esta historia, que *a priori* opuso a dos enamorados en contra de uno de los poderes más importantes del mundo, no tiene, ni mucho menos, un final feliz. Al poco tiempo, Ana perdió la simpatía de su marido y rey (según parece, por no darle tampoco un heredero varón y porque se sentía atraído por otra mujer).

Aunque la teoría más plausible del ajusticiamiento de la reina era el acercamiento de la Corona británica hacia la hispánica, y Ana era un problema en ese sentido. Enrique VIII apresó a su mujer, tachándola de bruja, de infiel y de haber cometido incesto (con su hermano ni más ni menos). Ana sería decapitada por orden del déspota el 17 de mayo de 1536.

Vlad Drăculea, el hombre que inspiró la leyenda del conde Drácula

El nombre de Ladislaus Dragwlya (Vlad Draculia para nosotros) resuena aún hoy en los ecos de nuestro pasado, pasando a la historia como uno de los mayores y más brutales genocidas y psicópatas que jamás hayan pisado la tierra. Siempre navegando en un mar de mito y realidad, con más escritos de sus detractores que de sus aliados, lo que sí que no apela a debate es que la vida del príncipe de Valaquia no deja indiferente a nadie.

Con una «apariencia fría y que inspiraba cierto espanto» (como bien nos lo describe el obispo croata, coetáneo a Vlad, Nicolás de Modrus), este ser nos deja un sinfín de crímenes, torturas, asesinatos y vejaciones tras de sí. A todo ello se le suma uno de los actos de mayor salvajismo que jamás se haya visto en nuestro planeta, y que le valdría el pérfido título de Tepes (Empalador). Esta es la verdadera historia de Vlad Drăculea, el hombre que inspiró al conde Drácula, de Bram Stoker.

Los primeros años de un monstruo

Nacido en la misteriosa Transilvania a finales de la década de 1420, fue uno de los hijos del príncipe de Valaquia, Vlad II, apodado Dracul por pertenecer a la Orden del Dragón. Esta era una orden militar, fuertemente influenciada por el cristianismo, que tenía por objetivo frenar el avance otomano en suelo europeo (avance que ya se había hecho con buena parte de los Balcanes y los territorios helenos, llegando hasta la frontera del territorio de Vlad).

Debido a las desavenencias de Vlad II con Murad II, y como signo de sumisión de este hacia el sultán, el joven Ladislaus tuvo que vivir en calidad de rehén en la corte imperial. Tras el asesinato de su hermano mayor y de su padre, el futuro Vlad III regresó a su territorio natal para recuperar, por la fuerza, su derecho legítimo como príncipe de Valaquia en el año 1448. Pero el ejército húngaro que lo apoyaba fue vencido en la batalla de Kosovo por el otomano, y se vio obligado a huir poco más de un mes después de la toma del poder.

El reinado del tirano

Tras vivir largos años en el exilio regresó a su tierra, apoyado por otro ejército húngaro, para tomar el poder en 1456 y transformarse en el nuevo príncipe de Valaquia. Su reinado se inició de forma salvaje, asesinando a cientos (o miles, según ciertas fuentes) de individuos. Esta purga política en contra de sus enemigos (sobre todo, boyardos —la nobleza feudal—) revolucionó por completo el *statu quo* del principado, puesto que todas sus riquezas y posesiones pasaron a manos de sus aliados

Vlad III, por aquel entonces, aprovechó la caótica situación para apoderarse de Moldavia y arremeter en contra de Transilvania (territorio enfrascado en una especie de guerra civil por culpa de una cuestión sucesoria). Y sería en estas rebeliones donde aparecieron las primeras muestras de sadismo del gobernante, hecho que le valió su sobrenombre de Vlad Tepes (el Empalador).

Vlad el Empalador

Durante estas incursiones en territorio transilvano mandó empalar «hombres, mujeres y niños» de por lo menos uno de esos pueblos fronterizos que cayeron en sus escarceos expansionistas.

Asimismo, gobernó con mano de hierro su principado, que tenía cada vez mayor tamaño a detrimento del Imperio otomano. Como bien nos explica Basarab Laiota, realizó auténticas salvajadas como el empalamiento o la quema en la hoguera de los mercaderes extranjeros que no cumplían con sus medidas proteccionistas, o de aldeanos en territorios fronterizos. «Capturó a todos los mercaderes [...] y se llevó sus riquezas; [...] los encarceló y empaló. [...] Se volvió todavía más malvado y reunió a trescientos niños que encontró [...] de estos empaló a algunos y quemó a otros.»

Sus signos de locura no habían hecho más que empezar. En 1460 atacó la urbe de Brasov, en el sur de Transilvania, puesto que esta había acogido a uno de sus adversarios políticos, un tal Ban. Como escarmiento, el monarca mandó ejecutar y empalar a todos los ciudadanos que habían caído en sus garras, para luego seguir con su campaña expansionista por la región (sometiendo el resto de pueblos aliados a su detractor). Pero lo peor aún estaba por llegar.

Vlad contra las cuerdas

El sultán Mehmed II, harto de los desaires del príncipe (que no se comprometía en afirmar la supremacía de este en sus posesiones), le hizo llamar a la corte con el fin de ajusticiarlo o encarcelarlo. Vlad, entendiendo lo que estaba aconteciendo, ejecutó a los mensajeros imperiales y decidió atacar los dominios otomanos de la zona (tomando el castillo de Giurgiu).

Ante tal osadía, el sultán organizó un enorme ejército (ciertas fuentes apuntan a casi doscientos mil soldados) para atacar el reino de Valaquia, y a Vlad no le quedó otra que huir. Con este objetivo en mente, adoptó la táctica de la tierra quemada (es decir, huir quemando todo a su paso para no dejar víveres ni demás elementos de supervivencia a sus enemigos), e intentó algún tipo de escaramuza o acto terrorista ciertamente desesperado (como cuando irrumpió en el campamento del sultán con el objetivo de cortar la cabeza a la serpiente y hacer que el ejército regresara a su hogar).

Acorralado, Vlad III se tuvo que esconder en la ciudad fortificada de Targoviste, pero en junio de 1462 la ciudad fue tomada por sus enemigos, supuestos espectadores de uno de los eventos más sangrientos y violentos de la historia.

Su terrible acto

Cuando los soldados del sultán entraron en sus dominios se toparon con uno de esos acontecimientos que hielan la sangre de cualquier humano. Una auténtica carnicería como pocas veces se haya visto en la historia, el denominado «bosque de los empalados».

Antes de partir, Vlad decidió empalar a miles de individuos. Como bien recogen las palabras del griego Calcondilas, «el área de los empalamientos [...] tenía diecisiete estadios [unidad de medida griega de unos seiscientos pies cada uno] de largo, y siete de ancho. Había largas estacas [y] unos veinte mil hombres, mujeres y niños habían sido ensartados, todo un espectáculo. [...] Había bebés también pegados a sus madres en las estacas, y los pájaros habían hecho sus nidos en sus entrañas».

Al poco tiempo sería apresado y encarcelado durante catorce años. En 1475 saldría de su encierro, para volver a enfrentarse a los turcos, encontrando la muerte en batalla a finales de 1476 o principios de 1477.

¿Una historia real o una leyenda?

Todos los indicios que tenemos de este personaje evidencian que estamos frente a uno de los individuos más atroces y salvajes de nuestra historia. Un brutal psicópata que tomó las riendas de su territorio, gobernándolo con una gran severidad.

Pero cabe destacar que la mayoría de esas fuentes provienen de sus más acérrimos detractores, como el nombrado Basarab Laiota, fuertemente influenciado por la esfera otomana, o el griego Calcondilas (también bajo influencia turca). Aunque, como bien dice el dicho, cuando el río suena, agua lleva, puede que la biografía de este mortífero personaje, como la de tantos otros, haya sido caricaturizada por la historiografía. Este fue un personaje de su tiempo que luchó por la independencia de su reino en contra de un poderoso Imperio, que tampoco dudó en utilizar la violencia para coaccionar a sus enemigos políticos o infundir terror a las poblaciones que se rebelaban en su contra y, posiblemente, tergiversó la historia para dar mayor fuerza a sus demandas de supremacía en los territorios circundantes al suyo.

Pero, sea como fuere, esta es la historia que inspiró la leyenda de Drácula.

María de Inglaterra, Bloody Mary

Nacida en 1516, hija del primer matrimonio de Enrique VIII con Catalina de Aragón (hija de los Reyes Católicos), ha pasado a la historia como una cruel y vengativa soberana que realizó una de las represiones más terribles de las islas británicas. Y no es para menos, puesto que acabó con la vida de 283 personas, quemadas en la hoguera por profesar una religión diferente a la de la reina. Su sobrenombre, Bloody Mary (María la Sanguinaria), nos sigue recordando su legado.

Una familia convulsa

Su vida dio un giro radical cuando su padre anuló el matrimonio con su madre (alegando que esta no era capaz de darle un heredero varón), para contraer matrimonio en 1533 con Ana Bolena, hecho que le valió la excomulgación del papado y que creó un verdadero cisma en el seno de la religión cristiana (véase el epígrafe «Enrique VIII y Ana Bolena, el gran cisma del amor»).

A raíz de este hecho, la adolescencia de María fue muy complicada. Además de ser separada de su madre, sufría frecuentemente dolores y depresiones, según parece, por culpa de problemas de menstruación (y a lo mejor por los tratos vejatorios de su padre). A esto se suma ser degradada en la línea sucesoria británica y vivir el miedo constante de un más que posible asesinato orquestado por su progenitor.

María se va haciendo, poco a poco, con su sitio

Tras la ejecución de Ana Bolena, María aceptó la nulidad del matrimonio con su madre, acercando posturas con el soberano (que se había vuelto a casar, por tercera vez, con Juana Seymour), aunque rehusó su reconocimiento como la cabeza de la Iglesia británica (ya que era una devota católica). Pero con el tiempo tuvo que pasar por el aro para poder mantener su integridad física intacta y volver a la corte británica.

La figura de María era muy larga y muchos británicos, defensores del catolicismo, apoyaron su causa (como aconteció en la rebelión de la Peregrinación de Gracia), pero fueron brutalmente aniquilados. Poco a poco se fue haciendo sitio en la corte, convirtiéndose incluso en la madrina del primer hijo varón de Enrique VIII (Eduardo), cuya madre murió en el parto (se dice incluso que la relación con su medio hermano se podría comparar a la de una madre con su hijo), hasta ser de nuevo incorporada en la línea de sucesión en 1544.

María toma el poder

Tras la muerte de su padre (1547), su hijo Eduardo (Eduardo VI) tomó las riendas del poder, pero no fue apoyado por toda la sociedad británica, teniendo María las simpatías de las élites y de la población católica. A esto se suma que aún era un joven infante, y el poder tácito pasó a una regencia de índole protestante (mientras María seguía fiel a sus creencias religiosas). Sería una época convulsa, de reformas protestantes y rebeliones que acabó con un cambio en la regencia y una María cada vez más consolidada entre los detractores del nuevo rumbo que estaba tomando el país (al mismo tiempo que recibía fuertes presiones de su medio hermano para que abandonara las premisas católicas).

El culebrón acabaría en 1553, cuando Eduardo VI, aquejado de tuberculosis, murió con tan solo quince años. Aunque su medio hermano había hecho todo lo posible para apartar de la línea sucesoria a María (por miedo a que eliminara las reformas protestantes emprendidas por Enrique VIII), poniendo por delante de ella a Juana Grey, el apoyo de sus aliados y de la población le hicieron tomar el poder y ser coronada reina en la abadía de Westminster el 1 de octubre de 1553, a los treinta y siete años de edad. Se transformó así en la primera reina por derecho propio de la historia de las islas británicas.

Un matrimonio complicado

Con el fin de asegurar su legitimidad y descendencia, María empezó a buscar un marido. El elegido fue el hijo de su primo, Felipe II de España (que tan solo tenía veintiséis años por aquel entonces). Como modo de presentación, la reina recibió un retrato de su futuro marido realizado por el célebre pintor Tiziano y él uno de ella de Antonio Moro (las malas lenguas dicen que ella quedó mucho más complacida que él después de observar los retratos).

Este fue un enlace bastante impopular. Los aliados de María pensaban que estaban abriendo las puertas de la Corona inglesa a los Habsburgo. Varias rebeliones explotaron, y María las reprimió mediante la violencia, ajusticiando a sus líderes (que fueron antes engañados para que acudieran a Londres a debatir sobre la cuestión matrimonial). La pareja se casó, contra viento y marea, el 25 de julio de 1554.

Al poco tiempo, María fue víctima de un embarazo psicológico, teniendo durante meses todos los síntomas (retirada de la menstruación, vómitos o aumento de peso), lo que le hizo caer en una profunda depresión (agravada por la sorna de muchos de sus detractores).

Según parece, empezó a germinar en ella una idea de castigo divino como hecho desencadenante de todos sus males, por haber permitido la existencia de tantos herejes protestantes en el seno de su reino, afrenta de corte doctrinal que debía de finalizar tajantemente.

Bloody Mary

Aunque en un principio María abogó por la idea de la tolerancia religiosa, emitiendo incluso un edicto por el cual hacía presente que no obligaría a ningún súbdito a convertirse al catolicismo, muy pronto abolió la mayoría de las leyes religiosas confeccionadas por el gabinete de su padre y de su medio hermano, e inició una persecución religiosa por el territorio británico (amparándose en la aprobación de «las leyes de herejía»). Así comenzaron las denominadas «persecuciones marianas».

En ellas fueron ejecutadas casi trescientas personas, la mayoría líderes religiosos de la Iglesia anglicana. Fueron secuestrados, encarcelados y quemados vivos en la hoguera; su víctima más importante fue quizá el arzobispo de Canterbury, Thomas Cranmer, el mismo que había aprobado el divorcio de sus padres en el pasado. Y, ante el temor al suplicio, casi ochocientas personas tuvieron que partir al exilio por miedo a las represalias.

María I de Inglaterra

Aunque bien es cierto que la política religiosa emprendida por María le hizo llevar, con todo merecimiento, el sobrenombre de María la Sanguinaria, no es menos cierto que fue una monarca con ciertas luces.

En un primer momento hay que entender la etapa convulsa por la que pasaba el reino británico, enfrascado en un cisma religioso y víctima de desastres naturales (inundaciones) que daban paso a malas cosechas y hambrunas periódicas galopantes. A esto se suman los intentos de complot palaciego, los problemas económicos y la guerra contra los franceses (con la célebre batalla de San Quintín y la pérdida de Calais).

Pero, aun con sus muchas sombras, la reina creó toda una serie de reformas de índole económico que tenían por objetivo mejorar la salud de las arcas británicas (mejora de la recaudación de impuestos, en la moneda, en los aranceles, etcétera), junto a otras de índole social (garantizando cierta autonomía a las ciudades, ayudando a los pobres mediante la creación de albergues, etcétera). Murió a los cuarenta y cinco años, aquejada probablemente de un cáncer en el útero.

Los últimos días de María Antonieta y el joven Luis XVII

La caída de la monarquía francesa

Como hemos analizado en el epígrafe dedicado al Terror (véase «La Revolución francesa y el Terror»), la monarquía francesa se vio sobrepasada por la situación que se inició en 1789, perdiendo el apoyo popular y siendo confinados en el palacio de las Tullerías. En este contexto, Luis XVI y su familia decidieron huir a Austria en junio de 1791, pero fueron rápidamente atrapados por los revolucionarios franceses en Varennes (un pueblo galo casi fronterizo) y devueltos al palacio, bajo constante vigilancia de los parisinos, con la espada de Damocles siempre pendiente sobre su cuello.

Cuando la situación parecía no poder estar más tensa entre los reyes y los revolucionarios, llegó la gota que colmó el vaso, el Manifiesto de Brunswick. Una amenaza formal y militar, en forma de misiva, al pueblo galo por parte de los prusianos y austriacos (aunque muchos piensan que fueron los nobles franceses en el exilio quienes lo redactaron).

En esta carta, las potencias mencionadas amenazaban abiertamente a los revolucionarios, exhortándolos a liberar a los monarcas y permitir que volviesen a tomar las riendas del país. Con este fin se dirigieron a «la ciudad de París y todos sus habitantes, sin distinción alguna» apremiándolos «a someterse sin tardanza al rey», advirtiendo: «Si el palacio de las Tullerías es forzado o atacado, [...] si la mínima violencia se realiza contra el rey, la reina o la familia real y [...] si su seguridad y libertad no son aseguradas de inmediato; la venganza ejemplar que infligirán jamás será olvidada...».

El rey pierde su cabeza

Aunque bien es cierto que poco tiempo antes del manifiesto una turba ciudadana entró en los aposentos reales, insultando a la reina y obligando al rey a ponerse un gorro frigio en la cabeza (símbolo de los revolucionarios), la vida de los monarcas no corría peligro alguno. Pero esta situación cambió drásticamente cuando el pueblo parisino leyó la misiva anteriormente descrita.

Tras conocerse el manifiesto, los revolucionarios entraron como un vendaval en el palacio de los reyes, cortando la cabeza a los guardias que lo protegían y obligando a los monarcas a esconderse para defender sus vidas. Al acabar el ataque, fueron arrestados y conducidos a la prisión del Temple.

En su estancia en la cárcel, Luis XVI habitó en el segundo piso, el resto de la familia real en el primero (María Antonieta, el delfín de

Francia, Luis, María Teresa, hermana del delfín, e Isabel, hermana del rey). Aunque en un principio se podían ver, pasando el rey buena parte de su día junto a su hijo, cuando su proceso se inició fueron separados.

La declaración de intenciones por parte de los revolucionarios estaba clara, bien definida por la frase dicha por Robespierre el 3 de diciembre de 1792: «El rey debe de morir para que la patria sobreviva», idea reforzada cuando se encontraron en un armario secreto del palacio de la Tullerías, propiedad de Luis XVI, documentos secretos y correspondencia con antirrevolucionarios. Y así aconteció el 21 de enero de 1793, cuando fue guillotinado en la plaza de la Revolución parisina poco antes de las 10.30 horas (la noche anterior había podido cenar junto con su familia para despedirse de ellos).

La viuda del rey

El rey había muerto, pero aún quedaba el asunto de su mujer. María Antonieta fue tachada de enemiga y traidora de la patria, por lo que fue aislada de sus seres queridos, despojada de todas sus posesiones y encerrada en una pequeña e insalubre celda sin casi luz de la *Conciergerie*, una cárcel construida por los revolucionarios y apelada «antecámara de la muerte». Su vida y su destino se hallaban completamente controlados por la Convención (es decir, la Asamblea que gobernaba la Francia revolucionaria) y sus carceleros, con el ciudadano Fouquier a la cabeza.

Su calidad de vida disminuyó considerablemente tras un intento de fuga orquestado por sus defensores, el Complot del Clavel. Fue trasladada a unos aposentos en los que se fijaron dos guardias para vigilar de forma permanente a la antigua reina. Solo un pequeño biombo otorgaba cierta privacidad a la encarcelada.

Para empeorar, más si cabe, la situación, María Antonieta fue aquejada de un fuerte dolor de ovarios, lo que le hacía perder grandes cantidades de sangre. Según parece, sufría cáncer de útero.

En este duro momento para la antigua reina, la situación en Francia se agravó. La joven República se hallaba enfrascada en una serie de guerras contra las potencias monárquicas que la rodeaban y que se habían unido en una coalición dirigida sobre todo por austriacos, prusianos y españoles. Por otro lado, explotaron una serie de rebeliones en el territorio galo en contra de las nuevas premisas republicanas, hundiendo al país en una espiral de violencia interna, siendo la más conocida la rebelión de La Vendée.

Y en este precario contexto, a principios de septiembre de 1793, un grupo de simpatizantes, vestidos de falsos guardias, intentaron liberarla de su cautiverio, pero el plan fracasó. La situación había llegado a su final, y el juicio a María Antonieta debía comenzar.

El juicio

El proceso duró dos días, el 14 y 15 de octubre de 1793, y fue trampeado hasta la saciedad. La elección del jurado fue claramente adulterada, ya que no fue el azar quien dictaminó a los candidatos, sino que estos fueron elegidos a dedo (creando un jurado confeccionado por personajes influenciados por las ideas más radicales del republicanismo francés). Además, el juicio se desarrollaría en una sala repleta de *sans-culottes* y personas afines a la revolución que no dudaban en abuchear a la acusada.

Para empeorar la situación, esta fue avisada con solo un día de antelación, como los dos abogados de oficio que debían emprender su defensa (bastante cohibidos de por sí, puesto que una defensa férrea hacia la reina les podía valer la cabeza; sobra decir que los dos fueron encarcelados por traición tras el proceso).

Pero, al contrario que durante el juicio de su marido, los demandantes no disponían de ninguna prueba real en contra de María Antonieta y su papel de traidora de la revolución. Con este fin, varias decenas de testigos fueron llevados a la sala. Por un lado, antiguos aristócratas que tenían por objetivo testificar que la reina estuvo presente en la toma de decisiones durante el mandato de su marido, pero ninguno hizo tal cosa. Por el otro, detractores que traían historias, pero ninguna prueba tangible que la culparan de traición y corrupción (como una serie de bonos que, supuestamente, tomó de las arcas públicas galas y dieron miles de libras a Austria mientras el pueblo moría de hambre durante las hambrunas de finales de 1788, pero que no pudieron presentar en el juicio y cuyos testigos eran más bien imprecisos, hablando de cantidades completamente absurdas y sin ningún tipo de relación unos testimonios con los otros).

Las únicas pruebas que pudieron presentar en contra de la soberana fueron un pequeño relicario que tenía en su propiedad al ingresar en la Conciergerie con unos mechones de pelo del rey y del delfín de Francia, lo que fue visto como un acto de traición, ya que eran reliquias propias del Antiguo Régimen (aunque ella se defendió diciendo que eran simples recuerdos de su hijo y de su marido), y las declaraciones de su hijo.

El delfín acusa a su madre

El joven Luis defendió que su madre se había entrevistado con adoradores del Antiguo Régimen en el pasado, aportando incluso nombres y explicando los temas de los que hablaban. Y, aunque cualquier jurado no hubiese tomado en cuenta estas aportaciones (¿cómo puede un niño recordar nombres y este tipo de hechos acontecidos en el pasado cuando solo tiene ocho años de edad?), su testimonio fue tomado como prueba inculpatoria de la susodicha. Pero lo más fuerte estaba aún por llegar.

Según el antiguo delfín, su madre y su tía cometieron abusos físicos y sexuales hacia su persona cuando este no era más que un niño de teta. Ante esta insinuación, y tras la insistencia del jurado de que respondiera a estas acusaciones, María Antonieta se defendió alegando: *si je n'ai pas répondu, c'est que la nature se refuse à répondre à pareille accusation faite à une mère. Je m'appelle à toutes celles qui se trouvent ici!* («Si no he contestado es porque la naturaleza se opone en responder a tales acusaciones vertidas en contra de una madre. ¡Me dirijo a todas las mujeres que se encuentran en esta sala!»)

El voto se hizo a voz alzada, también bajo presión, y todos votaron por unanimidad la culpabilidad en los cargos con los que se acusaba a Antonieta. Fue condenada, tras dos días de juicios, a muerte en la guillotina.

El trágico final del delfín

El joven Luis Carlos de Borbón, que solo contaba con ocho años de edad por aquel entonces, fue dado en adopción a un *sans-culotte*, de profesión zapatero, cuyo nombre era Simon. Este tenía por objetivo educar al príncipe francés en las premisas de la revolución. El trato hacia el niño por parte de este individuo fue vejatorio, pegándole severas palizas y sumiendo al infante en una espiral de miedo y dolor, tanto físico como mental (se dice que le obligaba a decir que todos los males del planeta eran culpa de la Habsburgo, es decir, de su madre).

Según parece, su suplicio no quedó solo en eso. El zapatero lo obligaba a cantar *La marsellesa* (el himno revolucionario), vestirse con el gorro frigio y beber grandes cantidades de alcohol. Pero, aunque bien es cierto que las fuentes que nos hablan de su estancia en la casa de Antoine Simon son casi todas promonárquicas, la autopsia realizada al cuerpo del delfín nos muestra claros signos de desnutrición e insalubridad (el infante se vio aquejado de sarna y tuberculosis, enfermedad que le daría la muerte poco tiempo después del fallecimiento de su madre, cuando este se hallaba encarcelado de nuevo en la prisión del Temple y solo tenía diez años de edad).

Marco Aurelio Antónimo Augusto, el emperador transgénero de Roma

Siendo seguramente el primer caso de transexualidad de la historia, o por lo menos el más antiguo registrado hasta la fecha, la vida de Heliogábalo, un joven sacerdote nacido en el seno de la dinastía Severa y convertido en emperador romano, no deja indiferente a nadie.

Un gobierno con muchos enemigos

Tras el asesinato de Caracalla (217), su tía (y abuela de nuestro protagonista) organizó una rebelión para otorgar el cetro imperial a su nieto, que accedió a la cúspide del poder a la pronta edad de los catorce años (tras la batalla de Antioquía, en el 218).

Su primer año en el poder ya fue bastante problemático. Siendo este originario de Siria, y trayendo consigo el culto a la deidad de El-Gabal (asimilado en Roma como el dios más importante de su panteón), sus creencias fueron bastante denostadas por los romanos y las rebeliones explotaron cuando nuestro protagonista aún se hallaba de camino hacia la capital imperial.

Aunque los rebeldes fueron rápidamente sofocados, el descontento de las clases pudientes romanas fue en aumento cuando se percataron de que el nuevo emperador fue regalando importantes cargos a sus aliados, familiares y presuntos amantes.

Las controversias sexuales del emperador

El emperador se casó en cinco ocasiones, aunque su matrimonio más sonado fue el que lo emparejó a una vestal ni más ni menos (sacerdotisa romana que debía mantenerse virgen y pura para cumplir su importantísima misión religiosa), para aburrirse de ella a los pocos meses y casarse de nuevo con una viuda.

Pero los escándalos sexuales no se quedaron allí, y lo más impactante aún estaba por llegar. Según ciertas fuentes de la época, el emperador tenía un buen número de amantes masculinos (el más conocido es el auriga Hierocles), se vestía de mujer (pintándose los ojos, poniéndose excesivo maquillaje y perfumes y utilizando regularmente pelucas femeninas), y llegaba incluso a prostituirse.

Según Dion Casio (historiador romano), podías encontrarte al emperador en el umbral de alguna sala del palacio «permaneciendo siempre desnudo, como hacen las prostitutas, [...] mientras que con una voz suave y conmovedora se ofrecía a los que pasaban por el corredor», además de que le gustaba que le llamasen «la reina de Hierocles».

Incluso corrían ciertos rumores en la época que defendían que el emperador quería que le operaran sus genitales masculinos para poder tener unos femeninos, siendo de este modo el primer caso documentado de transexualidad de la historia.

El fin del emperador

Debido, en gran parte, a sus excentricidades, sería depuesto por la guardia pretoriana en el 222, para después ser asesinado con tan solo dieciocho años en su haber. Como bien nos describe Dion Casio: «Intentó huir, y podría haber llegado a algún lugar escondido en un arcón, pero fue descubierto y le dieron muerte [...]. Su madre [...] pereció junto a él; cortaron sus cabezas y sus cuerpos, después de haberlos desnudado, primero los arrastraron por la ciudad, y luego [...] su cuerpo fue arrojado al río».

P. D. Las citas provienen de la obra *Historia romana* de Dion Casio, pero hay que tomarlas con ciertas reservas, puesto que se han demostrado las excesivas caricaturas realizadas por este hacia sus enemigos políticos (véase el epígrafe «Dos grandes bulos sobre Calígula y Nerón»).

Iván el Terrible, la realidad que esconde el mito

El primer zar de Rusia, Iván IV, ha sido uno de los individuos más tiránicos y homicidas que jamás haya visto nuestra historia. Su sobrenombre, el Terrible, sigue recordándonos que hace medio milenio existió un demonio que se sentó en el trono ruso, y que desde ahí acabó, de un modo patológicamente enfermizo, con miles de vidas inocentes.

Fue un monarca que atesoraba el poder de manera absoluta, creando a su alrededor una corte completamente servil a sus dictámenes absolutistas. Ejecutaba a la población de un modo público, inhumano y arbitrario: hervía vivos a sus enemigos, les arrancaba la piel, los mutilaba, los empalaba, mataba a las esposas de los traidores, ejecutaba a los generales que perdían sus batallas y cortaba la lengua a los que le ofendían. Sentenciaba incluso a las personas que pensaba que llorarían la muerte de sus innumerables víctimas.

Era un ser impredecible e inclemente, que ya desde su más tierna infancia arrojaba por las ventanas del Kremlin animales vivos. Incluso llegó a matar a su propio hijo, sangre de su sangre, el único heredero legítimo al trono.

Se dice que este ser murió como vivió, de un modo repentino y brutal, de un ataque de ira en soledad. Posiblemente muriese al morderse la lengua y envenenarse, como víbora que era, con su propio veneno. Pero, como casi siempre pasa con estos personajes, ¿cuánta realidad esconde su perdurable mito?

Un país difícil

Iván IV nació en 1530, en una Rusia mucho más pequeña que la que conocemos, dividida en pequeños principados gobernados desde

Moscú por un gran príncipe. La nación moscovita se hallaba en una situación de insultante inferioridad comparada con la Europa occidental y de sometimiento a un poder militar que vivía al este de su territorio, los caballeros mongoles, que desde hacía siglos medraban en los territorios rusos mediante saqueos, violaciones y matanzas indiscriminadas. Era una época oscura, convulsa, de conspiraciones en la corte (debido a las ambiciones de los príncipes) y penurias en las ciudades y aldeas.

Y fue Iván quien unificó el país, amplió las fronteras y rutas comerciales con Occidente, mejorando la cultura y la vida de sus súbditos. Fue con este rey con quien se empezó a fraguar uno de los imperios más grandes de nuestra historia. Y todo esto empezó con el asedio de la hasta entonces inexpugnable Kazán tártara.

La gloria del zar

En el asedio de Kazán, el ejército ruso se midió con las tropas mucho más numerosas de mongoles que, para más inri, se hallaban guarecidos en una fortaleza que jamás había podido ser tomada por ningún enemigo. Pero el ingenio militar del zar era más que evidente y, acudiendo a su astucia, utilizó un arma secreta para acabar con las enormes empalizadas de piedra: la pólvora.

Para conmemorar esta heroica victoria mandó construir una monumental basílica, aún en pie en la actualidad, la basílica de San Basilio. Cabe destacar que según la leyenda el zar quedó tan maravillado con la obra, que por miedo a que en algún momento pudiese crear un monumento más bello que el suyo, arrancó los ojos al arquitecto.

Iván se casó en 1547 con el amor de su vida, Anastasia, y con este matrimonio empezó el periodo más boyante que jamás hubo existido en ese reino. La victoria sobre los tártaros no solo significó que sus peores enemigos se transformaran en la minoría racial más pequeña del cada vez más extenso Imperio, sino que, además, tenía un valor estratégico, el control del río Volga. Esto les permitió crear rutas comerciales más importantes y directas con Oriente. Muchos de sus contemporáneos, al hablar de Moscú, la denominaban la Tercera Roma. Pero la locura, de la que ya había hecho gala el zar en sus disposiciones políticas y morales, explotó tras la muerte de su tan amada mujer.

Una infancia que creó a un monstruo

La infancia de nuestro protagonista vino marcada ya antes de su nacimiento. Su padre, el gran príncipe Basilio, insultó los valores eclesiásticos eliminando el divorcio como dictamen pecaminoso y casándose de nuevo, tras veinte años de matrimonio sin descendencia. Debido a este hecho, un hombre santo visitó al líder ruso y le lanzó una profética maldición: «Tendrás un hijo malvado, tu país será presa del terror y de las lágrimas, y correrán ríos de sangre».

Tuvo una infancia difícil, ya que perdió a sus dos progenitores a una corta edad (a su padre con dos años y a su madre con seis). Sin nadie que velase por él, tuvo que aprender a sobrevivir en una corte corrupta y gangrenada por la ambición palaciega, lo que le hizo sufrir múltiples abusos y maltratos, sobre todo por la nobleza boyarda (que ansiaba el poder real para sí). Pero la impotencia se fue transformando, lentamente, en ira y rabia.

Se dice que el joven heredero a la Corona comprendió el poder real que atesoraba en sus manos a los trece años, cuando azuzó a una jauría de perros contra uno de sus maltratadores boyardos. Entre gritos de súplicas y sangre, entendió la naturaleza del poder despótico de ordenar a los fuertes atacar a los débiles. El poder que puede influir, desde su cargo de autoridad política, sobre los fuertes para que obedezcan sus leyes y despedacen a sus enemigos.

Ya hacía tiempo que había entendido cuál era su legitimidad y la de su familia, emparentada con la dinastía Paleólogo, últimos emperadores de la Segunda Roma, Constantinopla. Y, debido a ese poder divino, rechazó el título de gran príncipe, otorgado por la familia más rica de Moscovia, y se autoproclamó zar (césar).

Los perros salvajes del zar

Tras la muerte de Anastasia se volvió completamente paranoico, puesto que creía que había sido asesinada, como le ocurrió a su madre. Poco a poco se iba hundiendo en la locura. Esta paranoia, mezclada con una sed absoluta de venganza, le hizo acudir a sus más leales y feroces subordinados, reclutados entre la pequeña nobleza de las regiones nororientales de Rusia.

Eran su guardia personal y su ejército privado. Vestían túnicas negras y su símbolo era una cabeza de perro y una escoba (para oler a sus enemigos y barrerlos). Confeccionaron un Estado policial bajo total dominio del zar, que tenía por objetivo encontrar, torturar, expoliar y ejecutar a todos los enemigos de la Corona. Eran los *opríchniki*, e inauguraron uno de los periodos más atroces de la historia de los zares rusos.

Fueron muchas las barbaridades que cometieron estos «perros salvajes» a lo largo de los siete años que estuvieron en activo (1565-1572), los más terribles de Iván y de donde surgió su leyenda. Mataron, torturaron y saquearon a miles de personas, pero fueron, son y serán conocidos a lo largo de toda la historia por un solo acto de barbaridad e inhumanidad total, la matanza y destrucción de toda una ciudad.

Su gran carnicería

Nóvgorod era una ciudad situada al norte de Moscú, con buenas relaciones con el país vecino, la Lituania de los caballeros teutones. Esta situación hizo creer al déspota monarca que lo traicionarían tarde o temprano. Y sus perros amaestrados sabían muy bien qué hacer con los posibles traidores.

Con ese fin en mente, avanzaron hacia la ciudad de un modo completamente secreto, matando a todos los comerciantes, campesinos o viandantes que tenían la mala suerte de cruzarse con ellos. El asedio duró cinco interminables semanas, en las que las tropas zaristas torturaron, violaron y aniquilaron a casi todos sus habitantes.

El gran pecado del zar

Por si no fuera lo bastante terrible acabar con tantas vidas humanas, el zar, antes de morir y debido a un ataque de rabia tras el rechazo de su primogénito a contraer nuevas nupcias por dictado real, acabó también con la vida de su propio heredero.

De un duro y seco golpe en la sien lo mató, y junto a él, a su dinastía, puesto que su segundo hijo sufría un retraso mental, lo que le impidió ser zar tras la muerte de su padre. Unos años más tarde, de la simiente boyarda —es decir, de la alta nobleza rusa— surgió la dinastía Romanov, que tomaría el relevo en el cargo tras unos años de oscuridad tras la muerte del primer zar de Rusia.

La leyenda a debate

Al analizar la vida de este individuo nos damos cuenta de que nos hallamos frente a un enajenado. Pero ¿cuánta verdad hay en la leyenda negra de este cruel monarca?

Una cosa es segura, Rusia, durante el reinado de Iván, creció económicamente. Se transformó en una potencia real entre Oriente y Occidente, aumentando sus rutas comerciales en ambos lados, y empezando su inexorable avance en tierras siberianas con sus enormes bosques y depósitos de minerales. Y eso no pasó desapercibido para las potencias comerciales y militares europeas.

El avance militar ruso por tierras orientales era difícil y costoso, pero en sus fronteras occidentales la situación era muy diferente. El objetivo del zar no fue otro que disponer de un puerto sin hielo durante todo el año, para así aumentar su poder comercial. Y el más cercano se hallaba a manos de la decadente Orden de los Caballeros Teutónicos en Escandinavia.

Fue una victoria militar rápida, pero no muy duradera. Los teutones llamaron a sus aliados (suecos, lituanos, polacos y daneses), y todos ellos empezaron una campaña con el único objetivo de denigrar la figura del zar. De esta propaganda surgen la mayoría de las características con las que hoy definimos a esa figura política, y el motivo real fue el miedo de competir en el mar del Norte con un país tan grande, con tantos recursos y en tan buena situación como lo era Rusia.

Así pues, el prototipo de inhumanidad y brutalidad del zar fue creado con el único fin de denigrar su imagen. Además, la figura del sanguinario zar sirvió a los Romanov (la familia boyarda que tomó las riendas del Imperio tras la disolución de la dinastía de Iván) para legitimar su dinastía durante sus trescientos años de mandato. Pero estas pruebas no significan que no cometiera actos de auténtico salvajismo.

El asesinato de su hijo fue, sin lugar a dudas, uno de esos actos. Pero incluso en él podemos encontrar cierta coherencia política. Al no poder avanzar militarmente por Occidente, y no encontrar ningún aliado comercial en el seno de las potencias europeas, el paranoico zar sabía muy bien de la imperiosa necesidad de una alianza matrimonial con otra corte europea. Su hijo era su única baza, y al estar casado con una familia de poco renombre, este le arrebataba su plan de alianza, y de ahí su brote psicótico.

Por último, pero no menos importante, la ciencia ha demostrado que el motivo del aumento de su paranoia y locura, la muerte de su malograda esposa, fue realmente un acto de asesinato mediante la utilización de veneno. Así pues, todo indica que fue la ambición palaciega y los ya repartidos intereses mercantiles los que crearon a este monstruo de la historia.

Cómodo, el egocéntrico emperador que soñaba con ser gladiador

El emperador Marco Aurelio (121-180), conocido por su gran talento a la hora de tomar las riendas del enorme Imperio (haciendo frente a varias crisis internas y cuantiosas y brutales guerras contra los enemigos de Roma), decidió, en sus últimos años de gobierno, compartir su poder con su segundo hijo, Cómodo (a partir del año 176, cuando este contaba con tan solo quince años en su haber).

El gobierno del egocéntrico tirano

En un principio, nuestro protagonista apoyó a su padre en las batallas contra los germanos, pero cuando este falleció (en el año 180), sus excentricidades empezaron a aflorar. Dejó de lado las largas campañas militares de su progenitor y empezó su política interna del despropósito (que llegó a su culmen de egocentrismo cuando rebautizó la ciudad de Roma como Colonia Comodiana).

En materia de política, el emperador no tenía mucho interés en esforzarse demasiado (como bien veremos, su tiempo lo invertía en otros pasatiempos, como disfrutar de las peleas en el Coliseo) y le pasó la tutela a allegados suyos casi nunca preparados para tales funciones.

Y, claro está, no fueron pocas las rebeliones o conjuras palaciegas que germinaron en la capital para acabar con el emperador (como la realizada por su propia hermana, Lucila, en el año 182, que acabó con todos los conjurados asesinados), lo que aumentó más si cabe la tensión existente entre este y el Senado.

El emperador que soñaba con ser gladiador

Como bien hemos analizado, el emperador no tenía demasiado interés en ejercer su tedioso trabajo. Claro defensor del lema «pan y circo», el gobernante prefería agasajar a su pueblo con múltiples espectáculos en las arenas. Y, para deleite de estos, frecuentemente bajaba a la arena para combatir contra los gladiadores. No cabe duda de que se veía a sí mismo como el gladiador más temido del Coliseo (e incluso la reencarnación del todopoderoso Hércules). Más de setecientas victorias y ni una sola derrota avalan su carrera.

Eso sí, sus contrincantes estaban o bien desarmados o bien armados con alguna espada de madera sin punta alguna. Incluso, a veces, se atrevía con algún que otro animal, pero este se hallaba fuertemente atado.

Finalmente sería estrangulado, en diciembre del año 192, por un liberto de nombre Narciso, que ejerció como entrenador del dirigente, cuando el emperador se estaba tomando un baño.

Capítulo 7

CON LA IGLESIA HEMOS TOPADO

Los anales del Vaticano, máxima institución del catolicismo mundial, esconden un sinfín de historias de lo más peculiares, sumos pontífices sin ningún tipo de moralidad cristiana y momentos verdaderamente traumáticos que incluso nos llegan a helar la sangre en el momento presente.

Como bien podrás observar en el siguiente capítulo, la historia casi siempre supera a la ficción. Y es que, con la Iglesia, hoy, hemos topado...

Las ordalías o los juicios en los que solo una intervención divina probaba tu inocencia

Durante la Edad Media existía un juicio bastante extraño, la ordalía o juicio de Dios. Este consistía, principalmente, en dejar que tu pureza e inocencia fuera demostrada por el Todopoderoso.

Además de poder luchar en un duelo a muerte por dictaminar su inocencia, los enjuiciados eran sometidos a toda clase de pruebas inhumanas (andar sobre el fuego, arrojarlos atados de pies y manos a un río, meter sus manos en algún líquido hirviendo, etcétera), con el fin de esperar a que Dios obrara un milagro y salvara al inocente o ejecutara al culpable. Huelga decir que eso nunca pasó.

Cabe destacar que las raíces de este despropósito de juicio son anteriores a la época feudal europea. En época romana ya existían las ordalías. Por ejemplo, en la Renania romana existía un conjunto templario (Grand) en el que ya se realizaban este tipo de procesos (hacían beber agua hirviendo proveniente de sus aguas termales con el fin de verificar si el reo tenía la bendición del dios Apolo).

Aunque la Iglesia los prohibió a principios del siglo XIII, el último juicio de Dios del que tenemos constancia fue realizado en 1817 en una pequeña localidad rural inglesa.

La donación de Constantino, ¿la gran falacia de nuestra historia?

La donación de Constantino el Grande, emperador romano que vivió del 272 hasta el 337, fue un decreto imperial que donaba al papado, en aquel momento ocupado por Silvestre I, la potestad de gobernar la capital imperial y el resto de los territorios romanos occidentales.

En la praxis, mediante este decreto, el papa podía actuar como soberano temporal e inmiscuirse en los asuntos políticos de Italia y el resto de las posesiones imperiales, creando de ese modo una autoridad religiosa con poderes gubernamentales.

El texto fue citado por primera vez ante la presencia de Carlomagno por el papa Adriano I, pero utilizado por León IX para reafirmar el poder de la Iglesia católica ante el patriarca de Constantinopla en el siglo XI. Así pues, este texto sería utilizado como base del derecho papal para gobernar los Estados Pontificios de la Italia del Medievo.

Pero el humanista Lorenzo Valla, en 1440, demostró que todo había sido un fraude de la Iglesia católica. Analizó que muchas palabras empleadas no concordaban con el latín del siglo IV, como por ejemplo el concepto de *feudo*.

Todo parece indicar que el texto fue escrito hacia mediados del siglo VIII por algún clérigo de la basílica de San Juan de Letrán, en un momento de la historia en el que el papa, Esteban II, se hallaba en negociaciones con Pipino el Breve (rey de los francos, hijo de Carlos Martel y padre de Carlomagno) para que este asegurase un territorio en la península itálica al papado en el que poder gobernar. Se usó de ese modo el falsificado decreto para dar legitimidad a su causa y conseguir la autoridad política que necesitaba.

Juicio a un muerto: el Sínoso del Terror

Esta es la historia de uno de los juicios más extraños que se han desarrollado en nuestro mundo. El juicio que emprendió, en el año 897, el papa Esteban VI a su antecesor, el papa Formoso. Hasta aquí, seguramente nada te sorprenda. Pero ¿qué pensarías si dicho pontífice, Formoso, llevara ya dos años muerto el día del juicio?

Aunque poco tuvo que decir, el antiguo papa se presentó a la cita ataviado con sus mejores vestimentas y haciendo gala de una educación *post mortem* de la que la mayoría no disponemos. Cosas de la fe y del poder divino que escapan al entendimiento del resto de los mortales.

Un papado más que complicado

El papa Formoso se erigió como máximo baluarte espiritual del cristianismo en una de las épocas más complicadas de la Iglesia católica (véase el epígrafe «Cinco papas en poco más de año y medio»). Una etapa de luchas dinásticas en el seno del Sacro Imperio Romano Germánico.

Tras la quiebra del Imperio carolingio, la autoridad papal se vio gravemente dañada debido al envite de la aristocracia romana (como las familias de Crescencio, Spoleto, Túsculo o Teofilacto) y las demandas imperiales (Imperio que pronto recaería a manos del linaje de Otón I, gobernante del Sacro Imperio, en la actual Alemania).

El gran error de nuestro protagonista fue otorgar su favor al bando perdedor de la contienda, lo que le supuso una brutal muerte (de la cual desconocemos más detalles) y un papado más que desestabilizado. La familia vencedora, los Spoleto, prepararon su macabra venganza tras su muerte, escarmiento inhumano que aún nos desconcierta, casi mil cien años después.

Un juicio sin parangón

Fue, sin lugar a dudas, algo hasta entonces nunca visto, absurdo, insultante y que pocas veces se volvería a realizar (por no decir ninguna). Como bien se transcribió en el Concilio romano del 898, «un hedor terrible emanaba de los restos cadavéricos. A pesar de todo ello, se le llevó ante el tribunal revestido con sus ornamentos sagrados, con la mitra papal sobre la cabeza casi esqueletizada donde en las vacías cuencas pululaban los gusanos destructores, los trabajadores de la muerte».

Con gesto teatral, que incluía un dedo acusador apuntando violentamente hacia los restos putrefactos del antiguo pontífice, Esteban VI lo acusó de todas sus pecaminosas fechorías (como cambiar su sede episcopal de Porto a Roma, su ambición o sus perjuras) y lo tildó de «indigno servidor de la Iglesia», borrando la legitimidad de su pontificado, por lo que pasaron a revocar todos sus derechos y eliminarlo de la historia. Su renuncia debía ser firmada por el propio Formoso, muy afectado, sin duda, de tal afrenta y castigo (que, como recuerdo, llevaba ya un tiempo muerto y enterrado).

Pero el juicio no marcó el final de su calvario, ya que tras este el cadáver fue desnudado, amputado (los tres dedos que había utilizado para impartir sus bendiciones) y arrojado a una fosa común, para luego ser lanzado al río Tíber.

Cabe destacar que este acto de barbaridad no quedó impune. Menos de un año más tarde, una encolerizada muchedumbre entró en el Vaticano, raptó al macabro pontífice, lo desnudó, lo arrojó a un pozo y lo asesinó estrangulándolo. Ojo por ojo, papa por papa.

Cinco papas en poco más de año y medio

El 4 de abril del año 896 murió asesinado el papa Formoso (véase el epígrafe anterior). Su fallecimiento fue debido a su alianza con el rey germánico Arnulfo en la crisis sucesoria que explotó en el Imperio carolingio, que lo enfrentó a la familia italiana Spoleto. Aunque, en un principio, la línea alemana se impuso en Roma a la italiana, el emperador germano cayó gravemente enfermo y tuvo que retirarse de la península itálica. En este contexto, el pontífice perdió a su máximo aliado y sería asesinado (aunque no hay pruebas tácitas del magnicidio, la simple lógica se impone).

Una vez que el pontificado de Formoso finalizó, llegaría al poder Bonifacio VI con el apoyo de los Spoleto, que habían vuelto a tomar las riendas del Imperio. Pero, aquejado de gota, moriría dos semanas después de su elección, el 25 de abril.

Tras Bonifacio, y también mediante el apoyo del emperador Lamberto de Spoleto, le llegó el turno a Esteban VI, el papa que pasará a la historia por haber realizado el Concilio Cadavérico o Sínodo del Terror. Este tenía por objetivo deslegitimar el mandato del papa Formoso. Después de haber realizado tal aberración, el pueblo romano se alzó en su contra y lo lincharon hasta su muerte en agosto del 897.

De esta brutal manera le llegó el turno a Romano, que contaba con el apoyo alemán y seguramente por ello fue envenenado en noviembre de ese mismo año (aunque se desconoce realmente si murió envenenado o de forma natural, se suele especular con la primera opción). Finalmente, Teodoro II tomaría las riendas del trono religioso, pero moriría veinte días tras su elección, en diciembre, también envenenado.

Menuda época para ser papa, ¿no te parece?

La pornocracia, la época más controvertida de la Iglesia católica

Pocos años después de estos efímeros mandatarios papales, se inició una de las épocas de lo más controvertidas de la historia del Vaticano, la *pornocracia* (o el gobierno de las prostitutas), en la que dos mujeres, madre e hija, fueron capaces de confeccionar un poder político personal mediante sus relaciones sexuales (o eso se afirma desde ciertas esferas del Vaticano) con los gobernantes del Vaticano —o próximos a estos— y el Gobierno romano.

Pero, como bien veremos, esta historia tiene toda la pinta de haber sido caricaturizada hasta la saciedad. Todo apunta que lo que realmente esconde es la historia de dos mujeres muy poderosas que supieron medrar en un mundo de hombres, hecho que muchos de sus detractores nunca les perdonarían.

Los pontífices títeres de dos poderosas mujeres

A principios del siglo x surgieron las figuras de dos nobles toscanas, por desgracia demasiado olvidadas en los anales de la historia, Teodora y su hija Marozia. Teodora era la mujer del cónsul romano, administrador papal, que consiguió otorgar el título de sumo pontífice, según las malas lenguas, a uno de los amantes de su hija Marozia, Sergio III, en el año 904 (con el que incluso se especula que llegaría a tener un hijo, que se transformaría con el tiempo en Juan XI). Además, se dice que Marozia era hija ilegítima, y que su verdadero padre fue el papa Juan X, supuesto amante de Teodora.

Tras la muerte del pontífice Sergio III, siguieron una lista de santos gobernantes elegidos por estas mujeres: Anastasio III, Landón y el ya citado Juan X (este con algo más de carácter, incluso consiguió imponerse a los designios de las nobles). Ante esta situación, Marozia alentó a su marido, Alberico I (uno de los hombres más importantes de Italia), a tomar Roma con su ejército, pero el golpe falló y este fue asesinado.

Marozia contra el sumo pontífice

Marozia perdió así su poder tácito, pero rápidamente se casó de nuevo, esta vez con Guido de Toscana. El papa, aunque fortalecido tras el asesinato de uno de sus mayores oponentes (Alberico I), perdió a su máximo valedor, el rey de Italia Berenguer I (también asesinado). En este frágil contexto, se volvió a enfrentar a Marozia, puesto que esta quería otorgar el trono al hermanastro de su marido, Hugo de Arlés. Y otra vez uno de sus maridos, Guido, se fue con su ejército hacia Roma, pero en esta ocasión consiguió sus objetivos, deponer al pontífice (que sería asesinado al poco tiempo en la cárcel) y entronizar a su familiar.

Así que, aunque el papa elegido tanto por ella como por su madre para ser una marioneta a su servicio les salió rana (como bien hemos visto, hay incluso quienes afirman que era el amante de Teodora), logró deponerlo e imponer dos papas marionetas más, León VI y Esteban VII, para que, finalmente, el título cayera en manos de su supuesto hijo ilegítimo, Juan XI, en el 931.

El final de la pornocracia

Marozia se transformó en la mujer más poderosa de su tiempo (controlando los vastos dominios de su padre y de sus dos maridos), y ahora tenía por objetivo hacer valer estos títulos casándose por tercera vez con el rey de Italia, Hugo de Arlés. Ante esta situación, su hijo,

Alberico II, logró evitar el matrimonio utilizando la fuerza, obligando al rey a huir, encarcelando a su madre y a su medio hermano, el papa.

Ese sería el final de una de las personas más fascinantes del Medievo italiano, Marozia. Aunque su biografía, realizada por uno de sus mayores detractores, Liutprando de Cremona, fue claramente adulterada en pos de los intereses del escritor, nos muestra a una mujer fuera de su tiempo, que logró albergar un poder tácito que hizo incluso temblar al mismísimo Vaticano. Aunque, en honor a la verdad, todo parece indicar que era una persona con pocos escrúpulos y muchas ambiciones.

Pero la historia no acaba aquí. Tras el control total de la curia por parte de su madre y su abuela, Alberico decidió seguir con la tradición familiar hasta el 963, imponiendo un total de cinco pontífices leales a sus designios.

Juan XII, el papa libertino asesinado por el marido de una de sus amantes

Juan XII estaba emparentado con el linaje pornocrático, ya que era el nieto de Marozia y de Hugo de Provenza. Como bien vas a descubrir, este pontífice, entronizado en el año 955, ha sido uno de los mayores despropósitos de la larga lista de los anales papales.

Papa y emperador, aliados por la fuerza

Tras tomar el poder, Juan XII se vio arrinconado por sus enemigos políticos, sobre todo el marqués Berengario de Ivrea (descendiente directo del antiguo rey de Italia, Hugo de Arlés). Este tenía mucha influencia en la península, y muchos lo querían proclamar soberano (cosa que no acabaría bien para el papa, puesto que fue el máximo enemigo del padre de nuestro protagonista, y de su hermano Alberico II, quien apoyó su candidatura, aunque ahora ya estaba muerto).

Berengario había tomado por la fuerza varias propiedades del Vaticano, como medio de persuasión del papa, y este se vio forzado a buscar poderosas alianzas. Y con este fin coronó a Otón I emperador.

Tensas relaciones con el emperador

Aunque Juan XII fue el artífice del *translatio Imperii*, programa de traslación de la Corona imperial romana de la estirpe carolingia de Otón I (véase el epígrafe «El Imperio romano perduró hasta el siglo XIX»), las relaciones entre ambas personalidades fue un asunto bastante tenso.

El emperador no veía con buenos ojos los impúdicos actos de los que hacía gala el sumo pontífice. Cosa comprensible, puesto que este era un mujeriego empedernido, con cientos de amantes, del que incluso se dice que raptaba a las jóvenes feligresas que llegaban a la santa ciudad para calmar sus voraces apetitos sexuales (además de fornicar con la amante de su padre). A esto se sumaba una política económica en la que la honestidad brillaba por su ausencia, tomando, para su beneficio propio, o el de sus aliados o amantes, importantes sumas de dinero de las arcas vaticanas.

Otón I advirtió al joven papa (hay que destacar que llegó al poder con menos de dieciocho años) y, como respuesta, el máximo mandatario de la Iglesia decidió apoyar las pretensiones del hijo de Berengario (su máximo rival político), Adalberto. Lo rocambolesco de esta situación es que, en ese preciso instante, el emperador se dirigía a su encuentro para acabar con su rebelión (la misma que había traído de cabeza al pontífice y por la que hizo llamar al emperador a Italia). Fue un hecho que, evidentemente, sorprendió a Otón, y este decidió enviar a la ciudad a un emisario suyo, el obispo Liutprando, para que vigilase de cerca a Juan XII.

El fin del depravado

Cuando Liutprando advirtió al emperador de la inminente coronación como nuevo emperador de Adalberto, a este no le quedó más remedio que dirigirse, con su ejército, a Roma. Ante esta situación, y tras reunir un cuantioso botín, el papa se autoexilió a la ciudad de Tívoli.

El obispo y el emperador, una vez en la capital italiana, realizaron un concilio en el que pasaron a enumerar todas las depravaciones del papa. Entre ellas, se contaban el haber mantenido «relaciones carnales con la viuda de Rainer, con Stefana, la concubina de su padre, con Ana la viuda y con su propia sobrina». Además se dice: «Ha convertido todo el palacio en un burdel y un lugar de reunión para las prostitutas. [...] Ha dejado ciego a su padre espiritual Benedicto, que murió a causa de sus heridas. Al castrarlo causó la muerte al cardenal subdiácono Juan». Y como colofón, se le acusó también de «beber vino a la salud del diablo [y] afirman que solicitó la ayuda de Júpiter, Venus y los otros demonios».

Otón pidió el regreso de Juan a la capital, pero este desoyó la llamada. A esto se suma que no dudó en esconderse cuando los emisarios imperiales se presentaron en sus nuevos aposentos (alejados de Roma). Finalmente, el emperador resolvió nombrar a un nuevo papa, León VIII, pero este no disponía de aliados en Italia, y tras la marcha de Otón se rebelaron en su contra. Juan XII volvió a tomar el trono, no sin antes cortarle la lengua, la nariz y las manos a los aliados del emperador en Roma (León escapó por poco de la matanza).

Finalmente, en 964, Otón volvió a reunir a sus huestes para dirigirse de nuevo a Roma, pero de camino se enteró de que el sumo pontífice, máximo adalid del cristianismo católico, había sido asesinado por el marido de una de sus amantes de un martillazo en la cabeza, mientras este copulaba con aquella (o de un ataque al corazón en plena faena, no se sabe bien).

El papa asesino de papas

Una época de conflicto por el control de la curia romana

Tras el derrocamiento de Juan XII (véase el artículo anterior), la tensa situación en el seno del papado no mejoró, siempre gobernado por la disputa entre la nobleza romana y el Sacro Imperio por el control de la curia.

En este contexto, León VIII seguía siendo el pontífice a ojos del emperador, pero la nobleza romana otorgó el cetro a Benedicto V. Ante tal osadía, Otón volvió a Roma para desposeer del título al nuevo pontífice, aunque no se conformó solo con eso. El suplantador se tuvo que quitar todos sus ropajes ante el emperador, y se le reventó el báculo papal en la cabeza.

Pero los romanos aún no habían aprendido la lección, y cuando el germano eligió a un nuevo mandatario para la Iglesia, Juan XIII, estos se volvieron a rebelar, derrocando al papa. Otón, hastiado ya de los rebeldes italianos, volvería a Roma, ejecutando y cegando a todo detractor romano que se presentara a su paso. A uno de ellos, el prefecto de Roma, un tal Pedro, lo colgaron de su pelo y lo pasearon desnudo en un burro por toda la ciudad. Esta vez sí, aunque solo por un tiempo, la nobleza romana aprendió la lección y dio las riendas de la curia a Otón I.

El papa Bonifacio VII

Pero la cosa cambiaría con la muerte del emperador y la llegada al trono de su hijo, Otón II. Benedicto VI, el nuevo pontífice, elegido por el antiguo emperador, se quedó sin aliados y fue rápidamente depuesto por una rebelión confeccionada por su sucesor en el trono, el pérfido Bonifacio VII. Y, tras tomar el cetro, ordenó estrangular al malogrado Benedicto.

Sin embargo, la alegría le duraría poco a Bonifacio, y una rebelión lo forzaría a dejar la ciudad de Roma. Este pequeño pormenor no echó por tierra las aspiraciones del pontífice, y en el año 980 regresaría para ocupar de nuevo su puesto en la cúspide del catolicismo, obligando a Otón II a volver a la ciudad (hecho que lo forzó a huir a Constantinopla).

El basileus contra el emperador

En esa época, los bizantinos habían logrado retomar muchos territorios del sur italiano (que habían perdido tras el intento de Justiniano, en el siglo VI, de recuperar el territorio perdido en el Imperio romano de Occidente tras su derrumbe a manos de las oleadas bárbaras, véase el epígrafe «El Imperio romano perduró hasta el siglo XIX»). De este modo se inició una lucha de poder con el emperador del Sacro Imperio en suelo itálico.

La guerra explotó, y Otón II entró, con su ejército, en la ciudad de Apulia, pero sufriría una importante derrota (debido a la alianza del basileus de Constantinopla con los sarracenos). La flota del emperador fue destruida y tuvo que huir a nado de la matanza, aunque moriría al poco tiempo de malaria.

El papa que Otón II había nombrado justo antes de morir, Juan XIV, se quedó sin aliados, fue encarcelado y envenenado por el nuevo pontífice, nuestro querido Bonifacio VII. Pero, tras haber asesinado a dos papas, perdió su rédito como máximo mandatario de esta solemne institución. Algunos meses más tarde, en el año 985, moriría de forma repentina y, viendo su historial, muchos historiadores piensan que fue asesinado. Tras su muerte, su cadáver fue desnudado, paseado por las calles de Roma y linchado por la plebe.

El Cisma de Occidente, o la etapa en la que hubo tres papas

Como bien hemos analizado a lo largo de esta sección, la historia del papado está llena de etapas oscuras que incluso rozan la absurdez, pero esta se lleva la palma. ¿Qué me dirías si te cuento que existió una época en la que hubo no uno ni dos, sino tres sumos pontífices a la cabeza del mundo católico? Lo que vamos a relatar a continuación es el absurdo e interesante Cisma de Occidente.

Un problema de herencia

A principios del siglo XIV, por un lapso de tiempo superior a los setenta años y debido a las presiones de la Corona francesa, la sede papal se instaló en el condado de Aviñón. En 1378, tras la muerte del pontífice Gregorio XI, la sede volvió a su lugar de origen, Roma.

El problema vino dado en la elección del futuro mandatario religioso, puesto que los cardenales se dividieron en dos tendencias, la proitaliana y la progala. Sin lugar a dudas, esta tuvo que ser una votación más que tensa, estando incluso en juego el futuro lugar de residencia del papa (Francia o Italia). El elegido fue el italiano Urbano VI, sobre todo por las presiones del pueblo romano, lo que no contentó a los cardenales franceses (además, temerosos de la política de severas reformas de Urbano, que afectaban directamente la posición y las riquezas de la curia).

El papado se divide

En este contexto, los franceses eligieron a Clemente VII y lo instalaron en Aviñón. Este hecho creó un fuerte cisma en el seno de la Iglesia católica, teniendo en esos días a dos máximos mandatarios vigentes, uno en Aviñón y otro en Roma. Pero la cosa se enquistó más si cabe, puesto que, tras la muerte de los dos papas algunos años más tarde, ambos bandos eligieron a su sucesor: los italianos (con el apoyo de ingleses, flamencos y alemanes) a Bonifacio IX, y los franceses (apoyados por castellanos y escoceses) a Benedicto XIII (el español Papa Luna), pero este no contaba con el apoyo total de los galos.

La división de la autoridad católica se tornó insostenible, y con el fin de acabar con el problema se reunió el Concilio de Pisa en 1409. En esta reunión se decidió cortar por lo sano y elegir a un nuevo dirigente, Alejandro V, quien sería sustituido tras su muerte por Juan XXIII (véase el siguiente artículo).

Pero, como bien cabía esperar, los dos anteriores no aceptaron el veredicto del Concilio, y de este modo se pasó de tener dos a tener tres papas, ni más ni menos. Uno en Roma, el otro en Aviñón y un tercero en Pisa. «Un plan sin fisuras», se tuvieron que decir los integrantes del Concilio.

Al final, tuvo que intervenir el emperador del Sacro Imperio Romano Germánico, Segismundo, convocando un nuevo concilio en 1414, el Concilio de Constanza (al que asistieron grandes personalidades de la época y unas setecientas meretrices, algo bastante impropio de una reunión religiosa de esta índole), haciendo de ese modo prevalecer su autoridad sobre la papal. Para acabar con el problema se nombró, en 1417, a Martín V único papa del mundo cristiano católico.

Juan XXIII, el papa pirata

Baldasarre Cossa era el vástago de una familia nobiliaria italiana, asentada en la isla de Procida (situada al oeste de Nápoles), desde la cual se habían granjeado una buena suma de riquezas mediante la piratería (dos de sus hermanos fueron condenados y encarcelados por dicho acto).

De pirata a sumo pontífice

Tras acabar sus estudios en la Universidad de Bolonia (con dos doctorados en jurisprudencia en su haber) y tener una carrera militar bastante importante, poco a poco fue escalando en la jerarquía episcopal del Vaticano, llegando a ser una de las personas con más relevancia del papado de Bonifacio IX.

Este mandato se vería manchado con el asunto de la venta de indulgencias papales, sus famosos jubileos (corruptela institucional por la cual la Iglesia vendía indulgencias al mejor postor, una especie de camino directo hacia el paraíso que te perdonaba todos tus pecados y te llevaba, sin el temido juicio de san Pedro, a una vida sin fin en tan anhelado e idílico lugar). El negocio le fue muy rentable al joven Baldasarre, que, en poco menos de un siglo, crearía una auténtica corrupción en el seno de la Iglesia que iniciaría el cisma con los protestantes de Lutero.

Cabe destacar el papel realizado de sus mecenas en el rápido ascenso de nuestro protagonista hacia la cúspide del poder papal, los Medici, con Giovanni a la cabeza (fundador de esta dinastía del Renacimiento italiano). Esta familia de banqueros toscanos confeccionó una inmensa red clientelar a su alrededor. Una red de alianzas que aportaba favores a cambio de lealtades, teniendo entre ceja y ceja el control del Vaticano. Y para ello, mediante corruptas maniobras y sobornos, consiguieron convertir a Baldasarre en el nuevo papa en 1410 con el nombre de Juan XXIII (o uno de ellos, véase el epígrafe anterior), tras la muerte de Alejandro V (todo apunta a que fue envenenado por Cossa).

El gobierno de Juan XXIII

Desde el atril del poder inició una verdadera política del terror en contra de sus enemigos políticos (que no le faltaban en esa etapa de gran corrupción en la Italia del Renacimiento, tanto en la esfera eclesiástica como en la política), torturando y matando a sus adversarios (como bien explican las acusaciones por las cuales será juzgado en un futuro no demasiado lejano), además de seguir con una política claramente corrupta, con el objetivo de aumentar sus riquezas personales, manteniendo y avivando el negocio de la venta de indulgencias y cargos eclesiásticos.

A esta despótica política se suman sus múltiples polémicas de índole sexual, ya que se acostó con un sinfín de feligresas casadas, viudas, etcétera.

El Concilio de Constanza, el final de Juan XXIII

Ante la complicada situación que estaba atravesando la curia papal, dividida en tres autoridades terrenales diferentes, se organizó el Concilio de Constanza en 1414, reunión a la que se dirigió, no sin remilgos, Juan XXIII (ya que no quería abandonar su territorio, dejando atrás a sus aliados, tan a la ligera). Este hecho le costaría el papado.

Pero antes de ser condenado y desposeído tuvo tiempo de una última fechoría. Invitó al Concilio a Juan Hus, prometiéndole, junto al emperador, un salvoconducto si se presentaba (es decir, que nadie iba a encarcelarlo ni juzgarlo). Este sacerdote checo había criticado duramente a la Iglesia católica (por todo ese asuntillo de la venta de indulgencias), defendiendo, como lo haría Martín Lutero un siglo después, que el único camino a la salvación eterna es la fe y la gracia divina, no un papelito firmado por el papa. Además, rechazó la autoridad papal y de la institución religiosa, siendo para él la Biblia y, por ende, Dios, las únicas autoridades existentes. Cosa que, evidentemente, no gustó mucho.

Una vez llegado Juan Hus al Concilio, fue encarcelado en inhumanas condiciones para luego ser quemado en la hoguera. Como bien ves, la palabra de este pontífice no era demasiado de fiar.

Pero ya no le quedaba demasiado tiempo a Juan XXIII, quien, con sus aliados lejos, en Italia, se vio rodeado de sus detractores. Ante esta situación decidió huir, disfrazado, del Concilio de Constanza, pero fue rápidamente capturado, juzgado y encarcelado. El 29 de mayo de 1415 fue destituido y juzgado por sodomía, violación, incesto (dicen las malas lenguas que se acostaba con sus dos hermanas), asesinato y tortura. Por último, su nombre fue eliminado de los anales papales, y no sería hasta mitad del siglo XX cuando otro papa decidió utilizar ese mismo nombre, Juan XXIII.

Alejandro VI, el papa corrupto

Un ascenso meteórico

Roderic Llançól i de Borja nació en el seno de una rica familia de renombre del Reino de Valencia, los Borja de Játiva. Cuando el futuro Alejandro VI contaba con una veintena de años (no se sabe bien la fecha exacta de su nacimiento), su tío, Alfonso de Borja, alcanzó la cima del poder papal, al ser elegido sumo pontífice en el año 1455, gobernando durante tres años como Calixto III. Y gracias a ello, nuestro protagonista se estableció en Italia, haciéndose llamar, desde ese momento, Rodrigo Borgia.

Evidentemente, debido a la posición que ocupaba Calixto III en la curia romana, su ascensión fue meteórica, siendo nombrado cardenal y vicecanciller de Roma. Y, tras la muerte del pontífice, no solo mantuvo su notable posición en la jerarquía vaticana, sino que incluso la mejoró durante el mandato de los cuatro papados que separan el suyo del de su tío.

Un corrupto papado

Desde que tomó el poder como cardenal, Rodrigo de Borgia realizó una política claramente partidista, favoreciendo los bolsillos y la concentración del poder en torno a sus aliados y familiares, a detrimento de sus enemigos. Esta situación, evidentemente, se acrecentó cuando tomó las riendas del poder papal en 1492, momento en el que se transformó en el papa Alejandro VI. Las malas lenguas, sobre todo las de sus más acérrimos competidores en esa pugna, el cardenal Giuliano della Rovere y Ascanio Sforza, siempre defendieron que alcanzó su título recurriendo al engaño, los sobornos y la extorsión.

Sin duda, el que sacó más partido de este nombramiento fue su hijo favorito, César, que se transformaría en un poderoso señor italiano en pocos años (a su hija Lucrecia la aguardaba otro destino, y fue casada en tres ocasiones con el fin de afianzar el poder de los Borgia).

Otros de los grandes favorecidos fueron los Reyes Católicos, título otorgado a Isabel y Fernando por el mismísimo pontífice, junto a toda una serie de concesiones en el comercio y la explotación de las nuevas tierras colonizadas tras el descubrimiento de Colón. Las bulas alejandrinas otorgaban al Reino de Castilla «el dominio sobre tierras descubiertas y por descubrir en las islas y tierra firme del mar océano». Es decir, confeccionó un verdadero monopolio en todo lo referente al comercio con las Américas para los castellanos, a cambio, eso sí, de que estos convirtieran al catolicismo los nuevos territorios paganos y le concedieran grandes ventajas de toda índole a su familia en su territorio.

A ello se le suma que, el 31 de marzo de 1492, Alejandro VI emitió el Edicto de Granada, lo que valió la expulsión de entre cincuenta mil y doscientos mil judíos de España. Y, claro está, la mayor parte de sus bienes y riquezas fueron a parar a las arcas de la Santa Sede y de la Corona hispánica.

Finalmente, para mantener a la curia romana controlada, aumentó el número de cardenales, añadiendo trece nuevos puestos, todos ellos, evidentemente, aliados y familiares suyos.

El fin del imperio Borgia

No cabe duda de que Alejandro VI creó un rico monopolio en torno a su familia y a sus aliados, y que, mediante sus grandes dotes en cuanto a habilidad diplomática se refiere, supo mantenerse en el poder superando momentos más que complicados (como las guerras de Nápoles, en las que tuvo que lidiar con los intereses de aragoneses y franceses, y que casi le valieron su cetro). Pero todo el poder que logró atesorar para su familia no fue más que una ilusión, que prontamente se desvaneció tras su muerte.

Esta aconteció pocos días tras un banquete que organizó y en el que casi todos los invitados enfermaron, el 18 de agosto de 1503. Este hecho ha abierto un profundo debate en el seno de la historiografía. Para algunos historiadores, Alejandro VI y el resto de los comensales fueron deliberadamente envenenados por algunos de los múltiples enemigos que se habían granjeado. Otros defienden que fue un ardid del hijo del papa, César, para envenenar a los enemigos de su dinastía, pero que debido a una mala organización salió del revés. También hay teorías que apuntan a un brote de malaria, o a una indigestión colectiva, debido a algún alimento caducado.

Sea como fuere, el imperio que tanto le había costado construir a Alejandro VI se derrumbó al poco tiempo. Su hijo César perdió todos sus señoríos, las bodas de su hija no le sirvieron de nada y muchos de sus aliados cayeron en desgracia.

¿Cuánto duró el papado más corto de la historia?

El papado más corto que ha acontecido en el seno de la Iglesia católica fue el del papa Esteban II (a mediados del siglo VIII), el conocido como Papa Efímero, que murió de una apoplejía tres días después de su nombramiento. Fue tan corto su papado, que el papa Juan XXIII lo eliminó de la lista histórica de los sumos pontífices.

Constantino II, el papa al que arrancaron los ojos

Tras la muerte del papa Paulo I (767), un poderoso duque italiano cuyo nombre era Toto de Nepi, que había entrado en Roma con un considerable ejército, impuso a su hermano, el futuro Constantino II, como nuevo pontífice tras tomar por la fuerza el palacio de Letrán.

El problema vino por la condición de laico del futurible pontífice, y para poder transformarse en papa su hermano consiguió que tres obispos lo consagraran a la fe católica (pasando de ser un clérigo recién nombrado al máximo valedor de la Iglesia católica en unas pocas horas, escalando por la empinada jerarquía eclesiástica en un tiempo récord hasta ahora imbatido).

Pero este no fue aceptado por la máxima autoridad de su tiempo, Pipino el Breve (padre de Carlomagno). Ante la desaprobación de tan regia figura, el nuevo sumo pontífice fue un blanco fácil para sus detractores, que lo retuvieron, le arrancaron sus ojos y lo encerraron de por vida en un convento allá por el año 768 (además, claro está, de eliminarlo de los anales papales, pasando a engrosar la larga lista de los antipapas, esos pontífices borrados para siempre de la historia del Vaticano).

Una cruzada contra los hermanos cristianos

A finales del siglo XI, el territorio mediterráneo estaba dividido y controlado por tres poderosos imperios. En el noroeste, los reinos católicos, herederos del Imperio romano de Occidente. En el noreste, el menguante Imperio romano de Oriente, el Imperio bizantino. Estos últimos habían perdido gran número de territorios, sobre todo en el Próximo Oriente, debido al envite de los últimos en llegar, los musulmanes (nacidos a raíz de Mahoma y la hégira en el 622).

Así pues, el tablero medieval internacional estaba dividido y controlado por tres religiones: católicos, ortodoxos y musulmanes, en disputa por el control de tan codiciado mar.

El fenómeno de las cruzadas

En 1095, supuestamente alarmado por la misiva que le entregó el basileus (emperador bizantino), en la que le pedía ayuda para frenar el avance musulmán en su territorio, el papa Urbano II, bajo la conocida premisa *Deus vult,* inició el fenómeno de las cruzadas.

Estas fueron una serie de guerras que, *a priori,* unieron a los pueblos cristianos, tanto católicos como ortodoxos, en contra del musulmán, que se había asentado en el Próximo Oriente hasta la India por el este, y todo el norte africano hasta los Pirineos por el oeste. Su objetivo, recuperar para la cristiandad los territorios perdidos por el avance islámico.

En el año 1099, y tras tres años de odisea, el ejército cruzado llegó a las puertas de la ciudad de Jerusalén, que tomó, a sangre y fuego, de las garras de sus enemigos. De este modo, y con la constitución de los reinos latinos (controlados por los católicos en el Próximo Oriente), se dio por finalizada la Primera Cruzada.

Pero esta no sería la última, y en poco tiempo los ejércitos musulmanes se organizaron bajo la tutela de Saladino y volvieron a conquistar los territorios perdidos. Este toma y daca duró hasta finales del siglo XIII y un gran número de cruzadas acontecieron en ese periodo. Pero la cruzada que nos interesa es una bien diferente: la que se inició en Francia en el año 1209. La denominada Cruzada albigense.

La herejía cátara

Sin entrar demasiado en cuestiones dogmáticas y teológicas, la cátara fue una herejía que se expandió por buena parte del Occidente europeo, desde Bizancio, mediante las redes comerciales que unían a esos dos territorios de la cristiandad desde el siglo XI.

El catarismo toma sus raíces de un antiguo conjunto de dogmas religiosos, del siglo I, denominados «gnosticismo». Según estas premisas, existen dos deidades, una divina y suprema que habita el mundo espiritual e inmaterial, y otra menor y malévola, creadora del mundo material y tangible. O dicho de otro modo, todo cuanto nos rodea ha sido creado por Satán, y todo está dispuesto para alejarnos del camino verdadero de la fe. Dios creó, por su parte, el cielo y las almas, única porción pura de nuestros seres (de ahí el apelativo de «cátaro», que significa en griego antiguo «puro»).

Este tipo de pensamiento dogmático se topó de bruces con el *establishment* de su tiempo, puesto que, si todo lo material está corrupto por el demonio, la Iglesia católica también lo estaba. Los cátaros buscaban el camino hacia la salvación por medio del conocimiento directo enviado por Dios, y para ello debían desatender la Palabra predicada por la «corrupta» Iglesia católica, además de rechazar todos los placeres materiales. Y, evidentemente, el papado tenía algo que decir al respecto.

Una herejía con muchos adeptos

Aunque dicha herejía se extendió por buena parte de la Europa occidental feudal, sería sobre todo en el sur francés, en el Languedoc, en la que se instalaría con más notoriedad. Y no fueron pocos los señores de esa zona que abrazaron estas heréticas y subversivas ideas.

A principios del siglo XI, más precisamente en el año 1022, se acabó con el primer foco de catarismo, siendo todos los herejes descubiertos ajusticiados en la ciudad de Toulouse. Además, estas heréticas ideas, que cada vez contaban con más adeptos, fueron condenadas en reiteradas ocasiones en diversos sínodos y concilios, y las autoridades papales enviaron a un buen número de misioneros al sur galo para frenar su envite social. Pero las misiones fracasaron y el catarismo se expandió notablemente en el siglo XII por todo el territorio.

La cruzada contra los cátaros

Ante el rotundo éxito de estos dogmas, y por miedo a perder el control del Languedoc o que la peligrosa herejía se expandiera por el resto de sus dominios, en el año 1209, el papa Inocencio III declaró la guerra abierta a los cátaros. La gota que colmó el vaso fue el asesinato de uno de los máximos representantes del pontífice en la zona, el legado papal Pierre de Castelnau, el 14 de enero de 1208.

Con el fin de acabar con sus enemigos, el papa y el rey capeto Felipe II concentraron una enorme armada, dirigida por Simón IV de Montfort, en la ciudad de Lyon. Según ciertas fuentes antiguas, esta contaba con más de doscientos mil individuos, aunque, seguramente, el número fue acrecentado para darle mayor notoriedad al santo ejército.

En pocos años, los cruzados conquistaron rápida y brutalmente diversos enclaves controlados por los señores cátaros. Entre ellos, resaltan la ciudad fortificada de Béziers, la de Carcasona, o la de Muret, donde se produjo una batalla definitiva en el año 1213. Miles de personas fueron quemadas, ahorcadas, torturadas y encarceladas, como aviso al resto de los territorios aún por tomar.

El bloque católico sufrió un duro revés tras la muerte de Inocencio III en 1216, y los cátaros aprovecharon el momento para agenciarse algunas victorias militares. Pero no fue más que un espejismo y fueron finalmente vencidos en batalla, obligándolos a firmar un tratado de paz nada propicio para sus pretensiones (el Tratado de Meaux-París en 1229). Aunque intentaron de nuevo alzarse en armas, los señores feudales ya poco pudieron hacer frente a los cruzados.

Por último, y para sofocar definitivamente el germen cátaro en el Languedoc, la Iglesia creó la Santa Inquisición, que tuvo como primer gran objetivo acabar con los últimos focos heréticos que quedaban por la zona.

¿Un papa asesinado en el sigle XX?

El 26 de agosto de 1978, Juan Pablo I es elegido por el cónclave nuevo papa de la Iglesia católica, siendo su mandato uno de los más breves de la historia pontificia. Moriría treinta y tres días más tarde, el 28 de septiembre de 1978.

Fue el primer papa en elegir un nombre compuesto, Juan Pablo, en honor de los dos papas anteriores, Juan XXIII y Pablo VI, puesto que el primero lo nombró obispo y el segundo cardenal. De carácter amable y risueño, intentó una política de reformas con el objetivo de hacer más humana la figura del papa, pero la prontitud de su muerte abortó ese cambio.

Se le encontró muerto en su habitación y las fuentes oficiales dijeron que fue a causa de un ataque al corazón, pero una serie de contradicciones (quién encontró el cuerpo, qué papeles llevaba en la mano, dónde lo encontraron, sobre qué hora..., toda una amalgama de preguntas que no tuvieron una única versión) han dado lugar a todo un abanico de teorías conspirativas.

Son muchos los que piensan que el papa fue asesinado debido a su política de reformas, sobre todo las que afectaban el tesoro del Vaticano (ya que el sumo pontífice quiso clarificar las cuentas).

Capítulo 8

MUERTES HISTÓRICAS DE LO MÁS EXTRAÑAS

La muerte es el mayor temor del ser humano. Desde que nuestros primeros ancestros empezaron a debatir entre ellos sobre qué es lo que pasa con las personas que, de repente, dejan de respirar, hablar y moverse, yaciendo inertes delante de ellos, es un temor que nos ha perseguido a lo largo de los tiempos.

La gran pregunta, ¿qué pasa después de la muerte?, nos sigue atormentando en nuestros días, dividiendo la psique humana en un sinfín de posibilidades diferentes. Pero hay algo que sabemos seguro: tarde o temprano todos nosotros tomaremos esa misteriosa senda. Solo cabe esperar dejar el mundo de la forma más digna posible. Pero no todos han tenido esta suerte... He aquí unas cuantas muertes de lo más extrañas de algunos personajes ilustres de nuestra historia.

Enrique I de Castilla, el rey que murió de una pedrada

Hijo de Alfonso VIII y heredero de su reino (Castilla), con únicamente diez años de edad tuvo que lidiar con la muerte de su padre y la de su madre, quedando solo, huérfano y rey de un territorio enfrascado en una disputa palaciega (que enfrentaba a los seguidores de la regente infanta Berenguela contra sus detractores).

Su muerte fue tan trágica y accidentada como su vida. Falleció por una pedrada en la cabeza mientras jugaba con sus amigos con tan solo trece años, el 6 de junio de 1217. Cómo bien apuntan los *Anales toledanos primeros, «el rey don Enric trevallaba con sus mo-*

zos e firiolo un mozo con una piedra en la cabeza non por su grado e murió ende VI días de junio en día marte era MCCLV», empeorando notablemente las luchas internas del Reino de Castilla de principios del siglo XIII.

P. D. Los entendidos en números romanos os daréis cuenta de que hay un problema con las fechas, puesto que MCCLV es 1255 y no 1217. Para entender este problema hay que saber que la era hispánica comienza en el 38 a. C., y es adoptada oficialmente por el Reino Visigodo de Toledo en el Concilio de Tarragona. Este calendario se utilizó durante toda la Edad Media, por lo que los *Anales toledanos primeros* siguen ese patrón, con el consiguiente desvío de treinta y ocho años respecto al calendario actual. ¿Aún no te cuadra, verdad? Normal, a la ecuación hay que sumar los tres años perdidos por el cambio del calendario juliano al gregoriano (véase el epígrafe «Los días que nunca existieron»).

Adolfo Federico de Suecia, un monarca bastante glotón

Monarca del Reino de Suecia desde el 7 de diciembre de 1751 hasta el día de su extraña muerte en 1771, fue un hombre sencillo, simpático y amable que ha pasado a la historia como el rey más débil de su país (mucho más grande e influyente en la Edad Moderna que en nuestros días, estando a la cabeza de la Liga Hanseática), siempre sometido a las demandas de las distintas facciones políticas, y no gobernando de modo autoritario, como sí lo hacían sus coetáneos.

Se dice que incluso el Parlamento disponía de un sello del monarca para aprobar las leyes que el rey rechazaba.

Un 12 de febrero cualquiera decidió regalarse un pequeño homenaje muy particular, un verdadero banquete de reyes. Caviar, chucrut, langosta, arenque ahumado, sopa de repollo, ciervo ahumado, champán y catorce raciones de un típico postre escandinavo (sémola con leche caliente). Su cuerpo no pudo digerir todos esos alimentos y murió esa misma noche debido a una serie de problemas intestinales, a los sesenta y un años de edad.

Federico I Barbarroja, el cruzado ahogado por su sed

Emperador del Sacro Imperio Romano Germánico desde el año 1155, este personaje representa la regia figura alrededor de la que aconteció la etapa más gloriosa de dicho Imperio, época en la que logró afianzar el poder imperial en los territorios independizados de Alemania y del norte de Italia.

A su buen currículum hay que añadir el hecho de ser uno de los protagonistas de la Tercera Cruzada, que tenía por objetivo retomar la Santa Ciudad ocupada por las fuerzas musulmanas. Pero nuestro protagonista no pudo llegar a la cita, puesto que moriría, de camino, ahogado en el río Saleph, en Anatolia, en julio del año 1190, ya que se le olvidó quitarse su armadura antes de entrar en sus heladas aguas para beber agua, muriendo arrastrado por el peso de esta.

Félix Faure, el presidente galo que emuló a Pompeyo

Este personaje fue el sexto presidente de la Tercera República francesa (1895-1899). Aunque este mandatario francés no ha pasado a la historia y es desconocido para gran parte del público, fue durante su Gobierno cuando aconteció el célebre *affaire* Dreyfus (la sentencia judicial antisemita que dejó conmocionada a la sociedad gala a finales del siglo XIX, y que aún hoy es sinónimo de confrontación y debate). De este caso surge el no menos conocido *J'accuse* de Zola.

Murió de un modo bastante atípico y repentino, cuando su amante le practicaba sexo oral. Como bien dijo el presidente Clemenceau, «deseó ser como César, pero terminó como Pompeyo» (en Francia *pomper* significa hacer una felación).

François Vatel, el cocinero que se hizo el *Seppuku* por no tener pescado fresco

Este personaje es el gran cocinero que inventó la crema *chantilly* y sentó las bases del protocolo culinario galo (que debía de estar a la altura de *El cocinero francés*, libro publicado en 1650 que da el punto de partida de la alta gastronomía). Además, fue elegido para ser el *contrôleur général de la bouche* (literalmente, «controlador general de la boca») del gran conde de Chantilly.

Era siervo de una gran familia venida a menos (por su rebelión contra el gobierno del rey Luis XIV) que debía redimirse ante el monarca. Con ese fin, en 1671, invitaron a toda la corte a su palacio a un banquete de tres días (que debía de estar a la altura de la pomposidad y extravagancia de Versalles). Fue tal la presión a la que fue sometido nuestro pobre cocinero, que decidió clavarse una espada en el pecho debido a que el pescado que había comprado para la comida tardó mucho en llegar a sus cocinas.

Arquímedes, no me pises lo dibujado

Este ultraconocido individuo fue uno de esos genios que la cultura griega antigua nos ha legado para la historia. Entre sus múltiples invenciones y hazañas, cabe destacar que consiguió calcular, en una bañera, el volumen de una corona de oro. Momento en el que soltó su famoso «eureka».

Su peculiar muerte acontece en el contexto de las Segundas Guerras Púnicas (guerras que enfrentaron a la Roma republicana con Cartago), durante el sitio de la ciudad de Siracusa (212-214 a. C.).

Se dice que, tras conquistar la ciudad, el ejército romano entró en la urbe con órdenes explícitas de no matar al sabio (ya que sus inventos y aportaciones bélicas habían ayudado notablemente a la ciudad, cosa que no pasó desapercibida a sus rivales).

Pero mientras Arquímedes se hallaba enfrascado con unos cálculos matemáticos que había escrito en la arena, un soldado romano (que desconocía su identidad) pisó sus apuntes caminando hacia esa peculiar figura que ni huía ni gritaba como el resto. Ante la atónita mirada del soldado, Arquímedes le espetó que no le pisará sus círculos *(noli turbare circulos meos)*, y este le clavó su espada por su insolencia.

Jean-Baptiste Lully, el compositor que se mató con su batutra

Jean-Baptiste Lully fue un compositor italiano que creó la ópera francesa (basada en una puesta en escena bastante compleja, con una esencia francesa, *ballet* y textos literarios).

Murió de gangrena tras hacerse una herida con su batuta de director durante una de sus representaciones, en el año 1687, en París.

Francis Bacon, el gran pensador muerto enterrando a un pollo

Francis Bacon ha sido uno de esos grandes pensadores que se escriben con mayúsculas en los anales de la historia. Fue un célebre filósofo, político y escritor que revolucionó el método de estudio científico, basando sus estudios en lo observable y no en lo preconcebido. De este modo, transformó la figura del científico en un ser escéptico hacia toda verdad que pensamos haber comprendido en el pasado como único medio para la confección de una conclusión empírica y real.

Moriría en uno de sus experimentos, de una pulmonía que contrajo un día de fuerte nevada, cuando enterró a un pollo que había diseccionado para demostrar una de sus teorías en 1626.

Alejandro I de Grecia, el rey muerto por un mono

Alejandro I fue un monarca heleno que gobernó desde 1917 hasta la fecha de su extraña muerte, en 1920. Su padre, Constantino I, tuvo que exiliarse a Suiza debido a las presiones de la Triple Entente (en el marco de la Primera Guerra Mundial), ya que el soberano apoyaba a las potencias centroeuropeas.

De este modo, el trono pasó a su hijo Alejandro, monarca pelele que gobernó un territorio bastante extenso (gracias a las concesiones tras la guerra mundial), pero siempre bajo la tutela de sus ministros.

El 2 de octubre de 1920, durante un paseo por los jardines de su palacio, su perro fue atacado por uno de los monos domésticos que tanto le gustaban. Cuando intentó separarlos fue mordido por el simio. La herida, mal curada, se infectó a las pocas horas y provocó su prematura muerte.

Esquilo y la muerte que se veía venir

Esquilo fue uno de los dramaturgos más importantes de la Grecia clásica, considerado el padre de la tragedia. Su vida se vio brutalmente truncada por su asesinato a manos de uno de los animales más peligrosos de los tiempos antiguos, una tortuga.

Se dice que un oráculo predijo que moriría aplastado por una casa, y debido a esto se mudó a las afueras de la urbe. Lo que no sabía es que poco tiempo después, cuando paseaba por la naturaleza, una tortuga que había sido llevada por los aires por un águila, conseguiría escapar de su cazador, cayendo sobre la cabeza del escritor.

Maximiliano I de Austria, el gran amante de los melones

Maximiliano I fue el emperador del Sacro Imperio Romano Germánico desde 1493 hasta el día de su muerte, en 1519.

Se le suele recordar por su política matrimonial, más que beneficiosa para el gran Imperio centroeuropeo. Por un lado se casó con María de Borgoña, lo que se tradujo en dos nuevas posesiones imperiales, Países Bajos y el Franco Condado. A su hijo más conocido por nosotros, Felipe el Hermoso, lo casó con Juana, sí, la presunta Loca, lo que supuso la alianza con el Reino de Castilla y la Corona de Aragón con su magnífico Imperio. Por último, se aseguró la herencia de Hungría mediante la boda de su otro hijo.

Este emperador, abuelo de nuestro Carlos I, que forjó la antesala del Imperio español, murió una noche debido a una indigestión provocada por comer demasiado melón.

Caracalla, el emperador asesinado meando

El emperador romano Caracalla (Marco Aurelio Severo Antonino Augusto), de la dinastía de los Severos, fue un soberano bastante criticado por su despótica forma de gobernar (llegó incluso a matar a su propio hermano, junto a sus partidarios, debido a problemas con la herencia). También se suele apuntar que es uno de tantos otros emperadores de la Antigua Roma cuya biografía ha podido ser más que falsificada por sus detractores (véanse los epígrafes «Dos grandes bulos sobre Calígula y Nerón»; «Marco Aurelio Antónimo Augusto, el emperador transgénero de Roma» o el de « Cómodo, el egocéntrico emperador que soñaba con ser gladiador»).

Era tal la animadversión del pueblo romano hacia su persona que decidió abandonar los lujos de la capital para vivir con sus soldados en Germania. Pero ese odio le siguió hasta el propio confín de su Imperio, y un día cualquiera del 217, cuando nuestro emperador estaba meando en un árbol, uno de sus soldados lo apuñaló por la espalda.

Atila, el huno, el Azote de Dios muerto por una mala borrachera

Atila nació alrededor del año 400 en algún paradero desconocido de la inmensa estepa del Asia central. Cuando aún era un infante, su tribu cruzó los Cárpatos con el fin de asentarse en la actual Hungría. Desde allí, el Imperio huno se fue expandiendo, de modo violento, por los territorios ocupados por las numerosas tribus germánicas que poblaban la frontera romana. La gran mayoría de estas, temerosas, se fueron recluyendo dentro del territorio romano, creando una gran inestabilidad económica, política y social en el seno de un Imperio con claros signos de debilitamiento.

Se convirtieron de este modo en el peor enemigo de la Roma imperial, y un sinfín de leyendas empezaron a verterse sobre este extraño pueblo que había pasado desapercibido hasta hacía un par de decenios. Se decía que no eran humanos, que vivían y dormían sobre sus caballos, y que sus únicas pasiones eran la muerte y el fuego. Y, entre todos ellos, sobresalía uno, su líder Atila, el Azote de Dios.

Para mantener la paz con los hunos, los romanos se vieron obligados a pagar cuantiosos impuestos. Y, con cada extorsión que conseguía, Atila se volvía más poderoso. Los romanos, por su parte, eran cada vez más débiles. Pero la paz solo se pudo preservar hasta el 440, momento en el que los hunos cruzaron el Danubio. Ciudad tras ciudad, todas fueron cayendo bajo su poder militar hasta conquistar los Balcanes y doblegar a la mismísima Constantinopla. Su táctica militar era infalible, aparecían como un huracán de la nada, montados en sus caballos, y destruían, por sorpresa, la resistencia imperial para luego desaparecer, dejando tras de sí ruina y miseria. No es de extrañar que Atila se transformara en el símbolo del mal para la sociedad occidental.

Cuando este se giró hacia la Galia, los romanos entablaron una alianza con los visigodos (tribu asentada en ese territorio). Medio millón de hunos cruzaron el Rin en el 451, y el pánico se extendió como la pólvora. Pero, contra todo pronóstico, el ejército imperial consiguió su primera victoria en la batalla de los Campos Cataláunicos, aunque, en menos de un año, Atila recompuso sus filas y avanzó hacia Roma, devastando todo cuanto se le cruzaba en su camino (se dice que no dejaba a ninguna persona con vida). Los romanos tuvieron que volver a negociar con él (mandando al mismísimo pontífice, León I, para entablar las negociaciones).

Tras el inmenso botín conseguido en su campaña itálica, el rey huno decidió regresar a sus tierras. Pero cuando se hallaba en el momento más álgido de su carrera política, con las dos Romas doblegadas, murió tras el banquete de una de sus bodas; estaba tan borracho que no se dio cuenta de que le sangraba la nariz y se ahogó con su propia sangre, en el año 453.

Luis de Borbón-Soissons, una manía que le costó la vida

Este fue un personaje muy influyente en su época, que dio verdaderos quebraderos de cabeza al monarca galo Luis XIII.

Por aquel entonces, Europa se hallaba enfrascada en la guerra de los Treinta Años, conflicto que pasó de ser puramente religioso (en un principio oponía a los partidarios de la Reforma protestante y a sus detractores) a uno político, que enfrentaría a casi todas las potencias del continente. Aprovechando esta inestable coyuntura urdió un plan para asesinar al cardenal Richelieu (hombre de confianza del monarca galo, y el villano de los *mosqueperros*). El objetivo era minar el poder del rey para así poder suplantarlo.

Aunque el complot fue un fiasco, organizó a un ejército para intentar derrocar al monarca en la batalla de La Marfée (1641), momento en el que moriría no por fuego enemigo, sino por una bala disparada desde su propia pistola cuando esta fue utilizada para levantar la visera de su casco (como solía hacer frecuentemente nuestro protagonista).

Arrio, el hereje muerto por diarrea

Arrio fue un sacerdote de Alejandría que atacó los dogmas del cristianismo en lo que se conoce como controversia arriana, gran conflicto teológico del siglo IV que condujo a la convocatoria del primer concilio ecuménico de la Iglesia (el Concilio de Nicea del 325).

La controversia se centró en la naturaleza del Hijo de Dios, la relación con su Padre y con la Santa Trinidad, cuya naturaleza sagrada negaban los arrianos.

Su muerte es una de las más brutales de la historia. Murió envenenado, más precisamente por una diarrea tan fuerte que le hizo evacuar sus propias entrañas, en las calles de Constantinopla, en el año 336.

Como bien escribe Sócrates Escolástico, «al salir del palacio imperial [...], desfiló con orgullo por mitad de la ciudad [...]. Al acercarse al lugar llamado Foro de Constantino, donde se erigió la columna de Pórfido, un terror que surgía de los remordimientos de consciencia se apoderó de Arrio, y con el terror vino una relajación violenta de sus entrañas; él, por tanto, se preguntó si había algún lugar adecuado cerca, y se dirigió a la parte trasera del Foro de Constantino, apresurándose hacia allá. Poco después, un desmayo se apoderó de él, y junto con las evacuaciones sus entrañas sobresalían, lo que fue seguido de una hemorragia abundante, y del descenso de los intestinos pequeños: trozos de bazo y del hígado salieron con efusión de sangre, por lo que murió casi inmediatamente».

Cabe destacar que Sócrates Escolástico fue un gran detractor del arrianismo y que nació casi cincuenta años tras su muerte, de allí que lo viese más como un castigo divino que como un envenenamiento.

Antonio Gaudí, el gran personaje confundido con un mendigo

El mayor representante del modernismo catalán murió a los setenta y tres años atropellado por un tranvía. Lo extraño de su muerte es que nadie le prestó demasiada atención una vez que se hallaba tendido en el suelo, puesto que lo confundieron con un mendigo. Cuando fue trasladado al hospital ya era demasiado tarde. Murió tres días después del fatal accidente.

Josef Mengele, el psicópata que logró huir

El conocido Doctor Muerte ha sido uno de los mayores lunáticos que ha habitado nuestro planeta. Sus experimentos en los campos de concentración nazis sobrepasaron cualquier atisbo de humanidad (amputaciones, torturas, desmembramientos, uso de drogas, trepanaciones, castraciones, etcétera) y tenían por finalidad entender la selección genética y lograr la perfección racial aria.

Tras la caída del Tercer Reich, este deleznable ser desapareció y jamás fue encontrado hasta que, en 1979, un alemán cualquiera, de nombre Wolfgang Gerhard, murió de un paro cardiaco cuando se estaba bañando en las playas de Brasil. En 1985 se demostró, mediante la prueba del ADN, que este individuo no era otro que Josef Mengele.

Laika, la heroína soviética

Posiblemente, la perra más conocida de la historia, fue el primer animal en llegar al espacio en 1957, si bien tuvo una muerte realmente horrible. La pobre perra nunca pudo regresar a la Tierra debido a las elevadas temperaturas que se alcanzaron en el Sputnik soviético, muriendo o bien abrasada o bien por falta de oxígeno.

Es relevante saber que el Sputnik no fue diseñado para ser recuperable, y la muerte de Laika (una perrita callejera que eligieron para esta misión) era algo más que anunciado. No fueron pocos los grupos de defensa de los animales que se manifestaron en contra de este experimento.

Favila, el rey matado por un oso

Hijo del legendario don Pelayo, monarca que según ciertas tendencias historiográficas inició la Reconquista española (véase el epígrafe «Cómo cambia la historia según quién te la cuenta»), gobernó el Reino astur del 737 al 739. Su reinado fue tajantemente cortado cuando, durante una cacería, un oso se interpuso en su camino y acabó con su vida.

Mitrídates VI, el rey que no supo matarse

Mitrídates VI fue uno de los personajes de la historia que más quebraderos de cabeza dio a la todopoderosa República romana. Y no es para menos, puesto que el rey del Ponto luchó en varias ocasiones contra las tropas republicanas por el control de la parte oriental del Mediterráneo, durante el siglo I a. C. (en las conocidas guerras mitridáticas).

Al final, y viéndose acorralado por sus enemigos (con uno de sus hijos al mando), este se refugió en un castillo junto a sus hijas. Y, con el fin de no caer bajo las garras romanas, decidió suicidarse mediante la ingesta de veneno (tomado anteriormente por sus hijas).

Pero la cantidad de la que disponía en su haber no era suficiente para matarlo (ya que, temiendo ser envenenado, Mitrídates había consumido frecuentemente veneno a lo largo de su vida para así tener inmunidad). Ante esta situación, intentó acabar con su vida con una espada, y al no conseguir herirse fatalmente a sí mismo, tuvo que llamar a uno de sus soldados para que este acabara el trabajo.

Capítulo 9

ANIMALES EXTRAÑOS QUE HAN CONVIVIDO CON EL SER HUMANO

El camino de la humanidad es un largo periplo que empezó hace unos cinco millones de años. Según se piensa, debido a un cambio de temperatura global, la flora cambió de forma súbita, y los paisajes selváticos propios a aquella época dejaron paso al mundo de las vastas praderas de hierba. Fue en aquel momento cuando nuestros desconocidos ancestros descendieron de los árboles, debido a las carencias alimenticias de su hábitat boscoso cada vez más reducido, y cuando nuestra historia comenzó.

Pero no hemos sido los únicos en poblar estas tierras, y a lo largo de estos cuantiosos años un sinfín de animales extraños nos acompañaron durante nuestras andanzas y hazañas.

El ave elefante

Esta peculiar ave, extinta y no voladora, era típica en la fauna de Madagascar hasta hace relativamente poco. Su nombre no fue dado en balde, ya que nos hallamos ante el ave más grande que haya pisado la tierra, y sus dimensiones son prueba fehaciente de ello.

El ave elefante medía entre los dos y los tres metros de altura y tenía un peso de unos seiscientos kilogramos de media, aunque podría llegar a pesar una tonelada en casos extremos. Así pues, no solo ha sido el ave más grande, sino también más pesada de la que tenemos registro. ¡Cabe destacar que sus huevos podían pesar hasta doce kilos!

Cuando los primeros europeos —los franceses— llegaron a Madagascar a mediados del siglo XVII, ya quedaban pocos ejemplares de esta gigantesca especie. Más que la caza indiscriminada por parte de los autóctonos de la isla, la razón de su progresiva desaparición fue la utilización recurrente de sus huevos por parte de estos individuos. Por desgracia, este magnífico pájaro se extinguió en el siglo XVIII.

Los epiornítidos *(Aepyornithidae)*, comúnmente conocidos como aves elefante, son aves extintas con un peso aproximado de seiscientos kilos y una altura que llegaba a superar los tres metros. Se cree que su pariente vivo más cercano es el kiwi neozelandés.

El moa gigante

El moa gigante, de no ser por su peso y la morfología de sus patas, no difiere mucho del ave elefante. Estas aves, autóctonas de Nueva Zelanda, tampoco tenían la capacidad de volar y podían llegar a medir unos tres metros de altura, aunque su peso era muy inferior al del anteriormente citado, pues pesaban unos doscientos cincuenta kilos.

Su evolución se produjo en unas islas sin depredadores mamíferos de Oceanía, hecho que les permitió anidar en el suelo de esos aislados territorios, ya que no había animales carnívoros que los destruyeran.

Se suele defender que la llegada de los maoríes, al principio del siglo IX, con sus perros de presa *(kuri),* fue un punto de inflexión y marcó el final de estas aves. Pero no es menos cierto que, antes de la llegada de ese nuevo depredador al territorio, su población ya había empezado a decrecer debido a los periodos glaciares que cambiaron la climatología y el paisaje de la isla, haciendo germinar densos bosques selváticos.

Sea como fuere, la llegada de los polinesios hizo cambiar el *statu quo* de la isla, puesto que, hasta entonces, los depredadores del inmenso pájaro eran grandes rapaces (sobre todo el águila de Haast, pero también otro tipo de águilas y halcones), que podían vislumbrar sus nidos gracias a su poderosa vista. Los perros, los humanos y las ratas que los acompañaron cambiaron por completo esta situación.

Aunque ciertos estudiosos piensan que este animal se extinguió sobre el siglo XIII, hay quienes afirman que la tripulación del capitán Cook observó algunos de esos especímenes esparcidos por las islas de Nueva Zelanda en el siglo XVIII.

El Águila de Haast

Seguimos en Nueva Zelanda, donde habitó el ave rapaz más grande de la historia, la majestuosa águila de Haast. Era el principal depredador de los moas, que poco podían hacer frente a este impresionante animal cuando se le abalanzaba desde los cielos, a una velocidad de ochenta kilómetros por hora.

A esta tremenda velocidad había que sumar su enorme envergadura, de unos tres metros (de ala a ala), un peso de quince kilos y unas garras más propias de los tigres que de las águilas. Era tal su aterradora apariencia que aparecía en el folclore maorí como una suerte de pájaro demoniaco que se llevaba a los niños en sus fauces, al que llamaban *hoikoi*.

Su destino quedó sellado con el de sus presas, puesto que la progresiva desaparición de los moas, junto al de su hábitat selvático, las hizo desaparecer a principios del siglo XIII.

Cabe destacar que esta ave toma su nombre de Julius von Haast, el individuo al que debemos su descripción original en la década de los setenta del siglo XIX (utilizando los huesos del ave).

El tigre de Tasmania

Este marsupial, que surgió en el Holoceno, convivió con el ser humano hasta casi mediados del siglo XX (convivencia que por lo menos se inició alrededor del 1000 a. C., fecha en la cual se datan unos grabados realizados por los aborígenes australianos).

Aunque morfológicamente este animal es extraño para nuestros cánones, siendo una especie de perro, pero con patas traseras más parecidas a las de los canguros (sobre todo por los saltitos que daba con ellas cuando corría), lo que realmente impresiona es su inmensa boca, ya que gracias a sus mandíbulas podían abrirla noventa grados.

Estas dimensiones fueron el principal motivo por el que la población colonial australiana decidió extinguir este depredador que se alimentaba de sus ganados. Aunque algunos de nuestros coetáneos defienden que este extraño animal aún existe escondido en la inmensa cartografía australiana y en los impenetrables bosques de Tasmania.

Sea como fuere, el último de su especie, que tengamos constancia, fue el famoso Benjamín, que vivió en cautiverio en el zoológico de Hobart hasta el día de su muerte, el 7 de septiembre de 1936 (seguramente debido a la negligencia de los trabajadores del zoo, que le dejaron al aire libre durante un extraño evento climatológico propio de Tasmania de días extremadamente calurosos y noches gélidas).

Megalania prisca

Este lagarto, emparentado con el varano gigante australiano, ha sido el más grande que ha convivido con el ser humano. Con sus más de siete metros de longitud (según un estudio del paleontólogo Ralph Molnar de 2004), un peso de casi dos toneladas, un olfato direccional que podía captar una presa a unos quince kilómetros de distancia y una saliva envenenada por las bacterias (este hecho es una conjetura, puesto que solo nos quedan los huesos del animal), fue, sin lugar a dudas, un temido enemigo de los primeros pobladores australianos.

Se piensa que se extinguió hace unos cuarenta mil años, pero ciertas personas defienden que este terrorífico depredador sigue habitando la tierra, oculto en la inmensidad australiana.

Gigantopithecus

Este animal es el mayor de los primates registrados por la ciencia, con una altura de más de tres metros y un peso de más de doscientos cincuenta kilos. Estrechamente relacionado con el orangután, vivió en Asia durante el Pleistoceno y se calcula que se extinguió hace unos cien mil años (debido al cambio climático), lo que significa que convivió con el *Homo sapiens sapiens*.

Cabe destacar que sus dimensiones son solo especulaciones, debido a los pocos restos fósiles encontrados (solo algunos elementos de la mandíbula).

Megatherium

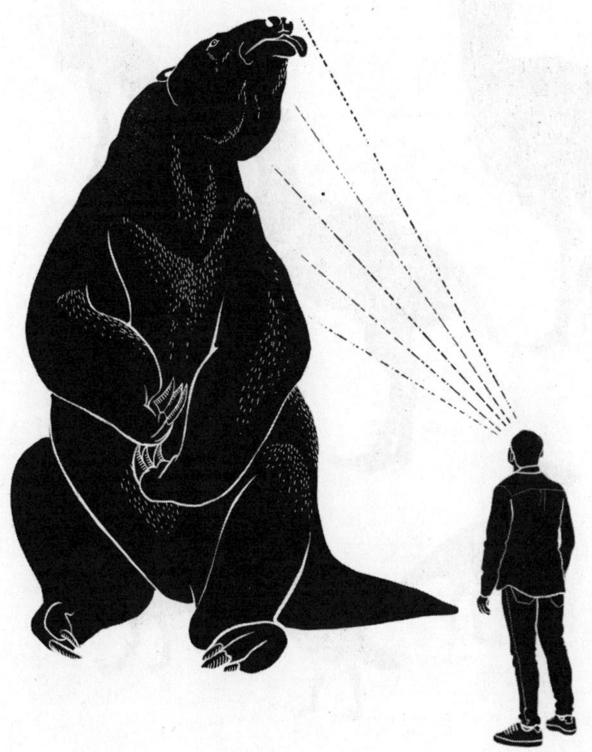

Este perezoso terrestre habitó los bosques y las praderas de América del Sur desde el Pleistoceno hasta hace unos ocho mil años.

Lo que más impacta de este animal es su gran tamaño, de seis metros de longitud y con un peso de más de tres toneladas (más o menos como un elefante). Su extinción vino dada por un cambio climático (que redujo el área de los hábitats adecuados para su supervivencia) y a una población humana de cazadores cada vez más numerosa en la zona.

Las aves del terror

Este pesadillesco animal es un tipo extinto de ave carnívora no voladora, que vivió en América hasta hace unos dos millones de años.

Las más grandes especies de esta terrorífica familia de aves podían medir unos tres metros de altura, pesar ciento cincuenta kilogramos y alcanzar en carrera los sesenta y cinco kilómetros por hora. Se supone que se extinguieron por la aparición de algún nuevo depredador en su territorio, o por algún tipo de cambio climático.

Aunque, *a priori,* la convivencia directa con nuestros antepasados se hace harto complicada, existen varios indicios, por lo que no podemos descartarla de forma tajante. Por un lado, se han encontrado restos fósiles en Uruguay de una especie más pequeña de las descritas datados hace unos ocho mil años. A esto se suma haber hallado otros restos en el continente africano (de la subespecie *Lavocatavis*) y en Europa *(Eleutherornis),* lo que significa que a lo mejor también cohabitaron grandes especies de aves del terror con nuestros antepasados.

La pregunta que nos hacemos es cómo pudo un ave no voladora recorrer esas largas distancias de agua. Se piensa que pudieron venir flotando en pequeños embalses móviles, o saltando de isla en isla, pero de momento todo son hipótesis. Lo único que podemos aseverar es que, por su bien, esperemos que ninguno de nuestros ancestros se topara con semejantes aves del terror.

Smilodon

El *Smilodon* era un félido de dientes de sable que habitaba las planicies del norte y del sur de América hasta hace unos doce mil años.

Podía pesar hasta los trescientos kilos y, aunque no era demasiado rápido poseía un sentido del olfato muy desarrollado. Pero, lo que más nos impacta de este carnívoro depredador son, sin lugar a dudas, sus dientes, que podían medir hasta los veinte centímetros de largo, arma que utilizaban para morder el cuello de sus víctimas y partirles la columna.

Su extinción, como la de tantos otros, fue debida a la llegada de un nuevo depredador en su hábitat, el ser humano, que los cazó hasta su total eliminación (aunque el cambio climático de esa época tampoco les fue nada ventajoso).

Megaladapis

El *Megaladapis* fue un lémur gigante que habitó los bosques centrales y occidentales de Madagascar hasta por lo menos el siglo XVI. Este animal media casi metro y medio de altura y pesaba unos ciento cuarenta kilos.

Su extinción se debe a la caza efectuada por las poblaciones nativas de la isla y el asentamiento de explotaciones agrícolas de los colonizadores occidentales, en sus hábitats.

Glyptodon

Fue una especie de gran mamífero herbívoro acorazado, muy parecido a los armadillos actuales, pero con unas proporciones descomunales, que vivió en territorio sudamericano hasta hace unos diez mil años.

Debido a sus enormes proporciones, unos tres metros y medio de longitud, con un metro y medio de altura y un peso de más de dos toneladas, lo que más impacta de este curioso animal es su gigantesco caparazón.

Se piensa que este animal murió debido a la caza humana, puesto que se utilizaba su caparazón como refugio durante épocas de inclemencia climática.

Hydrodamalis Gigas

El *Hydrodamalis gigas* fue una especie de sirénido que habitaba las congeladas aguas colindantes con el polo norte. Con sus diez metros de longitud y un peso de cinco a diez toneladas, es el mayor sirénido del que poseemos registro.

Esas enormes dimensiones hicieron que este animal no tuviera nunca un depredador, hasta la llegada del ser humano. Fue descubierto por Georg Steller en 1741 (de allí su sobrenombre, vaca marina de Steller), y debido a la cantidad y calidad de su grasa, carne y piel, y la facilidad para cazarlo, la acción humana lo llevó a su extinción en 1768 (veintisiete años después de su descubrimiento).

Alca imperial

Esta ave era incapaz de volar y tenía unas dimensiones de hasta un metro de altura y unos cinco kilos de peso. Su punto fuerte era, sin duda, el buceo, y su historia, que vamos a explicar brevemente, fue triste debido, como casi siempre, a la caza indiscriminada por parte del ser humano.

Este relato encuentra sus raíces en tiempos remotos, ya que hallamos evidencias de su caza en los yacimientos prehistóricos. Sin duda, su incapacidad para volar y el tamaño de sus huevos (cuatrocientos gramos de peso) fueron motivos esenciales para su persecución.

Poco a poco fueron desapareciendo de todo el globo terráqueo debido a esta actividad, pero una última comunidad apareció en Islandia, en unas pequeñas islas de difícil acceso debido a las fuertes marejadas, y controladas por la Iglesia (a las que se debía pagar la mitad del precio de los codiciados huevos y de su piel).

Pero ese último fuerte pronto se derrumbó durante el contexto de las guerras napoleónicas, cuando dos barcos alcanzaron las costas de sus islas en dos ocasiones (1808 y 1813), y acabaron con la mayoría de esas aves. Las pocas supervivientes tuvieron que lidiar con las consecuencias de un terremoto que destruyó su último y saqueado hábitat en 1830.

Este animal se hizo tan raro que aumentó desorbitadamente el precio de sus huevos y de su piel, lo que instigó más si cabe su feroz caza (los coleccionistas llegaron a tasar un huevo de esa casi extinta ave en cien coronas, lo que más o menos cobraba un trabajador en once años). En 1844 se hizo el avistamiento de la última pareja de esas malogradas aves, y no te quepa duda: los tres marineros que las vieron las mataron y tomaron sus huevos.

Rinoceronte negro

Este majestuoso animal fue uno de los rinocerontes que habitaban la sabana africana. Llegaba a alcanzar los 1,6 metros y a pesar una tonelada y media, lo que lo convertía en el cuarto animal más grande de África (por detrás del elefante africano, el rinoceronte blanco y el hipopótamo).

La causa de su extinción fue la caza indiscriminada que se realizó desde principios del siglo XIX, en la que participaron personas de renombre, como Theodore Roosevelt y Ernest Hemingway.

Además de esta caza selectiva por parte de la alta sociedad occidental, padecieron la persecución por el valor otorgado a sus cuernos, tan demandados en Oriente Medio (hoy se siguen haciendo mangos de dagas con ellos) y por parte de la medicina tradicional asiática. En el censo de 2010 se contabilizaban un total de 4.880 ejemplares; en 2011, la Unión Internacional para la Conservación de la Naturaleza declaró su extinción total.

Mammuthus

Esta ultraconocida especie fue un miembro de la familia *Elephantidae* que se extinguió hace apenas tres mil setecientos años, cuyo máximo exponente fue el mamut lanudo (este, al contrario que sus parientes más pequeños, se extinguió sobre el 12000 a. C.).

Su nombre deriva de una palabra de la tribu rusa de los mansis, *mang ont*, que significa más o menos «cuernos de la tierra». Estos pensaban que eran una especie de topos gigantes que excavaban túneles subterráneos para vivir en ellos, puesto que si veían el sol morían, razón por la cual nunca se encontraban mamuts vivos.

Con una altura de 5,3 metros y una longitud de 9,1 metros, son los parientes de los elefantes más grandes encontrados hasta la fecha. La causa de su extinción fue un cambio climatológico (el final de la última glaciación), aunque las investigaciones más recientes apuestan más por los humanos y su caza indiscriminada.

Tigre del Caspio

Estamos frente al espécimen de tigre más grande que habitó la Tierra durante la historia moderna humana, con sus ciento ochenta kilos y sus tres metros de longitud.

Vivió hasta mediados del siglo XX en la península de Anatolia, el Cáucaso, Rusia en toda su plenitud (tanto la parte europea como la siberiana), Ucrania, el Kurdistán, Irak, Afganistán y el Asia central hasta Mongolia. La leyenda dice que el río Tigris debe su nombre a este magnífico animal (según la misma, una manada de estos animales transportó por el río a una princesa recién nacida).

Aunque fue cazado por la humanidad a lo largo de la historia, fue la ocupación de las tierras fronterizas del Cáucaso y del Asia central por parte de los zares de Rusia la que desgastó casi por completo esa especie. A principios del siglo XX se decidió eliminar este animal de la zona, y el ejército acabó con la mayoría de ellos en pocos días, a lo que se sumaba la deforestación masiva de su hábitat para la plantación de algodón y arroz. La prohibición de cazar tigres de la Unión Soviética llegó algo tarde (en 1947), pero ciertos ejemplares pudieron sobrevivir en la parte oriental rusa y en otras zonas unas pocas décadas más.

Quagga

Este curioso animal fue una subespecie de cebra común que habitó en ciertos lugares del continente africano (sobre todo en la zona del sur de África).

Estos animales fueron cazados, por lo menos, desde la llegada de los colonos neerlandeses en el siglo XVIII, pero a mediados del siglo XIX fueron asesinados a miles debido a las políticas ganaderas de los colonizadores (querían destinar las tierras de pasto de sus grandes manadas al ganado doméstico).

El 12 de agosto de 1883 moriría la última quagga en el Artis Royal Zoo de Ámsterdam. Cabe destacar que la disponibilidad de ADN en perfectas condiciones hace posible, teóricamente, su resurrección por clonación, y este es el objetivo del denominado Proyecto Quagga, que se inició en 1987.

Uro

Fue una especie de bovino que habitó los continentes asiático, europeo y africano hasta el año 1627, fecha en la que murió en Polonia el último de estos imponentes animales.

Llegaban a medir más de dos metros y pesar más de ciento cincuenta kilos. Su nombre procede de la palabra que Julio César escuchó decir a los habitantes germánicos refiriéndose a este ejemplar: *Tertium est genus eorum qui uri apellantur, hi sunt magnitudine paulo infra elephantos, specie et colore et figura tauri,* es decir: «Existe un tercer género que llaman uro, poco más pequeño que un elefante, del color y forma del toro».

Castoroides Ohioensis

Este animal fue un género de castor que vivió en Norteamérica hasta el final de la última Edad de Hielo (hace doce mil años), extinto sobre todo debido al cambio climático. Su morfología era muy similar a la de un castor actual, pero con una pequeña diferencia: ¡este ejemplar llegaba a medir dos metros y medio de longitud y pesar unos doscientos veinte kilogramos!

Capítulo 10

PEQUEÑAS CURIOSIDADES QUE TE HARÁN EXPLOTAR LA CABEZA

El experimento que midió la obediencia ciega a la autoridad

El experimento del psicólogo Stanley Milgram, realizado en 1963, tuvo por objetivo medir la predisposición humana a la obediencia ciega hacia la autoridad, aunque esta pudiera entrar en conflicto con la conciencia y la moral de cada uno.

Los sujetos de experimento eran reclamados, con una compensación de cuatro dólares, para realizar un estudio sobre la memoria y el aprendizaje cuando estos se ven influenciados por refuerzos punitivos. Pero la realidad era bien distinta.

El experimento se realizaba con tres personas, una que se sentaba en una silla eléctrica conectada a un panel. La segunda era quien decía las preguntas al primer individuo, y pedía al tercero apretar el botón que lanzaba una descarga eléctrica si el primero no acertaba la respuesta. La potencia de la descarga aumentaba con cada error realizado por la persona que se hallaba sentada (iban de los cuarenta y cinco a los cuatrocientos cincuenta voltios).

En realidad, la corriente era inexistente y el primer individuo actuaba como si recibiera de verdad la descarga eléctrica, llorando de dolor y rogando el fin del experimento. Por lo general, en el transcurso de las pruebas, los sujetos del experimento se negaban a proseguir, pero el segundo individuo los forzaba a seguir.

Según el protocolo, el segundo individuo debía interpelar con cuatro frases, y si el individuo elegido se negaba en hasta cuatro ocasiones a realizar las descargas, el experimento finalizaría. Las cuatro órdenes eran: «Continúe, por favor»; «El experimento requiere que usted continúe»; «Es absolutamente esencial que usted continúe» y «Usted no tiene opción alguna. *Debe* continuar».

Los resultados fueron horribles. El 65 por ciento de los participantes (veintitrés de cuarenta) llegaron hasta el final de la prueba (es decir, aplicaron los supuestos cuatrocientos cincuenta voltios). Ninguno se negó a parar antes de llegar a los trescientos voltios, cuando el actor simulaba haberse desmayado o entrado en coma por el dolor afligido.

El invento nazi que todos hemos consumido

No han sido pocos los inventos engendrados por los nazis que, bajo su máxima maquiavélica «del fin justifica los medios», nos han hecho dar pasos de gigante en campos como la medicina o la maquinaria militar, y no han sido menos las empresas que han negociado y se han forrado con el Tercer Reich.

Entre todos esos inventos y todas esas marcas destacan dos, la marca por excelencia del capitalismo norteamericano, Coca-Cola, y la vertiente ideada por las mentes nacionalsocialistas, Fantasie.

La Coca-Cola en el Tercer Reich

Aunque Coca-Cola es una marca estadounidense, y el Gobierno de este país se había postulado en contra del malévolo sistema surgido en 1933, se llegaron a vender cinco millones de refrescos al año en la Alemania nazi, país en el cual había cuarenta y tres fábricas de esta firma universal de bebida.

Pero a finales de 1941, Coca-Cola tuvo que cerrar sus fábricas bávaras (por la presión gubernamental), cortando el suministro de jarabe que se utiliza para elaborarla.

La Coca-Cola del Reich

Ante esta tesitura, Max Keith, jefe de producción de Coca-Cola en Alemania, decidió crear su propio producto utilizando las fábricas de las que ya disponía, así como las típicas botellas de vidrio (junto con su etiqueta) e ingredientes de mala calidad.

El nuevo producto, Fantasie, tuvo un éxito total, con más de tres millones de ventas en el año 1943 (debido, seguramente, al aval del que disponía debido a la marca que representaba). Al finalizar la guerra, observando dicho éxito, la marca Coca-Cola decidió apropiarse del invento y rebautizarlo como Fanta.

El imperio romano perduró hasta el siglo XIX

Para muchos, la llegada de los bárbaros a suelo imperial, junto con el saqueo de Roma y la deposición del último emperador occidental (Rómulo Augusto) en el siglo V marcan el final del Imperio romano en Occidente, pero pocos saben que, en realidad, ese Imperio perduró legalmente hasta el siglo XIX.

Debido a las dificultades de controlar y gobernar un territorio tan amplio (de Hispania hasta las puertas de Persia, y del norte de África hasta Britania), junto a la grave crisis que sacudió al Imperio en el siglo III, los gobernantes romanos decidieron dividir el territorio en el año 286, para ser finalmente dos entidades bien diferenciadas tras la muerte, en el 395, del emperador Teodosio. Así pues, el majestuoso territorio pasó de tener una a dos capitales que gobernaban dos entidades bien diferenciadas (el Imperio de Occidente, que tenía por capital Roma, y el de Oriente).

Fue el emperador bizantino Justiniano I, en el siglo VI, el primero en hablar de *renovatio* y *translatio Imperii,* programa militar que quería reunificar el ya extinto Imperio romano. Pero este hecho no aconteció hasta la coronación de Carlomagno, en Roma, en el año 800, ceremonia mediante la cual se le otorgó el título de *imperator romanorum* (emperador de los romanos).

Esta figura se transformó de este modo en el restaurador del Imperio romano de Occidente (puesto que el de Oriente, que luego pasó a llamarse bizantino, con capital en Constantinopla, aguantó el envite de los bárbaros y no cayó hasta 1453 debido a la injerencia de un nuevo actor, los otomanos).

El título anteriormente escrito pasó en el año 962 al alemán Otón I, que se coronó emperador del Sacro Imperio Romano Germánico, Imperio que duró hasta su derrota final contra las tropas napoleónicas a principios del siglo XIX (cambiando su nombre a Confederación del Rin).

Heroína, el mejor medicamento para el catarro común

Las gripes y los resfriados han sido algo bastante molesto para la gran mayoría de la población a lo largo de la historia, pero hubo una época en la que los niños querían caer enfermos, teatralizando si hacía falta su enfermedad, solo para poder disfrutar de uno de los medicamentos más extraños (y perjudiciales) que jamás se hayan comercializado.

Y no es para menos, porque entre 1898 y 1913, la conocida farmacéutica Bayer vendía un jarabe infantil para la tos confeccionado con heroína (nombre que eligieron para bautizar a su jarabe).

Para promocionar su nueva patente realizaron una gran campaña de *marketing*, creando ilustraciones y pancartas publicitarias, además de dar a los médicos muestras de la sustancia para que estos se la regalaran a su clientela infantil (eso sí, y como siempre, solo la primera es gratis). Es bastante extraño ver algunas de esas ilustraciones y observar cómo poco más de un siglo atrás se fomentaba que los niños tomaran heroína para poder calmar la tos o la bronquitis.

Cuando se utilizaban bebés afroamericanos como cebo para cazar cocodrilos

A finales del siglo XIX y principios del XX, en el estado norteamericano de Florida se utilizaron bebés y niños afroamericanos como cebo para cazar cocodrilos.

Los cazadores de cocodrilos pagaban dos dólares a las madres para alquilar a sus niños o bebés, colocarlos cerca de un río o pantano (muchas veces atados) o, incluso, hacerlos andar por el agua, con el fin de atraer a los hambrientos animales y abatirlos con sus escopetas.

Una hora menos en Canarias no, una hora más en España

¿Nunca te has parado a mirar al cielo a mediodía? Si la respuesta es sí, probablemente te habrás percatado que aquí, en España, el sol se halla en el centro de nuestra bóveda celeste o bien a las 13.00 horas o bien a las 14.00 horas (dependiendo del momento del año), y nunca a las 12.00 horas. Curioso, ¿no te parece?

Este hecho es debido a que en 1942 el dictador Francisco Franco Bahamonde decidió cambiar nuestro horario de Greenwich a Greenwich +1, para que nuestros relojes sintonizaran con los de los alemanes, y así comerse una buena paella a la misma hora que los ciudadanos del Tercer Reich se comían alguna que otra *kartoffel* o su chucrut.

Cuando los británicos incendiaron la Casa Blanca

El 18 de agosto de 1814, el presidente de Estados Unidos de aquel entonces, James Madison, tuvo que escapar de la Casa Blanca antes de que esta fuera incendiada, debido a la última invasión extranjera en territorio norteamericano, el ataque militar de Inglaterra.

La guerra entre británicos y estadounidenses

La guerra anglo-americana de 1812 tuvo, para los colonos estadounidenses, el objetivo de arrebatar los territorios controlados por los británicos en Canadá (aprovechando las dificultades que estaban sufriendo en Europa por culpa del inexorable avance napoleónico).

Tras comprar Luisiana a los franceses e invadir la Florida española, las posesiones del recién confeccionado país casi se triplicaron. Pero su anhelo conquistador no se frenó, y temiendo aún a los «salvajes» del Oeste (los amerindios), tornaron su mirada hacia el norte, hacia las colonias inglesas en Canadá. Las tensiones entre ambos países llegaron a su cénit cuando un barco estadounidense atacó a uno británico a pocos kilómetros de la costa neoyorquina, mientras que el Reino Unido mantenía un bloqueo sobre sus antiguas colonias con el fin de imposibilitar el comercio con el Imperio francés.

Tras el primer envite británico, ejército que tomó un fuerte estadounidense del noreste, los norteamericanos intentaron avanzar hacia Canadá, pero sus tropas no estaban bien adiestradas ni eran lo suficientemente cuantiosas para tal hazaña (ni organizadas, puesto que se hallaban esparcidas por todos sus territorios). Al ver la ineficiencia de sus adversarios, los ingleses avanzaron y tomaron los fuertes militares que se hallaban en las actuales ciudades de Chicago y Detroit.

La quema de la Casa Blanca

En 1814, el Imperio tomó Washington D. C., capital de sus enemigos, aprovechando para quemar la Casa Blanca y el Capitolio. Dos días después, el presidente, que había huido antes del ataque, volvió a la capital y organizó unas elecciones con el fin de votar si se abandonaba la ciudad, trasladando la capital a otra urbe, o si se reconstruía. Esta última elección ganó por un estrecho margen.

Según la leyenda, a raíz de la votación se decidió pintar este ultraconocido edificio de blanco, para así ocultar las huellas del incendio. Desde ese día se denominó la Casa Blanca. Pero, en realidad, el nombre fue acordado por Roosevelt en 1902.

La amistosa carta de Gandhi a Hitler

Pocas semanas antes del estallido de la Segunda Guerra Mundial, el 23 de julio de 1939, Gandhi le envió una más que sorprendente carta al dictador alemán Adolf Hitler. Esta, textualmente, dice así:

> Mi querido amigo:
>
> *Mis amigos me han estado insistiendo para que le escriba, por el bien de la humanidad. Pero me he resistido a su petición, debido a la sensación de que cualquier carta mía podría ser una impertinencia.*
>
> *Algo me dice que no debo ser tan calculador y que debo hacer mi petición porque, en cualquier, caso merecerá la pena.*

Está claro que usted es hoy la única persona en el mundo que puede evitar una guerra que podría reducir a la humanidad a un estado salvaje. ¿Estará dispuesto a pagar ese precio por un propósito cualquiera, por muy digno que le parezca? ¿Escuchará la llamada de quien ha evitado deliberadamente el método de la guerra no sin considerable éxito? De cualquier manera espero su perdón, si he cometido un error al dirigirme a usted.

A su disposición.

Su sincero amigo.

GANDHI

A pesar de que el tema abordado en la misiva era la contención de la futura y monstruosa guerra que se estaba gestando en Europa, sorprende el tono de afecto, o casi devoción, del líder pacifista hacia la figura del despiadado dictador germano. ¿No te parece? Aunque hoy la carta se encuentra en el Museo Nacional Gandhi, en la India, cabe destacar que esta nunca llegó a las manos de Hitler, puesto que fue interceptada por los británicos.

Para más inri, una vez que la guerra ya había explotado, en mayo de 1940, Gandhi se refirió de este modo al Führer: «No considero a Hitler un ser tan malo como parece o representa. Él está mostrando una capacidad increíble y parece estar consiguiendo victorias sin demasiado derramamiento de sangre».

Sin embargo, la cosa no queda aquí, y cuando la guerra por el control del canal de la Mancha se inició, Gandhi instó al pueblo británico a deponer las armas y permitir la invasión por mar de los teutones: «Dejen las armas, por cuanto estas no van a servir para salvarlos ni a ustedes ni a la humanidad. Deben invitar a Hitler y a Mussolini a que tomen todo lo que quieran de sus países. Si ellos quieren ocupar sus casas, váyanse de ellas. Si no les permiten salir, sacrifíquense, pero siempre rehúsen rendirles obediencia».

A raíz de estas palabras, no han sido pocos los historiadores que han criticado a este personaje histórico por no haber mantenido una postura, clara y directa, de rechazo a la amenaza que significaron el Tercer Reich y la figura de uno de los mayores dictadores de nuestra historia, Adolf Hitler.

Una asquerosa historia de dentaduras y muertos

Las dentaduras postizas han sido, sin lugar a dudas, un gran avance para el ser humano. La salud dental siempre ha llevado de cabeza a la humanidad, y solo hace falta sufrir un dolor de muelas para entender lo importante que es para todos mantener una boca limpia y sana.

Pero, como todo, está historia tiene una evolución. Según muchos historiadores, el problema de las caries surge desde la época del Neolítico (hace unos diez mil años, punto de inflexión en la evolución humana, momento en el cual pasamos de ser nómadas a sedentarios) debido al cambio de dieta surgido en aquel entonces.

En un principio, los individuos aquejados de fuertes dolores de dientes tenían o bien la posibilidad de convivir con ese malestar, o bien arrancarse la pieza que los molestaba para poder proseguir con sus vidas con la mayor naturalidad posible.

¿El problema? Si se mantiene esta práctica, y te vas arrancando cada diente que te duela, tarde o temprano te quedarás sin ellos y deberás alimentarte a base de purés y sopas. ¿La solución? La aparición de las dentaduras postizas.

Es interesante saber que desde finales del siglo XVIII hasta los principios del XIX estas dentaduras se realizaban con dientes de soldados muertos en batalla. Si algo abundaba en esa etapa de la historia europea eran las guerras, junto a una demanda incipiente de dentaduras postizas debido al masivo consumo de azúcar en el seno de las clases sociales más opulentas.

Este hecho produjo una especie de mercado laboral diferente, los «recolectores de dientes», individuos que se paseaban tras las cuantiosas batallas en búsqueda de dientes que extraían de la boca de sus numerosas víctimas. Luego los vendían, a un precio acordado de antemano, para que profesionales pudieran confeccionar prótesis dentales a sus clientes (que pagaban una importante cantidad de dinero por ellas).

¿Las zanahorias son buenas para la vista?

¿Nunca te ha dicho tu madre de comer zanahorias porque es bueno para la vista? ¿Nunca te forzó a acabar con esas verduras hervidas que habías apartado, con sumo esmero, a los confines de tu plato? ¿Nunca te has resignado a ingerir ese alimento porque era bueno para contrarrestar otras actividades que, dicen, merman tu visión? Pues que sepas que has sido engañado por tu madre, y no solo en lo de quedarte ciego haciendo ciertas cosas, sino también en lo de las zanahorias. Pero no la odies a ella, odia a los nazis, en todo caso, ya que tu madre seguramente también ha sido engañada. Aunque, en este caso, y que no sirva de precedente, el fin justifica los medios.

El mito de las zanahorias nace durante el conflicto de la Segunda Guerra Mundial. Cuando la prensa preguntó al piloto británico John Cunningham cómo podía interceptar de ese modo a la aviación alemana, este contestó que era por comer zanahorias, ya que la vitamina A que contiene esta hortaliza es más que beneficiosa para la vista.

En realidad, fue una respuesta más bien absurda, que tenía por objetivo engañar al Alto Mando nazi y así ocultar el avanzado equipamiento antiaéreo del que disponía el Gobierno inglés.

Cuando limpiarle el culo a un rey era el trabajo más demandado

Durante el absolutismo galo y británico, etapa de la historia cuyo máximo exponente fue el reinado de Luis XIV, el Rey Sol, y el de Enrique VIII, un verdadero culto hacia la personalidad del monarca de turno se confeccionó en el seno de la sociedad. Además de reunir a los cortesanos en el inmenso y lujoso palacio de Versalles (domicilio del rey), para que así estuvieran más cerca del gobernante y de su ilustre familia (y para que este los tuviese bien controlados, dicho sea de paso), toda una serie de ritos surgieron con el fin de aumentar el prestigio del soberano, hasta llegar casi a la deificación.

Era tal la devoción hacia el monarca, que uno de los mayores honores que podía tener un caballero era estar presente en el excusado cuando el soberano hacía sus necesidades y otorgarle un paño de franela para que pudiera limpiarse su real trasero.

Al individuo bendecido con tan honorable empresa se le llamaba gentilhombre del excusado, y era considerado el principal caballero de la cámara privada del rey. Por ello, el cargo era normalmente ocupado por los hijos de alta alcurnia con un trato directo con el monarca.

Adolf Hitler no... ¡Adolf Schicklgruber!

Hitler ha pasado a los anales de la historia como un apellido maldito del que todos renegamos. Los más de 50 millones de víctimas de la Segunda Guerra Mundial, junto con los millones de inocentes que sufrieron la barbarie del Tercer Reich en sus infames campos de la muerte son prueba fehaciente de ello. Pero lo que pocas personas saben es que el padre de Hitler cambió su apellido en 1876. De no haber sido por este cambio conoceríamos al dictador como Adolf Schicklgruber (a ver quién es el listo que lo pronuncia bien).

Como nunca conoció a su auténtico progenitor, el padre de Hitler, Alois, utilizó su apellido de nacimiento, Schicklgruber, hasta 1876, cuando pidió un permiso formal para utilizar el de su padrastro, Hiedler (aunque se desconoce el motivo del cambio de ortografía a Hitler).

También es extraño saber que una persona como Adolf Hitler, que le daba tanta importancia a las raíces raciales, desconocía quién era su verdadero abuelo.

El hombre con más descendencia del planeta

Gengis Kan es uno de esos nombres que se escriben con mayúsculas en los anales de la historia. Y no es para menos, puesto que el conquistador fue el que logró unificar las tribus mongolas bajo su yugo, sembrando la simiente del que sería uno de los imperios más grandes de nuestro pasado (que llegó a la nada desdeñable cifra de los 24 millones de kilómetros cuadrados, con sus más de 160 millones de habitantes a finales del siglo XIII).

Y, según parece, sus numerosas conquistas militares fueron precedidas por un sinfín de amantes (ya sea por placer o a la fuerza), puesto que un estudio genético descubrió que el mongol podría tener más de 16 millones de descendientes en la actualidad.

Las drogas durante el Tercer Reich, ¿el gran secreto de su éxito inicial?

Al principio de la Segunda Guerra Mundial, el ejército nacionalsocialista alemán parecía imbatible e infatigable. Durante la denominada «guerra relámpago», en cuestión de días, conquistaron a sus enemigos fronterizos (Holanda, Bélgica y Noruega), a lo que hay que añadir la inmovilización del ejército aliado en Dunkerque y el hecho de hacer sucumbir a la todopoderosa Francia en pocas semanas. Parecía que el ejército nazi era imparable, y muchos se preguntaban cuál era su secreto.

Sin duda, el adoctrinamiento tenaz llevado por las políticas del Führer desde la década de 1930, junto con un fuerte adiestramiento militar, tuvieron mucho que ver, pero también es importante saber que buena parte de los soldados del Tercer Reich que combatieron en la contienda consumieron metanfetaminas.

Ya desde el inicio de la guerra, con la invasión de Polonia, los Altos Mandos militares se percataron del potencial de esta droga (la Wehrmacht avanzaba sin descanso ni fatiga durante largas horas, incluso días).

Por este motivo, la pervitina pasó a formar parte del equipo de los alemanes, encargando 35 millones de pastillas ni más ni menos. Como ya decíamos, este masivo consumo de droga jugó un papel esencial durante la etapa de la guerra relámpago. Y no es para menos, el soldado nazi consumía una media de tres pastillas diarias, lo que le hacía avanzar sin descanso hacia el objetivo, hecho decisivo en el fulgurante avance teutón sobre la cartografía europea.

Aunque nos parezca extraño, en aquellos años, la metanfetamina era aceptada por la sociedad y valorada muy positivamente (ya que estimulaba las capacidades físicas, hecho muy apreciado en el ejército). Esta droga —que permitía mantenerse despierto durante mucho tiempo, además de sumir a quien lo consumía en un estado de euforia permanentemente— fue patentada como medicamento con el nombre de Pervitin. Debido a sus efectos era recetado para un sinfín de dolencias, como la depresión o la insuficiencia circulatoria.

Un perro transformado en sargento

Esta es la curiosa historia de Stubby, un perro al que el ejército estadounidense ascendió a sargento por sus méritos en el campo de batalla durante la Primera Guerra Mundial.

El meteórico ascenso de Stubby, un perro callejero adiestrado por un soldado de nombre Conroy, se inició el 5 de febrero de 1918 cuando, mediante sus ladridos, consiguió alertar a la División 102 de que un ataque de gas mostaza se iba a iniciar de un momento a otro.

Gracias al aviso, la infantería atrincherada pudo colocarse las máscaras de gas y repeler la emboscada enemiga. Además, ayudó a encontrar en numerosas ocasiones a camaradas heridos y localizó a un espía que se hallaba en el campamento estadounidense.

Los animales durante la Primera Guerra Mundial

Desde la Antigüedad, los ejércitos han utilizado animales en los conflictos armados para ganar la contienda, ya sea como una ayuda indirecta (transporte, como portadores de medicamentos y pertrechos en el frente, etcétera) o directa, sangrando, sufriendo y muriendo con todos esos anónimos guerreros que han perecido, a millones, en nuestro pasado. Pero la Primera Guerra Mundial fue una de las más terribles para ellos, puesto que, como bien apunta el historiador Gervase Phillips, «el uso de animales durante ambas guerras mundiales no tuvo precedentes».

Los caballos y las mulas desempeñaron un papel primordial en la Gran Guerra, siendo el principal medio de movilidad militar en el contexto de una guerra estancada en fronteras inamovibles de trincheras y barro. Su principal uso era transportar las piezas de artillería al frente. El ejército británico, por ejemplo, utilizó más de un millón de caballos y mulas con este fin, casi todos ellos importados desde América del Norte. Además, según Phillips, estos animales eran tan importantes para el ejército moderno que uno de los factores decisivos que marcó el fin del Imperio alemán fue quedarse sin caballos: «Cuando las ofensivas de primavera alemanas de 1918 rompieron las líneas enemigas en Francia y Bélgica, no pudieron explotar sus avances porque no tenían [...] caballería».

Pero no fueron los únicos utilizados, también perros (cuyo objetivo era cazar las ratas que se amontonaban en las trincheras y portar mensajes por las arterias cavadas bajo tierra o en la «tierra de nadie» que se hallaba entre los ejércitos), palomas mensajeras o los denominados «canarios de minas» (animales que se utilizaban para alertar de un inminente peligro, ya sea por un ataque sorpresivo del enemigo o la abundancia de gas mostaza en el ambiente). En total, se estima que se utilizaron casi 16 millones de animales en esta contienda.

Cabe destacar que los animales no solo sufrieron las consecuencias directas de la guerra, sino también las indirectas. Por ejemplo, las ballenas eran sistemáticamente bombardeadas al ser divisadas por los aviones, ya que desde el aire parecían submarinos. Víctimas indirectas a las que debemos sumar las 175.000 que perecieron en el Atlántico Sur para el suministro de aceite para los rifles o combustible para cocinas de zanja.

Franco estuvo cuarenta años en el poder por las naranjas españolas

Ocho semanas después de la capitulación alemana en la Segunda Guerra Mundial, los dirigentes del denominado mundo libre, Truman (que accedió al poder tras la muerte de Roosevelt por polio), Churchill y Stalin, se reunieron en Potsdam para debatir sobre el nuevo orden mundial (siguiendo la estela de sus antiguas reuniones durante el conflicto, como las conferencias de Teherán, de la Casa Blanca o de Yalta).

Entre las propuestas de Stalin se hallaba una intervención en España para restaurar la República. Estas fueron sus palabras: «Es necesario examinar la cuestión del régimen de España. Nosotros, los rusos, consideramos que el régimen de Franco en España fue impuesto por Alemania e Italia y que entraña grave peligro para las naciones unidas amantes de la libertad».

Pero la respuesta de Churchill frenaba la petición soviética: «El Gobierno británico siente odio contra Franco y su Gobierno [...]. Pero aquí tenemos un país que no tomó parte en la guerra, y por eso es por lo que soy contrario a interferir en sus asuntos internos».

Truman declaró: «No tengo ninguna simpatía por el régimen de Franco, pero no deseo tomar parte en una guerra civil española. Ya estoy harto de la guerra en Europa».

«Es decir, ¿que no habrá cambios en España? —respondió Stalin—. No estoy proponiendo ninguna intervención militar, ni que desencadenemos una guerra civil en España. Deseo solamente que el pueblo español sepa que nosotros, los dirigentes de la Europa democrática, adoptamos una actitud negativa respecto al régimen de Franco. A menos que lo declaremos así, el pueblo español tendrá motivo para pensar que no somos contrarios al régimen de Franco. Podrá decir que [...] lo apoyamos. La gente entenderá que hemos aprobado, o dado nuestra bendición tácita, al régimen de Franco. Esto constituye un grave cargo contra nosotros. No me agrada estar entre los acusados.»

«Todo Gobierno es dueño de expresar sus ideas por su cuenta —apostilló Churchill—: Nosotros tenemos antiguas relaciones comerciales con España, que nos proporciona naranjas, vino y otros productos a cambio de nuestras propias mercancías. Si nuestra intervención no diera los frutos deseados, yo no querría que este comercio padeciera daño. [...] Solo deseo subrayar que nosotros no hemos sido perjudicados por él por ningún concepto.»

Un pastel de bodas que dio mucho de lo que hablar

La Italia de Leonardo da Vinci era un territorio convulso y dividido, donde los poderes políticos eran ocupados por grandes familias de renombre, como los Albizzi, los Pazzi o los Médici, siempre enfrascadas en enemistades, que podían fácilmente acabar en tragedia por el control de los territorios de la península itálica. Era una época caótica de enfrentamientos armados, asesinatos, conjuras, corrupción, etcétera.

Entre esas familias sobresalía la de los Sforza que, para la majestuosa boda de uno de sus hijos, nombró como maestro de ceremonias al ultraconocido Leonardo. Ante tal halago, el genio renacentista decidió obsequiarles un regalo de bodas hasta la fecha nunca visto, un enorme pastel, de unos setenta metros de longitud, que no solo serviría para dar de comer a todos los invitados como colofón a las nupcias, sino que sería el lugar en el que se desarrollaría tan solemne ceremonia. Es decir, los invitados iban a tener el honor de comerse el salón de bodas.

Pero Da Vinci no cayó en que el azúcar atrae a todo tipo de animales, muy numerosos por aquel entonces en cualquier ciudad europea, y tras realizar la tarta la noche de antes, la dejó a la intemperie a la espera del acto nupcial. Al regresar al día siguiente se percató de que el pastel había sido saqueado por las miles de ratas, perros y moscas de la urbe. Seguramente avergonzado, y temiendo por su integridad física (ya que había arruinado la boda de los Sforza), decidió huir de Florencia una temporada.

Cabe destacar que existe cierto debate en el seno de la historiografía sobre la realidad de esta curiosidad histórica.

Kamehameha existió y fue un rey

El primer monarca hawaiano se llamaba Kamehameha. Fue el responsable de la unificación de las islas del Pacífico, estableciendo formalmente el Reino de Hawái a principios del siglo XIX, de allí su apodo de Kamehameha el Grande.

Este soberano ha pasado a la historia hawaiana como un gran rey que defendió los valores tradicionales de sus territorios y del sistema *kapu* (su antiguo sistema legislativo).

El hombre que voló para contarlo

A lo largo de la historia abundan las anécdotas de gente con mucha suerte que consiguió burlar a la muerte de una forma casi imposible, pero pocas historias están a la altura de esta.

El británico Nicholas Alkemade, un aviador que luchó en contra del Tercer Reich durante la Segunda Guerra Mundial, sobrevivió a un más que peligroso salto cuando, el 24 de marzo de 1944, su avión fue derribado (en un ataque aliado en territorio alemán) y tuvo que saltar, sin paracaídas, desde una altura de cinco mil quinientos metros.

Logró sobrevivir cayendo sobre unos árboles frondosos y un suelo sepultado por la nieve (su suerte pocas veces ha sido vista en la historia).

Juicio a un hombre lobo

El 31 de octubre de 1589 ocurrió un hecho insólito en la ciudad teutona de Bedburg, la ejecución de un hombre lobo. El individuo se llamaba Peter Stumpp, un enriquecido terrateniente de unos cincuenta años que, según aseguraron las autoridades locales, había pactado con el diablo para adoptar el cuerpo de un lobo a su voluntad y así perpetrar los más horribles crímenes (como devorar los cerebros de catorce niños, incluido el de su hijo, y dos mujeres, además de yacer con su hija). La justicia fue implacable.

Después de confesar sus crímenes bajo tortura (llegó a asegurar que había practicado magia negra desde su más tierna infancia, y que gracias a ella había podido pactar con el diablo para así perpetrar todas sus fechorías), se le despellejó vivo con unas tenazas. Fue colocado en la rueda para poder romper todos sus huesos (y así imposibilitar su regreso de ultratumba), siendo finalmente decapitado. Su cabeza fue colocada en una pica situada en la plaza del pueblo.

En realidad, el único delito que cometió nuestro protagonista fue el de enriquecerse durante una época más que complicada económicamente para la región (varios años de malas cosechas habían empobrecido a la gran mayoría de la población), lo que condujo a fuertes envidias y rencores del resto de sus conciudadanos.

Así que ya sabes, si no puedes con tu enemigo, transfórmalo en un hombre lobo y decapítalo.

La esclavitud en Estados Unidos duró más de lo que pensamos

El año 1865 es uno de esos años que cambiaron por completo la historia de un país, momento en el que la mayoría de los estados de Estados Unidos ratificaron la Decimotercera Enmienda por la cual se abole la esclavitud. En los años posteriores, el resto de ellos (Texas, Delaware, Kentucky o Nueva Jersey) se unieron también a la causa.

Fue un hito que marcó un punto y aparte en la historia. Un paso de gigante para acabar con una de las lacras de nuestra historia, la existencia de humanos no considerados como tales, siempre bajo el yugo de su propietario (aunque no olvidemos que aún en los años sesenta del siglo XX los afroamericanos no podían sentarse en los mismos lugares que los blancos, comer en los mismos restaurantes, educarse en las mismas escuelas o entrar en algún comercio por la misma puerta).

Con todo, una mención aparte merece el estado de Misisipi, puesto que no aprobó oficialmente la Decimotercera Enmienda hasta 1995. Según parece, este hecho fue debido a un error en el fallo oficial, pero algunos historiadores sostienen la idea de que no fue ratificada intencionadamente, puesto que la esclavitud ha sido la base sobre la cual floreció su economía (sobre todo el cultivo de algodón) durante los siglos XVIII y XIX.

El día en el que Ramsés II tuvo que sacarse el pasaporte francés

En el año 1976, cuando el conocido Ramsés II llevaba más de tres mil años muerto, tuvo que sacarse el pasaporte para poder viajar desde su tierra natal hasta París.

Como el estado de conservación de la momia estaba deteriorándose de modo alarmante, las autoridades egipcias decidieron enviarla a Francia para someterla a un tratamiento de preservación. Pero surgió un problema, nadie puede pisar suelo galo sin tener su documentación en regla, ya sea rey o plebeyo, mujer u hombre, negro o blanco, esté vivo o muerto.

Por este motivo, el faraón tuvo que poner al día su pasaporte y, además, como dicta la ley francesa, fue recibido con todos los honores militares a su llegada al aeropuerto, como cualquier otro gobernante. No se conserva ninguna imagen de este documento, pero existe una recreación realizada por David Anderson bastante divertida (si te gusta el humor negro).

El robo de la Mona Lisa

El 21 de agosto de 1911 acontece en París uno de los mayores robos de la historia, fechoría que tuvo por protagonistas al desconocido Vincenzo Peruggia y a la ultraconocida *Mona Lisa*, el cuadro de Leonardo da Vinci también conocido como *La Gioconda*.

El ladrón, que trabajaba en el museo, logró entrar en el Louvre cuando este se hallaba cerrado al público y, sin casi ningún tipo de preparativo ni vigilancia, salir con la obra de Da Vinci. Dos años después, gracias a la colaboración de un anticuario de Florencia, la pintura sería devuelta al museo.

Los días que nunca existieron

En octubre de 1582 un decreto papal emitido por Gregorio XIII aprobó la sustitución del calendario juliano por el gregoriano (en ello se muestra que el pontífice era igual de egocéntrico que el dictador romano, que no es poco).

Pero más allá del nombre elegido, lo más destacable del acontecimiento es que durante este proceso desaparecieron de la historia diez días, con sus diez noches. Se pasó automáticamente del jueves 4 de octubre al viernes 15.

Este hecho fue debido a un error de cálculo en época de Julio César (que creó el calendario basándose en el solar egipcio), puesto que pensaban que el Sol tarda 365,25 días en dar la vuelta al mundo, pero, en realidad, son 365,242189 (o, lo que es lo mismo, 365 días y 5 horas, 48 minutos, 45 segundos).

En 1582 las autoridades se percataron, mediante unos simples cálculos, de que el calendario tenía un error acumulado de diez días. Hoy, se intenta paliar esta situación adoptando los años bisiestos cada cuatro años (es decir, cada cuatro años el año tiene 366 días), menos los años que acaben con dos ceros, y no sean múltiplos de 400.

Los primeros asesinos fueron porreros

Los *hashashin* fueron una secta religiosa terrorista musulmana formada en el contexto de las cruzadas (del siglo X al XIII). Se dice que su líder, el Viejo de la Montaña, los llevaba a su refugio, oculto en las montañas, y, junto a bellas mujeres, les ofrecía hachís.

En medio del éxtasis y la euforia por semejante compañía, les explicaba que esa rara planta provenía del mismísimo paraíso, otorgándoles de este modo una prueba fehaciente de que ese idílico lugar existía, dando así sentido a su labor en tierra: frenar la expansión del hereje cristiano.

Y será de la palabra *hachís* de la que tomaron su nombre, *hashashin*, traducido por los franceses como *hassasin,* que acabó traduciéndose al español como «asesino», puesto que en el francés la *h* es muda.

Cabe destacar que ciertos investigadores refutan esta hipótesis (aceptada por la Real Academia de la Lengua), y defienden que el concepto de *hashashin* proviene del nombre de su líder, Hassan, o del término árabe *hashishin* («inmoral»).

Cuando los checos tiraron por la ventana a sus políticos

Estos violentos actos se realizaron hasta en tres ocasiones, pasando a los anales de la historia como las defenestraciones de Praga. La primera de ellas aconteció en julio de 1419, cuando varios cientos de miembros de una comunidad cristiana propia de Bohemia (los husitas) llegaron al Ayuntamiento de la urbe encolerizados debido a las políticas realizadas por el Consejo de la ciudad, y tiraron a varios de sus miembros por la ventana para que fueran asesinados por la turba ciudadana. Se cuentan siete muertos en este primer acto de salvajismo, pero la cosa no quedó ahí.

Tras la primera defenestración estalló una guerra de religiones en el territorio, batalla vencida por los católicos. De este modo, se inició una represión en contra de los herejes husitas radicales, pero estos se organizaron y en el 1483 volvieron a tomar el Ayuntamiento y tirar a varios políticos desde sus ventanas.

Finalmente, la tercera y última defenestración aconteció en 1618 debido a las tensiones que suscitó la elección de Fernando II como rey de Bohemia en el seno de la aristocracia del territorio (ya que acabó con la tolerancia religiosa hacia los protestantes). Esta vez fueron dos gobernadores imperiales junto a su secretario los que acabaron volando por la ventana del castillo de Hradcany, aunque ninguno acabó con heridas graves ya que aterrizaron en un montón de estiércol. Para muchos historiadores, este acto fue el inicio de la guerra de los Treinta Años.

¿El robo más escalofriante de la historia?

Como bien sabrás, tras su detención, el dictador italiano Benito Mussolini fue ejecutado junto a su amante Clara Petacci, y sus cadáveres fueron ultrajados, golpeados y colgados por los pies en el norte italiano en abril de 1945. Pocos días antes, cuando supo que Hitler había perdido definitivamente la guerra, el Duce decidió huir no con su mujer e hijos, sino con su amante y su hermano, sin destino concreto y disfrazado de soldado raso alemán.

El convoy en el que se desplazaba fue detectado por los partisanos comunistas de la Brigada Garibaldi, y su detención fue inmediata. El juicio y el veredicto no se hicieron esperar: «Fusilados como perros rabiosos».

Aunque pocos saben que, una vez muerto, el cadáver del Duce fue robado del cementerio de Musocco por un grupo fascista que se denominaba Escuadra de Acción de Mussolini (SAM). Su objetivo era glorificar el cadáver del antiguo líder, pero pocos meses más tarde el cadáver sería restituido a su familia y finalmente trasladado (en 1957) a la capilla de Predappio.

Perros contra nazis

Fue tal el avance del ejército nazi en territorio soviético durante la Operación Barbarroja (campaña de invasión militar nazi en el territorio ruso en 1941), fue tal la brutalidad emprendida por la Wehrmacht (las fuerzas armadas nazis) contra la «raza inferior» eslava, que la guerra rápidamente se tornó en una cuestión de supervivencia ideológica y racial.

Al tener unos recursos militares menos modernos y desarrollados que los de su enemigo, los soviéticos tuvieron que utilizar todos los medios de los que disponían para frenarlos. Entre todos ellos destaca uno: utilizar perros bomba adiestrados para dirigirse bajo los tanques alemanes justo antes de hacer explosión.

Niños y viejos, la última defensa nazi

Tras la derrota en Stalingrado (1942), el ejército nazi empezó un repliegue militar frente a la ofensiva soviética. El retroceso lo llevaría hasta la propia capital de su ya perdido Imperio centroeuropeo.

La última defensa nazi, la defensa de Berlín, fue llevada a cabo en su mayoría por viejos ciudadanos y niños soldados alemanes, que nada pudieron hacer frente a la invasión rusa.

Los faraones negros

En el siglo VIII a. C. acontece un hecho de lo más curioso, el majestuoso Egipto es conquistado por un antiguo Imperio centroafricano, el nubio.

Esta civilización estuvo durante mucho tiempo bajo la tutela de los faraones, pero, aprovechando una dura época de grave crisis que desestabilizó a la sociedad egipcia, avanzó desde su territorio (el actual Sudán) hasta hacerse con el trono de los todopoderosos faraones.

De este modo, los reyes etíopes fundaron su propia dinastía, la XXV, gobernando el país del Nilo durante unos ochenta años. Reunificaron el territorio y reconstituyeron sus instituciones, mientras conseguían revitalizar las letras y construir una serie de faraónicas edificaciones para devolver la gloria perdida al milenario Imperio. Fueron finalmente vencidos por las hordas asirias.

Wojtek, el oso antinazi

He aquí la curiosa historia de Wojtek, el oso que ayudó al ejército polaco a luchar contra la invasión nazi. Tras ser apresados por los soviéticos, los polacos fueron enviados a luchar en el frente en los territorios de la actual Siria e Irak junto con los británicos, y sería en ese lugar, en 1942, donde se toparon con un niño hambriento con una curiosa mascota, un osezno desnutrido.

Estos lo adoptaron y lo nutrieron utilizando una botella de vodka vacía que rellenaron con leche. Con el tiempo fue creciendo, dejando de lado sus biberones de leche y pasándose a la cerveza. Este nuevo recluta tuvo un valor inestimable en el frente, cargando las pesadas cajas de munición y alimentos en los camiones, o portando munición y grandes proyectiles en primera línea del frente.

Fue tal el amor de los polacos hacia su nuevo camarada, el oso-soldado, que al dirigirse hacia su nuevo destino, la liberación de la Italia fascista, lo alistaron en el ejército polaco, ya que si no, los británicos no lo dejarían subir a los barcos de guerra. ¡Incluso lo plasmaron en su emblema!

Tras la guerra ingresó en un zoológico escocés en el que moriría, por causas naturales, en 1963.

Los herederos al trono de Francia, uno de los intentos de estafa más sonado de la historia

Desde la Revolución francesa, un total de cuarenta y tres personas se han proclamado herederas al trono francés. ¿Cuál era su base argumentativa? Ser los descendientes directos de Luis XVII, hijo de Luis XVI y María Antonieta, que supuestamente huyó de su encarcelamiento rumbo a Argentina.

Tras una vida de opulencia y derroches, el fin de los reyes absolutistas galos lo marcó la guillotina en 1793. Tras la muerte de su marido, María Antonieta, que lo siguió algunos meses más tarde, pasó por un auténtico calvario. Permaneció encarcelada durante largos meses y vio cómo los juicios falseados ponían en duda su integridad como persona y madre mediante falsas acusaciones vertidas en su contra por los revolucionarios. Entre ellas, tuvo que escuchar, en boca de su propio hijo Luis XVII, con apenas diez años de edad, que esta lo obligaba a masturbarse y a realizar prácticas sexuales de lo más denigrantes (véase el epígrafe «Los últimos días de María Antonieta y el joven Luis XVII»).

Tras el ajusticiamiento de su madre, el destino del joven infante se tornó un misterio, dando pie a toda una ristra de teorías conspiranoicas. La más popular fue que este huyó hacia Argentina. Y a raíz de ello, durante los siglos XIX y XX, un total de cuarenta y tres personas reclamaron el trono, defendiendo que eran familia directa de la malograda familia real francesa.

Pero un análisis de ADN demostró que el delfín de Francia murió a temprana edad en la prisión del Temple, lugar donde pasó sus últimos y turbulentos años de vida. ¿Qué se utilizó para realizar esas pruebas? Su corazón, conservado en un frasco de formol, y un mechón del pelo de su madre.

Los cuarenta y siete *ronin*, una historia de *vendetta* y justicia

Crueles y vengativos, prototipo de un código del honor ya en desuso y convertidos en leyenda en la psique colectiva nipona desde la aparición, en 1748, de la obra de kabuki *Chushingura* (en la que se los describe como último vestigio de la ética samurái), la historia de los cuarenta y siete *ronin* no deja indiferente a nadie.

Tras un siglo de paz y de relativa estabilidad, en 1703, aconteció un hecho que trastocó por completo la tranquilidad social y política del Periodo Edo, cuando unos asaltantes liquidaron al maestro de ceremonias del sogún Kira, cortándole la cabeza y colocándola sobre la tumba de su antiguo señor Asano Naganori.

La rivalidad entre los antiguos samuráis y la mano derecha del sogún se inició un par de años antes. Asano Naganori, líder de su clan, intentó, sin éxito, asesinar a Kira tras una serie de desavenencias entre ambos durante una estancia de los altos dignatarios imperiales en Edo. Tras su suicidio *(seppuku)*, el sogún tomó su castillo y encarceló a su hijo, heredero legítimo de su casa, lo que transformó a sus vasallos de samuráis a *ronin*, perdiendo así su posición social prominente y privilegiada.

Estos, entendiendo la venganza como una obligación de lealtad hacia su antiguo señor, confeccionaron, durante dos largos años, los meticulosos preparativos de un complicado plan. Según la leyenda, forzaron a uno de ellos a contraer matrimonio con la hija del maestro de ceremonias para así adquirir los planos de la casa y llevar a cabo su *vendetta*. Esta se realizó una noche de enero, cuando cuarenta y siete *ronin* asaltaron la casa de Kira, y tras asesinar a diecisiete soldados de su guardia lo encontraron escondido en un pequeño almacén de carbón de su jardín.

Tras asesinarlo con la espada de su amo, la misma que utilizó para su autoejecución, fueron arrestados por las autoridades y también ajusticiados, dándoles la opción del *seppuku* o suicidio ritual, no sin antes alabar su actitud de *ronin*, arquetipo de un modelo de lealtad y valentía, poco a poco, olvidado en el Japón del sogunato Tokugawa.

El pueblo nazi que prefirió suicidarse a caer bajo las garras soviéticas

En 1945 el Ejército Rojo ya había aplastado en Stalingrado al grueso del ejército nacionalsocialista, que desde esa batalla se hallaba en retroceso constante, acercándose cada vez más el cerco de los bolcheviques sobre el territorio germano.

Uno a uno, pueblos y ciudades alemanes fueron capitulando, cuando le llegó el turno a una pequeña localidad de no más de quince mil habitantes, Demmin. La población, presa de la histeria colectiva, decidió un suicidio masivo que se saldó con casi dos mil víctimas mortales.

Los supervivientes nos relatan cómo cientos de personas, en pocas horas, se quitaron la vida mediante un tiro en la cabeza, cortándose las venas con cuchillas de afeitar, tomando cianuro o colgándose, utilizando sus cinturones, de cualquier árbol que encontraban. Fueron tantas las víctimas, y tal el descontrol, que todos fueron enterrados en fosas comunes.

Las elecciones más manipuladas de la historia

El 3 de mayo de 1927, en el país de Liberia, el presidente Charles King fue reelegido con más del 96 por ciento de los votos a favor. El problema es que de los quince mil electores registrados votaron 243.000 nada menos. Es decir, hubo una participación del 1.680 por ciento. Casi nada.

Los zoológicos humanos, o la expresión de racismo más flagrante de occidente

Aunque los zoológicos humanos se remontan a la Antigua Roma, donde se exhibieron poblaciones bárbaras para el disfrute del público, pasando por la célebre colección privada de la Casa de Fieras del siglo XVI del cardenal Ippolito de Médici en el Vaticano, no será hasta el siglo XIX cuando este fenómeno explotó en Europa.

Tras el periodo de colonialismo europeo, un fuerte interés por conocer a esos «pueblos incivilizados» del mundo cuajó en la sociedad europea. Y para satisfacer este interés se creó, en toda la cartografía continental, este despropósito: el zoológico humano. Un lugar para visitar en familia y poder observar, mientras les tiraban cacahuetes para alimentarlas, a personas de otras etnias apresadas y expuestas para el gozo del público. Una nueva forma de hacer sentir racialmente superior a los europeos y justificar así las barbaridades cometidas en esas regiones en nombre de su labor civilizadora.

A finales del siglo XIX, estos zoos existieron en París, Varsovia, Barcelona, Nueva York, Bruselas, Londres o Milán, entre otras ciudades. Y su público se contaba por millones.

A la exposición colonial de París en 1931 acudieron más de 34 millones de personas, y a la de Bruselas de 1958, 41 millones (ateniéndonos a la cantidad de entradas vendidas, aunque bien es cierto que muchos individuos compraban varias de ellas para entrar a todas las atracciones del lugar). Familias, políticos y aristócratas que no dudaron en visitar estas atracciones del despropósito, en las que decenas de individuos eran enjaulados en un escenario que, supuestamente, representaba su exótico hábitat mientras se satisfacía la malsana curiosidad europea. Una de esas historias que hoy avergüenzan a todo un continente.

La mal llamada gripe española

El brote de esta nueva cepa mortal se extendió entre 1918 y principios de 1919 por toda la cartografía mundial a una velocidad nunca vista hasta la época, contagiando a un tercio de la población y matando entre 20 y 100 millones de individuos.

Aunque todo apunta a que esta nueva enfermedad se originó en China, el primer caso conocido se dio en un centro de instrucción dc Kansas (Fort Riley), el 4 de marzo de 1918, cuando uno de los soldados se presentó en la enfermería con una fuerte fiebre, y a las pocas horas ya habían más de un centenar de personas infectadas.

Este nuevo virus mataba a una velocidad alarmante. Sus víctimas sufrían no solo de fiebres altas, sino que también se les encharcaban de sangre los pulmones, desarrollaban insuficiencias respiratorias y vómitos.

La cepa llegó a Europa cuando el contingente norteamericano desembarcó en sus costas a finales de la Primera Guerra Mundial, pero sería la segunda ola (de septiembre a diciembre de 1918) la que acabaría con el mayor número de personas, siendo un factor determinante para su rápida expansión el conflicto bélico. Las duras condiciones de vida (no solo en las trincheras, sino también en las ciudades), la censura y la rápida movilidad de las tropas hizo que el virus se expandiera de una forma alarmante.

Pero sería en España, país no beligerante, al que el virus llegó seguramente con los temporeros que fueron a trabajar a Francia durante el verano de 1918, donde los medios de comunicación pudieron hablar del nuevo peligro que se estaba gestando sin sufrir represalias de la censura militar. De allí el nombre de esta nueva cepa, la gripe española.

Moisés y el mar Rojo, ¿o Moisés y el mar de Juncos?

La historia de Moisés abriendo el mar Rojo, una de las mayores hazañas realizadas en la Biblia, podría ser debida a una mala traducción de los escritos antiguos.

Según se piensa, la expresión hebrea *yam Suf*, denominación original de este hecho que figura en el Libro del Éxodo, no tenía el mismo significado que su reciente traducción (mar Rojo). En realidad *suf* significa «caña del papiro».

El problema vino al traducir esos textos a lenguas más modernas durante el Renacimiento. La primera de esas traducciones (del hebreo al inglés) fue más fidedigna a la realidad, *Reed sea* (mar de Cañas). Pero en la traducción del inglés al alemán, confeccionada por Lutero, se interpretó esa expresión como una errata, y lo tradujo eliminando una *e* (*Red sea,* «mar Rojo»), término que se expandió desde esa fecha.

Dos grandes bulos sobre Calígula y Nerón

La estela de estos dos emperadores sigue vigente en nuestros días, siendo recordados por el gran público como gobernantes locos y psicópatas con demasiado poder, que cometieron actos de verdadera crueldad e inhumanidad. Pero, como siempre pasa, aunque cuando el río suena agua lleva, sus imágenes han sido distorsionadas y caricaturizadas con el devenir de los años, sobre todo por cuestiones políticas.

El emperador que nombró cónsul a su caballo y el que quemó la ciudad de Roma

Uno de los capítulos más famosos de la vida de Calígula es cuando este nombró cónsul, ante la incredulidad de sus coetáneos, a su caballo Incitatus. Se dice que el emperador sentía verdadera devoción por su caballo, al que le hizo construir un enorme establo de marfil en el que trabajaban para él dieciocho esclavos que le proporcionaban cada día un manjar de dioses (avena mezclada con copos de oro).

Por su parte, Nerón ha pasado a la historia como el emperador que incendió Roma para poder construir un colosal palacio en la urbe, afirmando, además, que se pasó el incendio tocando su lira y regocijándose del dolor de su pueblo.

Una más que probable caricatura historiográfica

El problema de estos dos ultraconocidos episodios es que las únicas fuentes antiguas que los mencionan fueron escritas por dos historiadores, muy *a posteriori,* que sentían gran desprecio por los emperadores, siendo fervientes defensores de la República y los senadores, Suetonio y Dion Casio. A tenor de esta información, la historiografía moderna se cuestiona vivamente estos dos despropósitos históricos.

Por un lado, no hay ninguna prueba tangible del nombramiento como cónsul del caballo de Calígula, aunque parece ser que el emperador sentía un profundo menosprecio por sus senadores, sentimiento por el que llegó a afirmar que su caballo sería mejor cónsul que ellos. Pero era en un tono más irónico que realista. Por otra parte, se piensa que Nerón no se hallaba presente en la urbe cuando el incendio empezó, sino que se encontraba a cincuenta kilómetros, en Anzio. Además, según parece, al enterarse de la tragedia regresó apresuradamente a su ciudad y colaboró con las tareas de extinción (aportando su guardia pretoriana y distribuyendo alimentos entre los afectados). Eso sí, rápidamente buscó un chivo expiatorio para tal catástrofe, los pujantes cristianos.

El carnaval que se transformó en tragedia

El carnaval es una de esas festividades que aún hoy aún perviven y que tienen una gran acogida en el seno de nuestra sociedad. A todos nos gusta vestirnos de forma extravagante, graciosa o emulando a algún célebre personaje para transformarnos, aunque solo sea por una noche, en alguien diferente a nosotros. Y si a nosotros nos gusta, a nuestros antepasados también.

En el Medievo era una fiesta muy popular. Normalmente se celebraba antes de la Cuaresma (el ayuno religioso de cuarenta días) con copiosos banquetes con mucho alcohol y tumultuosas procesiones con música en la que los vecinos mostraban sus disfraces, mientras disfrutaban de las celebraciones.

Aunque el objetivo era vestirse con la piel de otro para dejar de lado los infortunios personales, siendo esta fiesta una válvula de escape a los problemas cotidianos, en 1580 el carnaval convivió con un estallido de violencia entre las masas.

En esa época, la urbe francesa de Roman se hallaba enfrascada en una situación delicada. Con una fuerte crisis económica a sus espaldas, los ciudadanos se veían ahogados por presiones fiscales desmedidas que acabaron en querellas religiosas. Cuando las fiestas se iniciaron, la apatía de los gremios y de los campesinos en contra de sus señores era más que palpable, y los pobres se enfrentaron violentamente en contra de los más acaudalados, en una orgia de desenfreno y violencia callejera.

¿El balance? Más de treinta muertos durante las fiestas y una represión señorial que acabaría con la vida de más de dos mil personas.

El vibrador, un invento para combatir la histeria femenina

Aunque en la actualidad el vibrador es un instrumento ideado para el placer sexual femenino, en su origen, este aparato fue creado con un propósito bien diferente, aliviar los estragos de las pacientes diagnosticadas con «histeria femenina».

Desde la Antigua Grecia, se consideraba que la histeria era una patología que solo podía afectar a las mujeres, como ya su propio nombre indica (*histericus,* «proveniente del útero») y para poder paliarla se realizaban masajes pélvicos de forma manual, junto a la utilización de chorros de agua a presión desde el siglo XVIII. El objetivo era, según los médicos de la época, eliminar la acumulación de sangre que se formaba en la pelvis, hecho desencadenante de la susodicha enfermedad femenina.

En el siglo XIX, las curas evolucionaron mediante la mecanización de la práctica médica. En un principio eran aparatos demasiado grandes y costosos hasta la aparición del *percusser* del médico Joseph Mortimer Granville. Aunque el británico lo ideó con un fin distinto (activar los músculos voluntarios de los hombres), pronto fue utilizado por las mujeres de forma masiva para aliviar sus males.

Por ventura, la coherencia llegó (aunque con más de dos mil años de tardanza) y en la década de 1950 la histeria dejó de ser una enfermedad mental que solo atañía a las mujeres y el vibrador cambió de uso.

El deportista mejor pagado de la historia

Ni Messi ni Cristiano Ronaldo ni Tiger Woods, el deportista mejor pagado de la historia fue un antiguo romano de nombre Cayo Apuleyo Diocles.

Durante el Imperio romano, los emperadores entendieron perfectamente la premisa del «pan y circo». Esta tenía por objetivo divertir a la plebe para que se olvidara de los problemas que la acechaban. Entre ellos podemos destacar las duras y largas campañas militares, junto a las fuertes crisis económicas, las hambrunas que acontecían a la postre y la falta de trabajo para poder paliarlas, que dilapidaron la estabilidad social romana.

A mi modo de entender, uno de los grandes problemas de esa civilización era su abundante mano de obra esclava, que para muchos historiadores podía superar el 50 por ciento de la población en ciertas etapas del Imperio. Ante esta situación, los jornaleros, es decir, los individuos libres que trabajaban a cambio de un jornal, no podían competir en el mercado laboral. ¿Dime tú quién te va a pagar un salario digno pudiendo contratar a esclavos que trabajan para ti de forma gratuita?

Esta sociedad se vio muchas veces sobrepasada y, para intentar frenar el descontento popular, los emperadores (como hicieron los gobernantes de la República) utilizaron los divertimentos para canalizar la rabia contenida de su pueblo. Los anfiteatros, circos, teatros o termas eran muy abundantes y populares en la época, y esto hizo que muchos de los deportistas (por llamarlos de algún modo) que competían en los circos o en el Coliseo ganaran sumas de dinero más que considerables.

Cayo Apuleyo Diocles era un auriga —es decir, conducía carros de dos caballos— que vivió durante el siglo I y se retiró a los veinticuatro años de ejercer su profesión (con cuarenta y dos años de edad), no sin antes ganar un total de 35.863.120 sestercios romanos (lo que equivaldría a unos 12.000 millones de euros).

Los *bestiarii* romanos, unos gladiadores diferentes

Los *bestiarii* eran una suerte de gladiadores, ataviados del mismo modo que el resto de los gladiadores, pero que luchaban contra un enemigo bien diferente. Estos se especializaban en la lucha contra feroces y salvajes animales (toros, rinocerontes, leones, osos, etcétera).

El más conocido de todos fue el sirio Carpóforo, que vivió en la Antigua Roma durante el siglo I. Se hizo un nombre en la historia durante las fiestas de inauguración del Coliseo, torneo en el cual se enfrentó a la vez a un oso, un león y un leopardo. Todos estos temibles animales fueron ajusticiados por la lanza del gladiador. Fue denominado el Hércules romano, ya que, según las palabras del poeta Marcial, «podría haber matado a la hidra, a la quimera y al toro de Creta al mismo tiempo».

Batallas navales en el Coliseo

Como bien sabemos, los espectáculos romanos que se confeccionaban en sus teatros, anfiteatros, circos o en el mismísimo Coliseo han perdurado en los anales de la historia hasta formar parte de nuestra psique cotidiana. En ellos se podían apreciar carreras, peleas de gladiadores, obras de teatro o recreaciones de batallas históricas. Pero, a pesar de toda lógica, estas batallas no solo eran terrestres, sino también navales. Esta es la historia de las naumaquias, el mayor espectáculo que se podía observar en el Coliseo romano.

Mediante un sistema subterráneo de canalizaciones, los romanos eran capaces de desviar el agua de los acueductos, llenar el Coliseo y así poder realizar estas impactantes batallas navales para gozo y disfrute de su público. No obstante, aunque se representaban con bastante precisión enfrentamientos acaecidos en su historia, se tenían que utilizar barcos con dimensiones más pequeñas que las reales.

Cabe destacar que no solo se realizaron en el magnífico Coliseo (también conocido como la Maravilla), ya que la primera de la que tenemos constancia se celebró en el año 46 a. C., durante el mandato del dictador Julio César, poco más de un siglo antes de la construcción de este.

Los gatos espías: la operación Acoustic Kitty

La Guerra Fría fue una guerra de lo más inusual. Al coexistir dos superpotencias, como lo fueron la Unión Soviética y Estados Unidos, con una visión del mundo tan antagónica, lo más normal, según dicta nuestra historia, sería que una guerra a tumba abierta entre ambos explotara. Pero eso era imposible, puesto que el armamento nuclear que poseían podría acabar con el planeta.

Así pues, una guerra diferente a cualquier otra se inició tras la Segunda Guerra Mundial. Y en ella, conocer los secretos de Estado de tu enemigo era indispensable para seguir moviendo ficha en un tablero mundial de lo más tenso.

En estas circunstancias los espías tuvieron un papel más que relevante. Muchos de ellos son protagonistas de auténticos *thrillers* de los que no te dejan levantarte del sofá ni para ir al baño o para hacerte unas palomitas. Aunque existen ciertas historias de lo más absurdas y dantescas. Entre todas ellas, sobresale el proyecto norteamericano que tenía por objetivo transformar unos gatos en temibles espías anticomunistas.

La Operación Acoustic Kitty fue ideada y desarrollada por la Agencia Central de Inteligencia (CIA) y tenía por objetivo entrenar a gatos para interceptar mensajes secretos soviéticos. La operación se inició en 1961 y finalizó en 1966, gastando un total de 20 millones de dólares de las arcas estadounidenses.

Para poder crear estos gatos espías, tuvieron que realizarles operaciones quirúrgicas, instalando un micro en su canal auditivo, conectado a una antena en su cola y un radiotransmisor en su pecho (todos estos aparatos disimulados por su piel y su pelo). El plan era que los gatos se colaran en las embajadas soviéticas, pudiendo así interceptar las conversaciones de sus enemigos. El problema es que los gatos no se dejaban domar fácilmente y a la mínima distracción se olvidaban del plan acordado por sus superiores.

El único intento se realizó en 1966, cuando los agentes estadounidenses mandaron al gato que estuvieron entrenando durante cinco años a espiar a unos agentes de la Unión Soviética que se habían dado cita en un parque cerca de la embajada soviética de Washington D. C. Pero antes de llegar a su destino, según parece (ya que la CIA aún no ha desclasificado todos los documentos de esta operación) fue arrollado por un taxi. Sea como fuere, lo que sí está claro es que esta operación fue un rotundo fracaso.

Luis I de Baviera, el rey que perdió su corona por una bailarina

Luis I fue el soberano del reino germánico de Baviera desde 1825. Este era un momento más que complicado para las monarquías absolutistas europeas, debido a la irrupción del ideario liberal en el continente. El monarca, a las puertas de la Revolución de 1848, conoció a Lola Montes, una bailarina de poco éxito que intentaba, en vano, hacerse un nombre en el mundo artístico de principios del siglo XIX.

Tras un buen número de amantes (entre ellos, el propio Dumas), junto a penosas actuaciones en las grandes capitales del continente (como Londres o París), la joven artista llegó a Baviera en 1846.

Al poco tiempo, su carismática belleza atrajo al mismísimo rey, que no dudó en utilizar su influencia para que la bailarina actuase en la Ópera de Múnich. Tras el abucheo del público, el amante enamorado (que, por otro lado, estaba casado y tenía diez hijos) decidió, no solo regalar un palacio a su amada, sino que, además, la nombró condesa.

Este inmerecido trato de favor, junto al difícil carácter de la nueva aristócrata (tildada de déspota, extravagante y con demasiada influencia en la corte), produjo un clima de rebelión en el seno de la nobleza bávara. Ante esta tesitura, Luis I tuvo que expulsar a Lola del reino y abdicar a favor de su hijo, Maximiliano, en 1848.

El genocidio de los bisontes

Tras la guerra de Secesión que dividió Estados Unidos en dos, 1860-1863, las miradas de los colonos se tornaron hacia el indómito e inexplorado Oeste americano, iniciándose un imparable avance más allá de la frontera del Misuri (en poco más de treinta años colonizaron más de 174 millones de hectáreas).

Un nuevo rumbo de la política cuajó en la sociedad norteamericana. Rumbo que se basaba en la antigua promesa que llevó a miles de europeos a abandonar el Viejo Continente para colonizar uno nuevo, con la idea de buscar una nueva vida lejos de la antigua. Y con este objetivo, el Oeste americano se transformó en la nueva tierra de las oportunidades.

El Oeste americano pronto se conoció como una tierra de contrastes entre la ley del más fuerte y la libertad inherente de unas tierras aún por estatalizar y legislar.

Empieza el camino hacia el Oeste americano

Desde el principio, los colonos se vieron confrontados a un problema más que importante para poder avanzar por este desértico e inhóspito territorio y llegar a su destino, la costa occidental: las enormes distancias. Para poder paliar este impedimento, Grant utilizó el mismo modo de transporte que tanto lo ayudó para mover rápidamente sus tropas durante el conflicto interno estadounidense, el ferrocarril. Y, para que este fuese construido lo más prontamente posible, otorgó a las ferroviarias el terreno circundante a sus vías, lo que se tradujo en miles de hectáreas de territorio gratuito para estas grandes empresas, que no tardaron en vender a los nuevos colonos, agenciándose enormes beneficios.

No fueron pocos los individuos que observaban estas tierras como una nueva oportunidad de volver a empezar, y miles de ellos emigraron en masa hacia el Oeste. Pero lejos de ser una tierra desértica, este nuevo territorio estaba ocupado, desde hacía milenios, por unas culturas ajenas a los intereses coloniales que no dudarían en defender su hogar mediante la violencia.

Según ciertas fuentes, los nativos norteamericanos ascendían, antes de la irrupción del colonialismo occidental, a una población de unos trescientos mil individuos, siendo los más numerosos los sioux lacotas. Entre estos últimos se hallaba el ultraconocido Caballo Loco, líder militar que organizó a su tribu para defender la inviolabilidad de sus tierras sagradas y que, al principio, logró frenar el avance occidental a través del asesinato y la violencia. Pero los intereses estatales sobre estas nuevas tierras eran demasiado importantes y Grant no dudó en organizar de nuevo a su ejército y partir hacia una nueva guerra. La guerra contra los nativos americanos.

El inicio de la guerra y una paz inalcanzable

A finales de 1866, un regimiento de mil soldados federales irrumpió en el Oeste americano y la resistencia indígena no se hizo esperar. Con Caballo Loco al frente, obtuvieron su primera victoria el 21 de diciembre de 1866 en la batalla de los Cien Vencidos (verdadera masacre perpetrada por las tropas indígenas que esperaron, bien escondidas entre las altas hierbas de la pradera, a que los soldados federales recargaran sus armas para aniquilarlos a todos).

La situación se tornó más que complicada para el Gobierno, y Grant decidió mandar al general Custer, antiguo héroe de guerra que otorgó las primeras victorias al Gobierno norteamericano en una serie de escaramuzas.

La presidencia de Ulysses S. Grant

Una vez elegido presidente de Estados Unidos, en 1869, Ulysses S. Grant prosiguió con su empeño de pacificar el Oeste y para ello confeccionó una política de creación de reservas. Es decir, la creación de hábitats con fronteras bien delimitadas (normalmente situados en las tierras menos fértiles del país) para asentar a los nativos.

Aunque muchos amerindios aceptaron este trato, no fueron pocos los que se rebelaron contra él, como Caballo Loco o Toro Sentado. La frágil paz se vio truncada cuando una crisis económica sacudió al país, debido a un caso de corrupción de las empresas ferroviarias, y se encontró oro dentro del territorio acordado para los lacotas, más precisamente en el interior de las Colinas Negras.

El dinero no lo es todo

Ante esta situación, Ulysses S. Grant intentó evitar la guerra ofreciendo una gran cantidad de dinero a los autóctonos por el derecho de explotar sus riquezas. Pero en la psique amerindia el dinero no tenía casi valor, todo lo contrario que su tierra, muchas veces venerada como a un dios. Colinas Negras (Black Hills) era un lugar sagrado para los sioux, ya que según su tradición era el lugar donde su cultura fue concebida.

Las necesidades de los colonos chocaron con las de los nativos americanos. En 1876, la guerra que enfrentaría a estas dos culturas era inminente.

Una guerra total

Ante la confrontación de intereses, el Estado norteamericano organizó un gran ejército. Fue dividido en tres batallones, que tenían por objetivo vencer a los nativos en la campaña de las Llanuras del Norte de 1876. Pero lo que no sabían era que, por su parte, Toro Sentado logró congregar a su alrededor a unos cuatro mil quinientos soldados de decenas de tribus diferentes. O, lo que es lo mismo, el mayor ejército amerindio de la historia.

Y para añadir problemas a los colonos, la columna dirigida por Custer decidió luchar sola contra los amerindios, alentados por la desmedida ambición de su general. Este quería regresar de la campaña como el héroe que salvó la economía norteamericana y favorecer así sus aspiraciones a la presidencia. Lejos de lograr su ansiado botín, sería masacrado junto a sus hombres por el ejército de Caballo Loco en junio de 1876, en la batalla de Little Bighorn.

El ejército federal se reorganizó bajo el mando del general Sherman. Un despiadado militar que no dudó en avanzar por las tierras controladas por los amerindios con un único objetivo en mente, eliminar el medio de vida de los autóctonos, los búfalos. Fueron millones de ellos los que se eliminaron en pocos años. Entre los cazadores destaca el apodado Búfalo Bill, que mató casi a cinco mil búfalos en poco más de un año. El modo de vida de los nativos fue drásticamente eliminado.

Se estima que la población de búfalos descendió de los 60 millones de ejemplares, antes de la llegada de los colonos británicos, a poco menos de cuatro mil a finales del siglo XIX.

Ante esta situación, muchos de ellos, como Toro Sentado, decidieron retirarse hacia las planicies canadienses. Mientras otros, como Caballo Loco, se quedaron y lucharon por su tierra. Aunque su rendición llegó pronto, teniendo que dirigirse hacia una de las reservas, lugar donde sería asesinado por sus carceleros.

Cuando Pepsi fue una potencia militar de renombre internacional

Todo por una foto

No es ningún secreto que durante la Guerra Fría las relaciones entre Estados Unidos y la Unión Soviética eran más que tensas. En el plano económico, era imposible exportar producción norteamericana más allá del Telón de Acero (y viceversa), y las grandes empresas estadounidenses sabían que el enorme mercado ruso estaba aún por explotar y que les podía reportar ingentes sumas de dinero. Pero, lo que *a priori* parecía imposible se tornó algo plausible para una de las grandes compañías insignia del capitalismo occidental, Pepsi.

Este hecho se inició en 1959, durante el transcurso de la Exposición Nacional Americana que aconteció en Moscú. Este acontecimiento internacional tenía por objetivo realizar propaganda del modo de vida norteamericano en el seno de la sociedad soviética, pero, aunque el sueño de hacer cambiar a sus enemigos desde dentro no se cumplió, lograron un increíble hito propagandístico, tomar una fotografía del máximo mandatario bolchevique Nikita Jrushchov bebiendo un vaso de Pepsi.

La foto se torna en algo más importante

El máximo ejecutivo de la marca de refrescos, Donald Kendall, quiso ir más allá de la obtención de una simple fotografía y, finalmente, a principios de la década de 1970 (con Brézhnev como secretario general del Partido Comunista de la Unión Soviética [PCUS]) consiguió su tan ansiado botín, ser la primera marca de refrescos occidental en entrar de lleno en el mercado ruso.

El problema llegó con la forma de pago, puesto que era imposible cambiar el rublo en el seno de los mercados internacionales. Ante este problema, los soviéticos decidieron intercambiar la bebida estadounidense por vodka ruso Stolichnaya. Pero, tras crear una veintena de empresas en suelo comunista, llegó el año que marcaba el fin del contrato, 1989, momento en el que el régimen soviético estaba dando sus últimos coletazos y no tenía suficiente monto para pagar a los norteamericanos, pero quería mantener la tan consumida marca en su territorio.

Pepsi se transforma en una potencia militar de renombre internacional

Para poder pagar a la compañía estadounidense, los bolcheviques les cedieron una poderosa flota militar compuesta por diecisiete submarinos, un destructor, una fragata y un crucero. De este modo, la marca Pepsi pasó a controlar un ejército de lo más temido.

Cabe destacar que la compañía vendió a peso de chatarra la flota (que tenía un valor de 300 millones de dólares) a una empresa sueca.

El hombre que soñó con Troya

El mito de Troya

Troya fue nombrada por primera vez en el siglo VIII a. C. por el filósofo Homero en *La Iliada,* obra en la que se describe la guerra entre troyanos y aqueos en la ciudad de Troya (Ilion) siglos antes de la existencia de su autor, tomada como hecho irrefutable por los griegos antiguos (fechada por Eratóstenes en el siglo XIII a. C. y por Heródoto en el XII a. C.). La batalla se enmarca dentro de una tradición oral que perduró hasta la época de Homero.

La guerra se inicia por Helena, casada con el rey espartano Menelao, enamorada del príncipe Paris, cuando huye al reino de su amado, la ciudad-estado de Troya. Ante tal osadía una flota aquea de más de mil barcos, capitaneada por Agamenón, partió hacia Troya, iniciando así una batalla entre mortales, héroes y dioses que acabaría con el famoso capítulo del caballo de Troya.

Una realidad oculta en la historia

Debido a sus tintes fantasiosos se pensó, durante milenios, que esta batalla formaba parte del folclore heleno. Pero en la década de 1870, Heinrich Schliemann, un fervoroso entusiasta del mito, comenzó la búsqueda de la mitológica ciudad. Y, claro está, fue ridiculizado por casi todo el mundo, puesto que destinó mucho tiempo y dinero en buscar una ciudad que, supuestamente, jamás había existido.

Pero lejos de desistir en su empeño, inició trabajos arqueológicos en un lugar elegido por su importante situación geoestratégica (en la península de Anatolia, en lo que por aquel entonces era la costa del mar Egeo, puerta de entrada del comercio asiático), siguiendo meticulosamente las referencias geográficas citadas en la obra de Homero.

Una vez iniciadas sus investigaciones, se percató de la existencia de una colina que le parecía artificial, es decir, creada por el ser humano. Tras excavar en la zona encontró nada menos que diez ciudades, una sobre la otra, que databan desde épocas neolíticas hasta el Imperio bizantino. De esas diez, la sexta y la séptima fueron datadas de entre el 1500 y el 1000 a. C.; una de ellas sería la mítica Troya.

Troya entra en la historia

En un principio, el problema al que tuvo que enfrentarse la historiografía eran sus dimensiones, ya que la ciudad encontrada era mucho menor que la descrita en *La Iliada*. En 1988, unos arqueólogos encontraron claras evidencias de que la ciudad amurallada descubierta era solo una parte de la urbe, la parte defensiva situada sobre la colina. En la falda existía una ciudad mucho más grande, también amurallada, en la que podrían vivir más de diez mil habitantes. La pequeña urbe se transformó de este modo en un gran Estado en la Edad del Bronce, a la altura de la ciudad mitológica.

Pero aún quedan varios misterios por resolver. ¿Existió una guerra entre los pueblos aqueos y troyanos? ¿La historia descrita por Homero es real o una caricatura de lo que allí aconteció? Y, finalmente, ¿quién decidió ocultar por siempre Troya bajo toneladas de tierra y piedra?

El trabajo más absurdo de la historia, los ermitaños de jardín

Los ermitaños en la historia

La misteriosa figura del ermitaño existe desde la Antigüedad. Son personas que deciden separarse de la sociedad voluntariamente para adentrarse en el camino de la espiritualidad. Es decir, gente que renuncia a la vida terrenal, junto a sus lujos y comodidades, para tener una vida solitaria que le lleve a un nirvana espiritual, anhelado durante toda su existencia.

El nuevo rumbo británico

En Inglaterra, desde finales del siglo XVIII, empezaron a brotar por toda la cartografía nacional numerosas industrias dirigidas por la nueva y boyante burguesía industrial. En este contexto de revolución y ruptura total con el pasado, muchos aristócratas, hastiados por el nuevo rumbo económico que estaba tomando su país (anteriormente un país agrario cuyas propiedades agrícolas y riquezas estaban a su nombre) y molestos por el nuevo paisaje industrial de color gris asfixiante que se estaba acoplando en su entorno, decidieron alejarse de él.

Con este fin, se recluyeron en sus grandes palacios rodeados de enormes jardines (no refinados como en la época del Renacimiento, más bien salvajes, cuyo objetivo era emular los frondosos bosques naturales feudales poco a poco en extinción). Para dar más empaque a su paisaje decidieron construir toda una serie de edificios, como cuevas artificiales, pequeños castillos o torreones, cabañas abandonadas, etcétera. Y, con la finalidad de dotar de personalidad a sus propiedades, contrataron a personas para que ejercieran de ermitaños.

Los ermitaños de jardín

Su labor era otorgar un aura de leyenda y misterio a los jardines de la nobleza británica, escondiéndose de los visitantes, manteniendo el fuego encendido en las chimeneas de las cabañas o habitando estas para que, cuando un aventurero aristócrata se acercara a ellas, en búsqueda de una romántica aventura, se percatara de su presencia y de su pronta partida, dándole más miel a su historia. Cabe destacar que se los obligaba a aislarse del mundo, a no hablar con nadie e incluso a no cortarse nunca el pelo, la barba o las uñas. Un trabajo de lo más curioso, incluso absurdo ¿no te parece?

La verdadera historia de la Bella y la Bestia

Este cuento del siglo XVIII, creado por la escritora Gabrielle-Suzanne Barbot de Villeneuve, y por todos conocido debido a su adaptación cinematográfica en una icónica película de Disney, tiene su origen en la historia de Pedro González, un tinerfeño que vivió durante el siglo XVI. Sufría una enfermedad, denominada hipertricosis, que hacía crecer por todo su cuerpo un denso pelaje.

Debido a este hecho, y al casi enfermizo interés por las cosas extrañas del monarca francés Enrique II, unos piratas capturaron a nuestro protagonista cuando aún no era más que un chiquillo y se lo vendieron al soberano.

Tras la muerte del rey, su viuda, Catalina de Médici, decidió casarlo con una de sus damas de compañía. Y esta unión se tornó en un cuento con final feliz, con siete vástagos en su haber. Aunque bien es cierto que fueron paseados, junto con sus hijos (puesto que varios de ellos habían contraído la misma enfermedad que su padre), por todas las cortes europeas como una suerte de circo de los horrores.

Krampus, el demonio de la Navidad

Este es un personaje propio del folclore alemán y austriaco. Según el cuento navideño, es un ser demoniaco con apariencia de cabra antropomorfa, que aparece la noche del 5 al 6 de diciembre, a veces acompañado por san Nicolás, junto a un horrible ruido de cadenas y cencerros que alertan de su presencia, para llevarse al inframundo, a su lúgubre guarida cavernosa, a los vástagos que han sido malos durante el año.

Los niños son azotados durante largos años de tortura y devorados por el mitológico ser. Una bonita historia para contar a los más jóvenes de las familias en Nochebuena.

BIBLIOGRAFÍA RECOMENDADA PARA INDAGAR MÁS SOBRE ESTOS TEMAS

CAPÍTULO 1. HECHOS INSÓLITOS DE NUESTRA HISTORIA

La trampa que condenó al dirigente nazi Klaus Barbie

BOWER, Tom (1984): *Klaus Barbie: The Butcher of Lyon*. Nueva York, Pantheon Books.

HERMOSO, Borja (13 de octubre de 2019): «Los Klarsfeld: el matrimonio que lleva medio siglo cazando nazis», Madrid, *El País*.

HOLOCAUST MEMORIAL MUSEUM (12 de julio de 2018): «Klaus Barbie: The Butcher of Lyon». Estados Unidos, Holocaust Memorial Museum (*online*: <https://encyclopedia.ushmm.org/content/es/article/nikolaus-klaus-barbie-the-butcher-of-lyon>).

KLARSFELD, Beate y Serge (2018): *Hunting the Truth: Memoirs of Beate and Serge Klarsfeld*. Nueva York, Farrar, Straus and Giroux.

LINKLATER, Magnus; HILTON, Isabel; ASCHERSON, Neal (1984): *The Nazi Legacy: Klaus Barbie and the International Fascist Connection*. Nueva York, Holt, Rinehart and Winston.

NAWORINSKY P. J.; LLOYD Simon; y BOULTING, Gideon (2011): *Nazi Hunters: Klaus Barbie*. Canadá, History Channel.

Zambia, el país africano que soñaba con colonizar Marte

REUTERS NEW ARCHIVES (noviembre de 1964): *Afronauts: Interview with Edward Nkoloso | Head of Zambia's Unofficial Space Programme*. Londres, BBC.

SERPELL, Nawali (11 de marzo de 2017): «The Zambian Afronaut who Wanted to Join the Space Race». *The New Yorker* (*online*: <https://www.newyorker.com/culture/culture-desk/the-zambian-afronaut-who-wanted-to-join-the-space-race>).

Lincoln y Kennedy, más que una presidencia en común

DALLEK, Robert (2018): *Kennedy, una vida inacabada*. Barcelona, Península.

OATES, Stephen B. (2021): *Abraham Lincoln: The Man Behind the Myth*. Nueva York, New Publisher.

«Mi vida por una flor», la primera gran crisis del capitalismo

Z. AITZIBER, Z. Robert; y KINDLEBERGER, Charles (2005): *Manias, Panics, and Crashes: A History of Financial Crises*. Londres, Palgrave Macmillan.

BURKE, Peter (2015): *Venecia y Ámsterdam*. Barcelona, Gedisa.

DASH, Mike (1999): *Tulipomania: The Story of the World's Most Coveted Flower and the Extraordinary Passions It Aroused*. Nueva York, Crown.

KOCKA, Jürgen (2015): *Historia del capitalismo*. Barcelona, Crítica.

Una mala época para ser emperador romano

ASIMOV, Isaac (2011): *El Imperio romano*. Madrid, Alianza Editorial.

FONTANELA, Francesa; y MELANI, Chiara (2004): *Atlas ilustrado de la Antigua Roma*. Madrid, Tikal-Susaeta.

MOMMSEN, Theodor (2022): *Historia de Roma*. Madrid, Turner Publicaciones.

ROLDÁN HERVÁS, José Manuel (2022): *Historia de Roma*. Salamanca, Ediciones de la Universidad de Salamanca.

El mar desecado por el progreso

BISSELL, Tom (abril de 2002): «Eternal Winter: Lessons of the Aral Sea Disaster». *Harper's Magazine* (*online*: <https://harpers.org/archive/2002/04/eternal-winter/>).

NÚÑEZ DE PRADO CLAVELL, Sara (2019): *Historia de Rusia: de la Unión Soviética a la Federación Rusa*. Madrid, Síntesis.

LEWIN, Moshe (2017): *El siglo soviético: ¿qué sucedió realmente en la Unión Soviética?* Barcelona, Crítica.

BONET, Pilar (15 de enero de 2010): «El Aral, un mar al borde de la muerte». *El País* (*online*: <https://elpais.com/sociedad/2010/01/16/actualidad/1263596406_850215.html#>).

Nazis por el mundo: en búsqueda del santo grial

CAPDEVILA, Mireia (2017): *Nazis a Barcelona: l'esplendor feixista de postguerra*. Barcelona, L'Avenç.

FRATTINI, Eric (2021): *Los científicos de Hitler: la historia de la Ahnenerbe*. Madrid, Espasa Calpe.

PRINGLE, Heather (2007): *El plan maestro: arquelogía fantástica al servicio del régimen nazi*. Barcelona, Debate.

El día que en España casi explotan varias bombas nucleares

FIELD COMMAND PROJECT OFFICERS: CDR W. M. Place/ COL F.C Cobb/ LT COL C. G. Defferding (15 de enero de 1975): «Palomares Summary Report». New Mexico, Field Command Defense Nuclear Agency Technology and Analysis Directorate Kirtland Air Force Base (*online*: <https://apps.dtic.mil/sti/pdfs/ADA955702.pdfs>).

Göbekli Tepe, el primer santuario o el desmoronamiento de la historiografía

GIBAJA BAO, Juan Francisco; IBÁÑEZ, Juan José; y MOZOTA, Millán (2021): *¿Qué sabemos del Neolítico?* Madrid, Los Libros de la Catarata.

LEWIS-WILLIAMS, David (2014): *Dentro de la mente neolítica: conciencia, cosmos y el mundo de los dioses*. Madrid, Akal.

—(2015): *La mente en la caverna: la conciencia y los orígenes del arte*. Madrid, Akal.

NATIONAL GEOGRAPHIC (julio de 2011): «Göbekli Tepe: el templo más antiguo del mundo y el nacimiento de la religión». *National Geographic* (*online*: <https://historia.nationalgeographic.com.es/a/gobekli-tepe-templo-mas-antiguo-mundo-y-nacimiento-religion_4377>).

SCHMIDT, Klaus (2015): «Göbekli Tepe, le premier temple». París, CNRS.

El *kleroterion*, la máquina de la verdadera democracia

BARCELÓ Y BATISTE, Pedro; y HERNÁNDEZ DE LA FUENTE, David (2014): *Breve historia política de la Grecia clásica*. Madrid. Escolar y Mayo.

MOSSÉ, Claude (1987): *Historia de una democracia: Atenas*. Madrid, Akal.

VENTURA, Dalia (5 de enero de 2020): *El kleroterion, la máquina que aseguraba que la democracia en Atenas fuera justa*. Londres, BBC (*online*: <https://www.bbc.com/mundo/noticias-50968044>).

La institución que pudo haber evitado la Segunda Guerra Mundial

HITLER, Adolf (2016 [1924-1926]): *Mi lucha*. Madrid. Real de Catorce Editores.

KELLERHOFF, Sven Felix (2017): *Mein Kampf: la historia del libro que marcó el siglo* XX. Barcelona, Crítica.

WEBER, Thomas (2018): *De Adolf a Hitler: la construcción de un nazi*. Madrid, Taurus.

El partido de fútbol más violento y sanguinario de la historia

ABASCAL, Luis (6 de mayo de 2017): «FC Start: la historia del equipo que se enfrentó al ejército nazi». *El Plural* (*online*: <https://

www.elplural.com/sociedad/fc-start-la-historia-del-equipo-que-se-enfrento-al-ejercito-nazi_103009102>).

DOUGAN, Andy (2002): *Dynamo: Defending the Honour of Kiev*. Londres, HarperCollins Pub.

La férrea educación espartana

CARTLEDGE, Paul (2002): *Sparta and Lakonia: A Regional History (1300 to 362 B.C.)*. Oxford, Routledge.

DOMÍNGUEZ MONEDERO, Adolfo; y GONZÁLEZ, José Pascual (1999): *Esparta y Atenas en el siglo v a. C.* Madrid, Síntesis.

FORNIS, César (2019): *El mito de Esparta: un itinerario por la cultura occidental*. Madrid, Alianza Editorial.

LÓPEZ MELERO, Raquel; y SAYAS, Juan José (2012): *Historia de Grecia Antigua*. Madrid, Cátedra.

MATYSZAK, Philip (2022): *Esparta, la caída del guerrero*. Madrid, Edhasa.

La Revolución francesa y el Terror

BAYLY, Christopher.A (2010): *El nacimiento del mundo moderno*. Madrid, Siglo XXI.

BERTAUD, Jean-Paul (1979): *La révolution armée: les soldats-citoyens et la Révolution française*. París, Robert Lafont.

HOBSBAWM, Eric (2011): *La era de la revolución*. Barcelona, Crítica.

LEFÈBVRE, Georges (1960): *La révolution française et l'empire, 1787-1815*. Ciudad de México, Fondo Cultura Económica.

POPKIN, Jeremie (2021): *El nacimiento del nuevo mundo: historia de la Revolución francesa*. Barcelona, Galaxia Gutenberg.

SOBOUL, Albert (1984). *La Révolution française*. París, Gallimard.

TACKETT, Timothy (2015): *El Terror en la Revolución francesa*. Barcelona, Pasado y Presente.

TOCQUEVILLE, Alexis de (2018): *El Antiguo Régimen y la Revolución*. Madrid, Alianza.

El hombre de la máscara de hierro

BURGAUD, Émile (1893): *Le masque de fer: révélation de la correspondance chiffrée de Louis XIV*. París, Librairie de Firmin Didot.

FLORISTÁN, Alfredo (2015): *Historia Moderna universal*. Madrid, Ariel.

LAIR, Jules (1890): *Nicolas Foucquet, procureur général, surintendant des finances, ministre d'Etat de Louis XIV*. París, Plon, Nourrit et Cie.

LOQUIN, Anatole (2020): *Le prisonnier masqué de la Bastille, son histoire authentique*. París, Hachette.

WILKINSON, Josephine (27 de noviembre de 2021): «¿Quién fue el verdadero hombre de la máscara de hierro?». Londres, BBC NEWS (*online*: <https://www.bbc.com/mundo/noticias-59320917>).

1936, los Juegos Olímpicos del Führer

BACHRACH, Susan D. (2000): *The Nazi Olympics, Berlin 1936*. Boston, Little, Brown and Company.

HILMES, Oliver (2017): *Berlín, 1936. Dieciséis días de agosto*. Barcelona, Tusquets.

SOLAR CUBILLAS, Luis V. (2011): *Nazismo y deporte. Los juegos olímpicos de Berlín, en 1936*. Bilbao, UPV/EHU.

La trata de esclavos y el comercio triangular. ¿El comercio más lucrativo de la historia?

COUTO, Erica (27 de noviembre de 2021): «La trata de esclavos del Atlántico». *Muy Interesante* (*online*: <https://www.muyinteresante.com/historia/31373.html>).

EQUIANO, Olaudah (1999): *Narración de la vida de Olaudah Equiano, escrita por él mismo*. Madrid, Miraguano Ediciones.

PAQUETTE, Gabriel (2014): *Esclavos: la trata humana a través del Atlántico*. Baltimore, Universidad John's Hopkins.

REDIKER, Marcus (2021): *Barco de esclavos*. Madrid, Capitán Swing.

WALKER, Sheila; y COLLINET, Georges (2010): *Rutas de esclavos*. Unesco (documental).

WALVIN, James (2020): *Breve historia de la esclavitud*. Pontevedra, Kalandraka.

CAPÍTULO 2. HISTORIAS BÉLICAS DE LO MÁS VARIOPINTAS

El batallón hoplita de enamorados, ¿el ejército más temido de todos los tiempos?

BENGTSON, Hermann (2019): *Historia de Grecia*. Madrid, Gredos.

CROMPTON, Louis (2006): *Homosexuality and Civilization*. Cambridge, Harvard University Press, The Belknap Press.

GARLAN, Yvon (2003): *La guerra en la Antigüedad*. Madrid, Alderabán.

HANSON, Victor Davis (1990): *Le modèle occidental de la guerre*. París, Belles Lettres.

RHODES, P. J. (2016): *La Antigua Grecia: una historia esencial*. Barcelona, Crítica.

SHRIMPTON, G. S. (1971): *Theban Supremacy in the Fourth Century*. Canadá, Phoenix.

La guerra más corta de la historia

OSTERHAMMEL, Jürgen; y JANSEN, Jan (2019): *Colonialismo: historia, formas, efectos*. Madrid, Siglo XXI.

HOBSBAWN, Eric (2014): *La era de la revolución (1789-1848), la era del capital (1848-1875), la era del Imperio (1875-1914)*. Barcelona, Crítica.

HERNON, Ian (2016): *Britain's Forgotten War: Colonial Campaigns of the 19th Century*. Dublín, The History Press.

BENETT, Norman Robert (1978): *A History of the Arab State of Zanzibar*. Londres, Methuen Publishing.

NEWITT, Malyn (2004): *A History of Portuguese Overseas Expansion, 1400-1668*. Londres, Routledge.

Una guerra de lo más absurda: la guerra del Whisky

MINISTRE DE AFFAIRES ÉTRANGÈRES DU ROYAUME DU DANEMARK (17 de diciembre de 1973): «Accord relatif à la délimitation du plateau continental entre le Groenland et le Canada (avec annexe). Signé à Ottawa, le 17 décembre 1973» (*online*: <https://www.treaty-accord.gc.ca/text-texte.aspx?id=104991&Lang=fra>).

BLAKEMORE, Erin (15 de junio de 2022): «La diminuta isla que provocó la guerra del Whisky entre Dinamarca y Canadá». *National Geographic* (*online*: <https://www.nationalgeographic.es/historia/2022/06/la-diminuta-isla-que-provoco-la-guerra-del-whisky-entre-canada-y-dinamarca>).

MÉNDEZ, Carmen (16 de junio de 2022): «Canadá y Dinamarca firman la paz en la guerra del Whisky». Euronews (*online*: <https://es.euronews.com/2022/06/16/canada-y-dinamarca-firman-la-paz-en-la-guerra-del-whisky#:~:text=Canad%C3%A1%20y%20Dinamarca%20han%20puesto,conocida%20como%20isla%20de%20Hans.>).

Cuando un enjambre de abejas venció en batalla a los británicos

FARWELL, Byron (1989): *The Great War in África*. Nueva York, W. W. Norton and Co.

MILLER, Charles (1974): *Battle for the Bundu*. Nueva York, MacMillan.

STEVENSON, David (2013): *1914-1918: historia de la Primera Guerra Mundial*. Madrid, Debate.

Un ejército francés venció, a caballo, una batalla naval

ABEL, Hugo (1838): *France militaire: Histoire des armées françaises de terre et de mer de 1792 à 1837*. París, Delloye.

BAYLY, Christopher A. (2010): *El nacimiento del mundo moderno*. Madrid, Siglo XXI.

BERTAUD, Jean-Paul (1979): *La révolution armée: Les soldats-citoyens et la Révolution française*. París, Robert Lafont.

HANNAY, David (1911): *French Revolutionary Wars*. Cambridge, University of Cambridge Press.

SICILIA CARDONA, Enrique (2016): *Napoleón y revolución, las guerras revolucionarias*. Madrid, Nowtilus.

Cuando los nazis se confundieron y bombardearon una ciudad alemana

HOCH, Anton (1956): *Der Luftangriff auf Freiburg am 10. Mai 1940*. Múnich, Vierteljahrshefte für Zeitgeschichte (*online*: <https://www.bpb.de/shop/zeitschriften/apuz/archiv/525107/der-luftangriff-auf-freiburg-am-10-mai-1940/>).

THE NEW YORK TIMES (5 de abril de 1956): «Lost Luftwaffe Craft Raided German City; Germans Bombed Own City in '40; Baring of Blunder Clears RAF». *The New York Times*

UEBERSCHÄR, Gerd (1990): *Freiburg im Luftkrieg, 1939-1945*. Múnich, Ploetz.

Pancho Villa y la invasión más suicida de nuestra historia

HOBSBAWM, Eric (2001): *Bandidos*. Barcelona, Crítica.

VÁZQUEZ-LOZANO, Gustavo (2019): *Pancho Villa y Emiliano Zapata: las vidas y legados de los revolucionarios más famosos de México*. Arizona, Charles Rives Editors.

La guerra de los Pasteles

DELGADO CARRANCO, Susana (2004): *Historia de México: el Primer Imperio, el Segundo Imperio, la República restaurada, el Porfiriato*. México, Panorama Editorial.

TENAILLE DE VAULABELLE, Achille (2011): *Chute de l'Empire: histoire des deux restaurations jusqu'à la chute de Charles X*. París, Nabu Press.

La guerra del Fútbol

ARGUETA, Ricardo (2013): *La memoria de la guerra de las cien horas, ¿victoria o legítima defensa?* El Salvador, Universidad de El Salvador.

GALEANO, Eduardo (1995): *El fútbol a sol y sombra*. Madrid, Siglo XXI.

MARCOS, José (20 de julio de 2009). «Jamás imaginé lo que desencadenaría mi gol». *El País* (*online*: <https://elpais.com/diario/2009/07/20/deportes/1248040816_850215.html>).

WILLIAMSON, Edwin (2013): *Historia de América Latina*. México D. F., Fondo de Cultura Económica.

Las hemorroides, el gran enemigo de Napoleón

BARBERO, Alessandro (2004): *Waterloo, la última batalla de Napoleón*. Barcelona, Pasado y Presente.

BAYLY, Christopher A. (2010): *El nacimiento del mundo moderno*. Madrid, Siglo XXI.

El militar más incompetente de la historia

BOSCH, Aurora (2011): *Historia de los Estados Unidos, 1776-1945*. Barcelona, Crítica.

KEEGAN, John (2021): *Secesión, la guerra civil americana*. Madrid, Turner.

La campaña militar más desastrosa

BUSCH, Noel (1969): *The Emperor's Sword: Japan vs Russia in the Battle of Tsushima*. Nueva York, Funk & Wagnalls.

PLESHAKOV, Constantine (2003): *La última armada del zar: el épico viaje a la batalla de Tsushima*. Madrid, Turner.

La guerra del Opio

KAMIENSKI, Lukasz (2017): *Las drogas en la guerra*. Barcelona, Crítica.

SANELLO, Frank; y HANES, William Travis (2004): *The Opium Wars: The Addiction of One Empire and the Corruption of Another*. Illinois, Sourcebooks.

Las bombas atómicas no tuvieron un papel relevante en la Segunda Guerra Mundial

BEEVOR, Antony (2014): *La Segunda Guerra Mundial*. Barcelona, Pasado y Presente.

CLARKE, Isabelle; y COSTELLE, Daniel (2009): *Apocalipsis, la Segunda Guerra Mundial*. ECPAD (documental).

FERNÁNDEZ, Antonio (2006): *Historia Universal. Edad Contemporánea*. Barcelona, Vicens Vives.

HOBSBAWM, Eric (2009): *Historia del siglo XX*. Barcelona, Crítica.

STONE, Oliver (2012): *La historia no contada de Estados Unidos*. Ixtlan Productions (documental).

La batalla más letal de la historia

LEE, Ki-Baik (1984): *A New History of Korea*. Massachusetts, Cambridge.

Cómo cambia la historia según quién te la cuenta

Datos bibliográficos aportados directamente en el artículo.

Cuando unos cocodrilos hambrientos se cepillaron a un ejército japonés

WRIGHT, BRUCE S. (1962): *Wildlife Sketches Near and Far*. Toronto, Brunswick Press.

El invierno, el gran capitán de los rusos

ASPREY, Robert (2000): *The Rise of Napoleon Bonaparte*. Nueva York, Basic Books.

CHANDLER, David (2015): *Las campañas de Napoleón: un*

emperador en el campo de batalla. De Tolón a Waterloo (1796-1815). Madrid, La Esfera de los Libros.

ZAMOYSKI, Adam (2004): *1812: Napoleon's Fatal March on Moscow*. Nueva York, HarperCollins.

El asedio de Tiro: ¿la mayor gesta militar de la historia antigua?

LANE FOX, Robin (2007): *Alejandro Magno, el conquistador del mundo*. Barcelona, Acantilado.

WARRY, John (2011): *Las conquistas de Alejandro Magno*. Oxford, Osprey Publishing.

CAPÍTULO 3. SIETE MOMENTOS DE LA HISTORIA EN LOS QUE SE VIVIÓ UN INFIERNO EN LA TIERRA

La peste negra, el terror invisible

J. BENEDICTOW, Ole J. (2011): *La peste negra, 1346-1353: la historia completa*. Madrid, Akal.

GARCÍA DE CORTÁZAR, José Ángel; y SESMA MUÑOZ, José Ángel (2010): *Manual de historia medieval*. Madrid, Alianza Editorial.

HALIOUA, Bruno (2004): *La grande peste ou peste noire*. Barcelona, Masson.

LE GOFF, Jacques (2016): *La Baja Edad Media*. Madrid, Siglo XXI.

LINDHAL, Carl (2005): *The Plague in Europe*. Nueva York, History Channel.

WICKHAM, Chris (2017): *Europa en la Edad Media*. Barcelona, Crítica.

1709: *winter is coming*

BÉLY, Lucien (1994): *La France moderne: 1498-1789*. París, PUF.

LACHIVER, Marcel (1991): *Les années de misère: la famine au temps du Grand Roi, 1680-1720*. París, Fayard.

Los rapanuís, la civilización sobre la que se cernió el infierno

BAHN, Paul; Y FLENLEY, John (junio de 2013): «Isla de Pascua, Isla Tierra». *Historia (Santiago)*, 45(1).

CAMPBELL, Ramón (1999): *Mito y realidad de Rapanui: la cultura de la isla de Pascua*. Barcelona, Andrés Bello.

FIGUEIRAS, Iván (2011): *Enigmas de la isla de Pascua*. Madrid, Edaf.

LUCK, Geoffrey (2018): *La isla de Pascua al descubierto*. National Geographic (documental).

Los piratas del Caribe, Port Royal y el apocalíptico final de la ciudad del pecado

EXQUEMELÍN, Alexandre Olivier (2014): *Piratas de la América*. Sevilla, Renacimiento.

MOREAU, Jean-Pierre (2012): *Piratas: filibusteros y piratería en el Caribe y en los mares del Sur*. Madrid, Machado.

El asunto de las manos cortadas, o el sufrimiento del Congo

CEAMANOS, Roberto (2020): *El reparto de África: de la Conferencia de Berlín a los conflictos actuales*. Madrid, Libros de la Catarata.

CONRAD, Joseph (2012): *El corazón de las tinieblas*. Madrid, Alianza Editorial.

HOBSBAWN, Eric (2014): *La era de la revolución (1789-1848), la era del capital (1848-1875), la era del Imperio (1875-1914)*. Barcelona, Crítica.

HOCHSCHILD, Adam (2017): *El fantasma del rey Leopoldo: una historia de codicia, terror y heroísmo en el África colonial*. Barcelona, Malpaso Ediciones.

RAMSDELL, Raphael (2015): *Cuando los elefantes luchan*. Under the Hood Production (documental).

REYBROUCK, David van (2020): *Congo, una historia épica*. Madrid, Taurus.

SAID, Edward W. (2018): *Cultura e imperialismo*. Madrid, Debate.

Ruanda, el verdadero averno

BUGINGO, François (2010): *Une guerre qui ne veut pas mourir*. History Channel (documental).

HATZFELD, Jean (2002): *Dans le nu de la vie: récits des marais rwandais*. París, Points.

OSTERHAMMEL, Jürgen; JANSEN, Jan (2019): *Colonialismo: historia, formas, efectos*. Madrid, Siglo XXI.

SORDO MEDINA, Jesús (2013): *El genocidio de Rwanda: para que los vivos no olvidemos a los muertos*. Santiago de Chile, Finis Terrae Ediciones.

La venta de carne humana en Leningrado

BEEVOR, Antony (2014): *La Segunda Guerra Mundial*. Barcelona, Pasado y Presente.

CLARKE, Isabelle; y COSTELLE, Daniel (2009): *Apocalipsis, la Segunda Guerra Mundial*. ECPAD (documental).

EVANS SALISBURY, Harrison (1970): *Los novecientos días: el sitio de Leningrado*. Barcelona, Plaza & Janés.

GLANTZ, David (2018): *La batalla por Leningrado: novecientos días asediados por la Wehrmacht*. Madrid, Desperta Ferro.

HOBSBAWM, Eric (2009): *Historia del siglo XX*. Barcelona, Crítica.

CAPÍTULO 4. CURIOSOS PERSONAJES DE NUESTRA HISTORIA

El hombre más valiente de la historia

LENTATI, Sara (9 de mayo del 2015): «El hombre que se operó su propio apéndice». BBC.

ROGOZOV, Leonid (1964): «Self Operation». *Soviet Antarctic Expedition Information Bulletin*, n.º 4.

El hombre que salvó a la humanidad

ARNE WESTAD, Odd (2018): *La Guerra Fría: una historia global*. Barcelona, Galaxia Gutenberg.

CHOMSKY, Noam (2009): *El miedo a la democracia*. Barcelona, Crítica.

HOBSBAWM, Eric (2009): *Historia del siglo* XX. Barcelona, Crítica.

STONE, Oliver (2012): *La historia no contada de Estados Unidos*. Ixtlan Productions (documental).

El último soldado japonés en rendirse en la Segunda Guerra Mundial, veintinueve años después de su finalización

ANTÓN, Jacinto (17 de enero de 2014): «Hiroo Onoda: el soldado japonés que se negó a rendirse». *El País*.

WINGFIELD-HAYES, Rupert (15 de agosto de 2020): «Fin de la Segunda Guerra Mundial: el soldado de Japón que tardó veintinueve años en rendirse tras la contienda (y por qué para ese país ha sido tan difícil aceptar la derrota». BBC NEWS.

El diplomático español que salvó la vida a más de cinco mil judíos durante el Holocausto

BADCOCK, James (23 de marzo de 2019): «Ángel Sanz-Briz, el español que salvó a miles de judíos y que no es héroe en su propia tierra». BBC.

BOLETÍN OFICIAL DEL ESTADO (4 de agosto de 1961): Decreto 1385/1961, de 18 de julio, por el que se concede la Gran Cruz del Mérito Civil a don Ángel Sanz Briz.

CARCEDO, Diego (2000): *Un español que salvó a más de cinco mil judíos*. Barcelona, Ediciones Martínez Roca.

MINISTERIO DE ASUNTOS EXTERIORES, UNIÓN EUROPEA Y COOPERACIÓN (9 de octubre de 2020): «Ángel Sanz Briz» (*online*: <https://www.exteriores.gob.es/Embajadas/budapest/es/Embajada/Paginas/%C3%81ngel-Sanz-Briz.aspx>).

SELLA, Joan (mayo de 2012): *Sanz Briz, el Ángel de Budapest*. RTVE (documental).

El verdadero Robinson Crusoe

COOKE, Edward (2012): *A Voyage to the South Sea, and around the World*. OklahomaSabin Americana.

SADURNÍ, J. M. (7 de febrero de 2020): «Alexander Selkirk, ¿el verdadero Robinson Crusoe». *National Geographic*.

SEVERIN, Tim (2002): *In Search of Robinson Crusoe*. Nueva York, Basics Books.

Anne Bonny, la primera mujer pirata del Caribe

DEFOE, Daniel (2006): *Historia general de los robos y asesinatos de los más famosos piratas*. Madrid, Valdemar.

Rasputín o la polla que acabó con un Imperio

CARS, Jean de (2015): *Nicolas II et Alexandra de Russie: une tragédie impériale*. París, Librairie Académique Perrin.

CLARKE, Isabelle; y COSTELLE, Daniel (2009): *Apocalipsis, la Segunda Guerra Mundial*. ECPAD (documental).

MEYER, Jean (2009): *Rusia y sus imperios (1894-2005)*. Barcelona, Círculo de Lectores.

SMITH, Douglas (2017): *Rasputin: The Biography*. Londres, Palgrave Macmillan.

D. WARTH, Robert D. (1997): *Nicholas II: The Life and Reign of Russia's Last Monarch*. Londres, Praeger.

El pastelero transformado en rey de España

KAMEN, Henry (2012): *El rey loco y otros misterios de la España imperial*. Madrid, La Esfera de los Libros.

Yasuke, el samurái negro

ABEL, G. M. (18 de mayo de 2020): «Yasuke, el samurái africano». *National Geographic*.

ALMARZA GONZÁLEZ, Rubén (2018): *Breve historia del Japón feudal*. Madrid, Nowtilus.

MOHAMUD, Naima (20 de octubre de 2019): «La curiosa e insólita historia de Yasuke, el primer samurái africano». BBC News.

HANE, Mikiso (2011): *Breve historia del Japón*. Madrid, Alianza Editorial.

Bonnie y Clyde, los últimos forajidos

BERESFORD, Bruce (2013): *Bonnie and Clyde*. A + E Network (documental).

GUINN, Jeff (2010): *Go Down Together: The True, Untold History of Bonnie and Clyde*. Nueva York, Pockets Books.

PARKER, Bonnie; y BARROWS, Clyde (2010): *Wanted Lovers: las cartas de amor de Bonnie & Clyde*. Barcelona, Decay.

Salazar, el dictador que no sabía que ya no gobernaba

FERRARI, Marco (2022): *La increíble historia de António Salazar, el dictador que murió dos veces*. Barcelona, Debate.

GÓMEZ, Braulio; y PALACIOS, Diego (2006): *Una historia política de Portugal: la difícil conquista de la democracia*. Madrid, Siglo XXI.

MORALEDA, Andrés (5 de febrero de 2022): «Salazar: el dictador portugués que murió sin saber que ya no lo era». Cadena SER.

VIANA, Israel (31 de enero de 2022): «La insólita farsa de Salazar: el dictador derrocado al que hicieron creer que todavía gobernaba». *ABC*.

El hombre que sobrevivió a 638 intentos de asesinato

CANNELL, Dollan (2006): 638 maneras de matar a Castro. USA, CHANNEL 4. (documental)

CARDONA, Pere (2021): *Osos, átomos y espías: historias sorprendentes de la Guerra Fría*. Barcelona, Principal de los Libros.

CASTRO RUZ, Fidel (1999): *La historia me absolverá*. Navarra, Txalaparta.

ESCALANTE FONT, Fabián (2008): *La guerra secreta: Proyecto Cuba*. Madrid, Nuevo Milenio.

— (2022): *634 maneras de matar a Fidel: planes de la CIA y la mafia para asesinar a Fidel Castro*. Madrid, Siete Cuentos.

MALDONADO, Alejo; y GUERRA, Sergio (2009): *Historia de la Revolución cubana*. Navarra, Txalaparta.

RTVE (27 de noviembre de 2016): *Los numerosos intentos fallidos de asesinato de Fidel Castro*. RTVE (documental, especial multimedia).

SPARROW, Thomas (26 de noviembre de 2016): «Muere Fidel Castro: las increíbles maneras en que Estados Unidos intentó matarlo». BBC.

THOMAS, Hugh (2011): *Cuba, la lucha por la libertad*. Barcelona, Debate.

El vikingo que llegó a América casi cinco siglos antes que Cristóbal Colón

CANALES, Carlos; REY, Miguel del (2017): *Demonios del norte: las expediciones vikingas*. Madrid, Edaf.

PRICE, Neil (2020): *Vikingos: la historia definitiva de los pueblos del norte*. Madrid, Ático de los Libros.

Jesse Owens, el gran icono deportivo de la lucha contra el racismo

EDMONDSON, Jacqueline (2007): *Jesse Owens, a Biography*. Connecticut, Greenwood Press.

SADURNI, J. M. (10 de septiembre de 2020): «Jesse Owens, el atleta que derrotó al nazismo». *National Geographic*.

CAPÍTULO 5. HISTORIAS PARA NO DORMIR

El origen de Halloween

BBC (30 de octubre de 2018): «Halloween: cuál es el origen de la noche de brujas, la centenaria tradición que mezcla hogueras, embrujos, calabazas y caramelos». BBC News Mundo.

ELLIS, Peter Berresford (2003): *Druidas: el espíritu del mundo celta*. Madrid, Oberón.

PERCIVALDI, Elena (2004): *Los celtas, una civilización europea*. Madrid, Tikal.

SALA, Álex (31 de octubre del 2019): «¿Cuál es el origen de Halloween?». *National Geographic*.

Los juicios de Salem

CONDÉ, Maryse (2022): *Yo, Tituba. La bruja de Salem*. Madrid, Impedimenta.

HOWE, Katherine (2016): *El libro de las brujas: casos de brujería en Inglaterra y las colonias americanas (1582-1813)*. Barcelona, Alba.

LINDAHL, Carr; y QUIJANO WOLFINGER, Lisa (2004): *Caza de brujas*. History Channel (documental).

MUÑOZ PÁEZ, Adela (2022): *Brujas: la locura de Europa en la Edad Moderna*. Barcelona, Debate.

La maldición del viernes 13, una historia de templarios, reyes, papas y vikingos

FRALE, Bárbara (2016): *Los templarios*. Madrid, Alianza Editorial.

HAYWOOD, John (2016): *Los hombres del norte: la saga vikinga (793-1241)*. Barcelona, Ariel.

JONES, Dan (2018): *Los templarios: auge y caída de los guerreros de Dios*. Barcelona, Ático de los Libros.

PRICE, Neil (2020): *Vikingos, la historia definitiva de los pueblos del norte*. Barcelona, Ático de los Libros.

RUNCIMAN, Steve (2008): *Historia de las cruzadas*. Madrid, Alianza Editorial.

El aquelarre de Zugarramurdi, el juicio de brujas más conocido de España

CARO BAROJA, Julio (2003): *Las brujas y su mundo*. Madrid, Alianza Editorial.

MUÑOZ PÁEZ, Adela (2022): *Brujas: la locura de Europa en la Edad Moderna*. Barcelona, Debate.

La danza macabra: morir bailando

MIDELFORT, Erick (2000): *A History of Madness in Sixteenth Century Germany*. California, Stanford University Press.

WALLER, John (2009): *A Time to Dance, a Time to Die: The Extraordinary History of the Dancing Plague in 1518*. Londres, Icon Book.

¿Un gigantesco monstruo prehistórico sigue suelto?

VON FORSTNER, Georg-Gunther (19 de diciembre de 1933): *Das schottische seeungeheuer schon von U-28 gesischtet*. Tubinga, Deutsche Allgemeine Zeitung.

Mother Shipton, la gran adivina

PEARSON, Edwin (1870): *The strange and wonderful history of Mother Shipton plainly setting forth her prodigious birth, life, death, and burial, with an exact collection of all her famous prophecys, more compleat than ever yet before published, and large explanations, shewing how they have all along been fulfilled to this very year*. Londres, Edwin Pearson.

SIMPSON, J. C. (1920): *The Life and Prophecies of Ursula Sontheil Better Known As Mother Shipton*. Yorkshire, The Waverley Press.

Gilles de Rais, un monstruo vestido de caballero

BATAILLE, Georges (1972): *El verdadero Barba Azul: la tragedia de Gilles de Rais*. Barcelona, Tusquets.

BBC (6 de enero de 2019): «La espeluznante historia de Gilles de Rais, el primer pedófilo y asesino en serie de la historia». BBC News Mundo.

REINACH, Salomon (1905): *Le procès de Gilles de Rais*. París, Persée.

VALOIS, Noël (1913): «Le procès de Gilles de Rais». *Annuaire-Bulletin de la Société de l'Histoire de France*.

Elizabeth Báthory, la vampiresa genuina

ANTÓN, Jacinto (20 de abril de 2020): «La Condesa Sangrienta se quedó sin suministros». *El País*.

BLEDSAW, Rachael Leigh (2014): «No Blood in the Water: The Legal and Gender Conspiracies against Countess Elizabeth Bathory in Historical Context». Illinois State University (internet archive).

CALLEJO, Jesús (4 de octubre de 2020): «Elizabeth Báthory: la Condesa Sangrienta. Cadena SER.

PAGET, John (1850): *Hungary and transylvania: with remarks on their condition, social, political and economical*. Philadelphia, Lea & Blanchard.

Las puertas del infierno romanas

LEWIS, Neil (10 de marzo de 2018): «Científicos descifran el misterio de la puerta del infierno romana». CNN Historia.

OGDEN, Daniel (2002): «Magic, Witchcraft and Ghosts in the Greek and Roman Worlds». Londres, Oxford University Press.

La momia que grita

BBC (20 de febrero de 2018): «Los arqueólogos aseguran haber resuelto el misterio de la momia que grita, hallada hace más de cien años». BBC News Mundo.

MAYANS, Carme (13 de octubre de 2020): «La enigmática momia que grita». *National Geographic*.

REDFORD, Susan (2002): *The Harem Conspiracy: The Murder of Ramesses III*. Estados Unidos, Nueva York, Northern Illinois University Press.

El científico loco que inspiró a Frankenstein

MARTÍNEZ MEDINA, Nuria (18 de febrero de 2011): *Luigi Galvani y las sombras del galvanismo*. RTVE (documental).

El caso Diátlov, un escalofriante suceso aún por resolver

KURAKIN, Dmitry (2018): *The Cultural Mechanics of Mystery: Structures of Emotional Attraction in Competing Interpretations of the Dyatlov Pass Tragedy*. Londres, Macmillan.

SAHUQUILLO, María R. (7 de febrero de 2019): «Rusia vuelve a investigar la misteriosa muerte de nueve excursionistas en los Urales sesenta años más tarde». *El País*.

ABC Ciencia (29 de enero de 2021): «Caso Dyatlov: científicos resuelven el misterio de los nueve excursionistas muertos en los Urales hace sesenta años». *ABC*.

El día más oscuro de la historia

CASTELLA, Tom de (18 de mayo de 2012): «What Caused the Mystery of the Dark Day». BBC.

McMURRY, Erin; STAMBAUGH, Michael; y GUYETTE, Richard (enero de 2007): «Fire Scars Reveal Source of New England's 1780. Dark Day». *International Journal of Wildland Fire*, 16(3).

El verdadero Holandés Errante

BURKE, Peter (2015): *Venecia y Ámsterdam*. Barcelona, Gedisa.

EYERS, Jonathan (2012): *Don't Shoot the Albatross! Nautical Myths and Superstitions*. Londres, Adlard Coles Nautical.

CAPÍTULO 6. ESTOS CURIOSOS SOBERANOS

El gran emperador que nació en un retrete

LYNCH, John (2000): *Los Austrias: 1516-1700*. Barcelona, Crítica.

PARKER, Geoffrey (2019): *Carlos V: una nueva vida para el emperador*. Barcelona, Planeta.

Luis VII, el cruzado más tonto de la historia

ASBRIDGE, Thomas (2019): *Las cruzadas: una nueva historia de las guerras por Tierra Santa*. Madrid, Ático de libros.

RUNCIMAN, Steven (2008): *Historia de las cruzadas*. Barcelona, Ensayo.

La emperatriz que le arrancó los ojos a su hijo

ABEL, G. M. (2 de noviembre de 2020): «Irene, la rebelde emperatriz bizantina». *National Geographic*.

ASIMOV, Isaac (2011): *Historia universal: Constantinopla*. Barcelona, Alianza Editorial.

CABRERA, Emilio (2012): *Historia de Bizancio*. Madrid, Ariel.

GARCÍA DE CORTÁZAR, José Ángel; SESMA MUÑOZ, José Ángel (2010): *Manual de historia medieval*. Madrid, Alianza Editorial.

TREADGOLD, Donald (2001): *Breve historia de Bizancio*. Barcelona, Paidós.

Una reina muy casta

CERVERA, César (28 de marzo de 2015): «El problema de Fernando VII con las mujeres que derivó en una crisis sucesoria». *ABC*.

LÁZARO, Margarita (17 de junio de 2020): «Macrosomía genital o por qué Fernando VII necesitaba una almohadilla para tener sexo». *HuffPost*.

El descomunal cetro real de Fernando VII

BAHAMONDE, Ángel (2005): *Historia de España: siglo XIX*. Madrid, Cátedra.

CERVERA, César (28 de marzo de 2015): «El problema de Fernando VII con las mujeres que derivó en una crisis sucesoria». *ABC*.

CIFUENTES, Paula (2020): *María Cristina, reina gobernadora*. Barcelona, Planeta.

LA PARRA, Emilio (2018): *Fernando VII, un rey deseado y detestado*. Barcelona, Tusquets.

LÁZARO, Margarita (17 de junio de 2020): «Macrosomía genital o por qué Fernando VII necesitaba una almohadilla para tener sexo». *HuffPost*.

SÁNCHEZ MANTERO, Rafael (2001): *Borbones: Fernando VII*. Madrid, Arlanza.

Jorge III, el Rey Loco

HIBBERT, Christopher (2000): *George III: A Personal History*. Londres, Basics Books.

MAUROIS, André (2007): *Historia de Inglaterra*. Barcelona, Ariel.

WATSON, John Steven: *Georges III: Biography*. Londres, Britannica.

WOOD, Gordon S. (2015): *La revolución norteamericana*. Barcelona, De Bolsillo.

Un año sin sexo por dictamen del emperador

DAPHNA, Golan (1990): *The Life Story of King Shaka and Gender Tensions in the Zulu State*. Cambridge, History in Africa.

FIELDHOUSE, David (1984): *Los imperios coloniales desde el siglo* XVIII. Madrid, Siglo XXI.

STUART, James (1950): *The Diary of Henry Francis Fynn*. Pietermaritzburg, Shuter & Shooter.

VANSINA, Jan (1985): *Oral Tradition As History*. Londres, James Currey.

WILMOT, Alexander (2022): *History of the Zulu War*. Londres, East India Publishing Company.

Justiniano II, el cruel emperador desnarigado

ASIMOV, Isaac (2011): *Historia universal: Constantinopla*. Barcelona, Alianza.

CABRERA, Emilio (2012): *Historia de Bizancio*. Barcelona, Ariel.

GARCÍA DE CORTÁZAR, José Ángel; SESMA MUÑOZ, José Ángel (2010): *Manual de historia medieval*. Madrid, Alianza Editorial.

TREADGOLD, Donald (2001): *Breve historia de Bizancio*. Barcelona, Paidós.

Enrique VIII y Ana Bolena, el gran cisma del amor

FRASER, Antonia (1998): *Las seis esposas de Enrique VIII*. Barcelona, Vergara.

MILTON, Anthony: *The Oxford History of Anglicanism*. Londres, Oxford University Press.

RIDLEY, Jasper (2002): *A Brief History of the Tudor Age*. Londres, Robinson.

Vlad Drăculea, el hombre que inspiró la leyenda del conde Drácula

RALF-PETER, Martin (2009): *Dracula: Vlad Tepes, el empalador y sus antepasados*. Barcelona, Tusquets.

SACHS, Antonio (2020): *Vlad Draculea: la historia del príncipe guerrero que inspiró la leyenda de Drácula*. Córdoba, Almuzara.

TREPTOW, Kurt (2000): *Vlad III Dracula: The Life and Times of the Historical Dracula*. Las Vegas, The Center of Romanian Studies.

María I de Inglaterra, Bloody Mary

PORTER, Linda (2009): *The Myth of Bloody Mary: A Biography of Queen Mary I of England*. Nueva York, St Martin's Griffin.

RIDLEY, Jasper (2002): *A Brief History of the Tudor Age*. Londres, Robinson.

Los últimos días de María Antonieta y el joven Luis XVII

BRUNARD, Alain (2019): *Marie-Antoinette: ils ont jugé la reine*. París, Arte.

TACKETT, Timothy (2015): *El Terror en la Revolución francesa*. Barcelona, Pasado y Presente.

ZWEIG, Stefan (1999): *Marie-Antoinette*. París, Le Livre de Poche.

Marco Aurelio Antónimo Augusto, el emperador transgénero de Roma

Las fuentes primarias han sido citadas en el capítulo.

Iván el Terrible, la realidad que esconde el mito

CARR, Francis (1990): *Iván el Terrible, fundador del Estado ruso*. Madrid, Edaf.

FERNÁNDEZ RIQUELME, Sergio (2020): «El zar de todas las Rusias, del gran ducado de Moscovia a Iván el Terrible». *Online*, *Adáraga* (revista digital).

Cómodo, el egocéntrico emperador que soñaba con ser gladiador

ASIMOV, Isaac (2011): *El Imperio romano*. Madrid, Alianza Editorial.

DION CASIO (2004): *Historia romana*. Madrid, Gredos.

FONTANELA, Francesa; y MELANI, Chiara (2004): *Atlas ilustrado de la Antigua Roma*. Madrid, Tikal-Susaeta.

GARZÓN BLANCO, José Antonio (1981): *Los emperadores y los juegos romanos*. Málaga, Universidad de Málaga, Baetica.

MOMMSEN, Theodor (2022): *Historia de Roma*. Madrid, Turner.

CAPÍTULO 7. CON LA IGLESIA HEMOS TOPADO

Las ordalías o los juicios en los que solo una intervención divina probaba tu inocencia

BARTLETT, Robert (1986): *Trial by Fire and Water: The Medieval Judicial Ordeal*. Oxford, Clarendon Press.

FUENTES, Eugenio (31 de marzo de 2016): «Ordalías». *El País*.

KIRSCH, Johann Peter (1911): «Ordeals». *The Catholic Encyclopedia* (*online*: <https://www.newadvent.org/cathen/11276b.htm>).

MORENO RESANO, Esteban (2014): *Observaciones acerca del uso de las ordalías durante la Antigüedad tardía*. Zaragoza, Universidad de Zaragoza.

La donación de Constantino, ¿la gran falacia de nuestra historia?

ALCAIDE, Luis Jiménez (2014): *Los papas que marcaron la historia*. Córdoba, Almuzara.

KIRSCH, Johann Peter (1913): «Donación de Constantino». *Enciclopedia Católica* (*online*: <https://ec.aciprensa.com/wiki/Donaci%C3%B3n_de_Constantino>).

Juicio a un muerto: el Sínodo del Terror

CERVERA, César (15 de mayo de 2018): «El Sínodo del Terror: el juicio que celebró un papa al cadáver de quien fue su antecesor». *ABC*.

DUFFY, Eamon (1998): *Santos y pecadores, una historia de los papas*. Madrid, Acento.

GARCÍA BLANCO, Javier (2017): *Historia negra de los papas*. Barcelona, Luciérnaga.

JÉGOU, Laurent (marzo de 2015): «Compétition autour d'un cadavre. Le procès du pape Formose et ses enjeux (896-904)». *Revue Historique, 675*(3).

NORWICH, John Julius (2011): *Los papas, una historia*. Barcelona, Reino de Redonda.

Cinco papas en poco más de año y medio

BONNET, Christian; y DESCATOIRE, Christine (2001): *Les carolingiens: 741-987*. París, Armand Colin.

NORWICH, John Julius (2011): *Los papas, una historia*. Barcelona, Reino de Redonda.

DEPARTAMENTO CENTRAL DE ESTATISTICAS; SECRETARÍA DE ESTADO DEL VATICANO: *Anuario pontificio: los supremos pontífices de Roma*. Vaticano, Libreria Editrice Vaticana.

La pornocracia, la época más controvertida de la Iglesia católica

CERVERA, César (20 de enero de 2019): «La pornocracia, el siglo olvidado en el que las mujeres dirigieron la Iglesia desde las sombras». *ABC*.

DUFFY, Eamon (1998): *Santos y pecadores, una historia de los papas*. Madrid, Acento.

GALLATIN, Harlie Kay (2000): *Church and Society in a Crisis Age: Tenth and Eleventh Century Europe*. Bolivar, Southwest Baptist University.

GARCÍA BLANCO, Javier (2017): *Historia negra de los papas*. Barcelona, Luciérnaga.

NORWICH, John Julius (2011): *Los papas, una historia*. Barcelona, Reino de Redonda.

Se han revisado también extractos del documento de Liutprando de Cremona, en la obra:

OF CREMONA, Liudprand (2008): *The complete works of Liudprand of Cremona*. Washington D.C, The Catholic University of American Press.

Juan XII, el papa libertino asesinado por el marido de una de sus amantes

CHAMBERLIN, E. Russell (2003): *The Bad Popes*. Londres, Sutton Publishing.

DUFFY, Eamon (1998): *Santos y pecadores, una historia de los papas*. Madrid, Acento.

NORWICH, John Julius (2011): *Los papas, una historia*. Barcelona, Reino de Redonda.

Se han revisado también extractos del documento de Liutprando de Cremona, en la obra:

OF CREMONA, Liudprand (2008): *The complete works of Liudprand of Cremona*. Washington D. C, The Catholic University of American Press.

El papa asesino de papas

DUCHESNE, Louis (2013): *Les premiers temps de l'État pontifical*. Nueva York, Hardpress Publishing.

NORWICH, John Julius (2011): *Los papas, una historia*. Barcelona, Reino de Redonda.

El Cisma de Occidente, o la etapa en la que hubo tres papas

FOSSIER, Robert (1988): *La Edad Media, el tiempo de las crisis*. Barcelona, Crítica.

GARCÍA DE CORTÁZAR, José Ángel; SESMA MUÑOZ, José Ángel (2014): *Manual de historia medieval*. Madrid, Alianza Editorial.

NORWICH, John Julius (2011): *Los papas, una historia*. Barcelona, Reino de Redonda.

Se han revisado también extractos del documento de Richental, *Crónicas del Concilio de Constanza, 1414-1418 (Visualisación online (<https://www.documentacatholicaomnia.eu/03d/1414-1414,_Concilium_Constantiense,_Documenta_Omnia,_EN.pdf>)*.

Juan XXIII, el papa pirata

DUFFY, Eamon (1998): *Santos y pecadores, una historia de los Papas*. Madrid, Acento.

GREENBLATT, Stephen (2014): *El giro: de cómo un manuscrito olvidado ayudó a crear el mundo moderno*. Barcelona, Crítica.

MORRIS, Wanda: *Los Médici, padrinos del Renacimiento*. Lion Television (documental visualisado en la plataforma Youtube).

NORWICH, John Julius (2011): *Los papas, una historia*. Barcelona, Reino de Redonda.

Alejandro VI, el papa corrupto

CHAMBERLIN, E. Russell (2003): *The Bad Popes*. Londres, Sutton Publishing.

DUFFY, Eamon (1998): *Santos y pecadores, una historia de los papas*. Madrid, Acento.

NORWICH, John Julius (2011): *Los papas, una historia*. Barcelona, Reino de Redonda.

Constantino II, el papa al que arrancaron los ojos

GARCÍA BLANCO, Javier (2017): *Historia negra de los papas*. Barcelona, Luciérnaga.

Una cruzada contra los hermanos cristianos

BARRERAS MARTÍNEZ, David (2012): *Breve historia de los cátaros*. Madrid, Nowtilus.

BIGET, Jean-Louis (2007): *Hérésie et Inquisition dans le Midi de la France*. París, Picard.

JIMÉNEZ-SÁNCHEZ, Pilar (2008): *Les catharismes, modèles dissidents du christianisme médiéval*. Rennes, Presses Universitaires de Rennes.

LE GOFF, Jacques (1970): *Historia universal: la Baja Edad Media*. Madrid, Siglo XXI.

O'SHEA, Stephen (2010): *Los cátaros, una herejía perfecta*. Barcelona, B de Bolsillo.

CAPÍTULO 8. MUERTES HISTÓRICAS DE LO MÁS EXTRAÑAS

Enrique I de Castilla, el rey que murió de una pedrada

DE BERGANZA, Francisco (1721): Antigüedades de España, propugnadas en las noticias de sus reyes, en la cronica del real monasterio de San Pedro de Cardeña, en historias, cronicones y otros instrumentos manuscritos, que hasta ahora no han visto la luz. Madrid, Francisco del Hierro (*online*: <https://bibliotecadigital.jcyl.es/es/catalogo_imagenes/grupo.do?path=10066581>).

Adolfo Federico de Suecia, un monarca bastante glotón

GASPARD ROUX DE ROCHELLE, Jean Baptiste (1844): *Historia de las ciudades anseáticas*. Madrid, el Imparcial.

GRANDE, Victor (2020): *Muertes curiosas II*. Madrid, Ser100 (*online*: <https://cadenaser.com/emisora/2020/03/05/radio_coruna/1583424060_442329.html>).

KENT, Neil (2011): *Historia de Suecia*. Madrid, Ediciones Akal.

PRADO, Fernando (2023): *La muerte de Adolfo Federico I de Suecia o cuando te gusta demasiado el postre*. El Debate (*online*: <https://www.eldebate.com/historia/20230201/muerte-adolfo-federico-suecia-cuando-gusta-demasiado-postre_90122.html>).

Federico I Barbarroja, el cruzado ahogado por su sed

BARLETT, Robert (2009): *La formación de Europa: conquista, colonización y cambio cultural*. Valencia, Universitat de Valencia.

CARDINI, Franco (1987): *Barbarroja: vida, triunfos e ilusiones de un emperador medieval*. Barcelona, Edicions 62.

DE FREISING Otto; RAHEWIN (2016): *Gestas de Federico Barbarroja*. Universidad de Extremadura, Tempus Werrae.

RUNCIMAN, Steven (2008): *Historia de las Cruzadas*. Madrid, Alianza Editorial.

Félix Faure, el presidente galo que emuló a Pompeyo

CHASTENET, Jacques (1955): *Histoire de la Troisième République, vol 3. La République triomphante*. Paris, Librairie Hachette.

GARRIGUES, Jean (1997): *La République des hommes d'affaires*. Paris, Aubier.

François Vatel, el cocinero que se hizo el *seppuku* por no tener pescado fresco

DE RABUTIN-CHANTAL, Maria (1671): *À propos de Vatel, un célèbre cuisinier du roi Louis XIV*. Paris, Gallica (*online*: <https://gallica.bnf.fr/essentiels/sevigne/lettres/propos-vatel-celebre-cuisinier-roi-louis-xiv>).

Arquímedes, no me pises lo dibujado

DE QUERONEA, Plutarco (2016): *Vidas paralelas (Marcelo) VOL III*. Madrid, Biblioteca Gredos.

Jean-Baptiste Lully, el compositor que se mató con su batuta

ANÓNIMO (2011): *Jean Baptiste Lully*. Site Lully. *Online* (<http://sitelully.free.fr/>).

BLÁNQUEZ, Javier (2018): «Asesinado por su propia batuta: la absurda muerte del músico de Luís XIV». Madrid, *El Mundo* (*online*: <https://www.elmundo.es/papel/cultura/2018/08/29/5b7eca31ca4741663f8b45e7.html>).

Francis Bacon, el gran pensador muerto enterrando a un pollo

CHURCH, Richard Williams (2018): *Francis Bacon*. Londres, Ozymandias Press.

MICHAEL URBACH, Peter (1984): *Francis Bacon 's philosophy of science*. Chicago, Open Court Publishing.

Alejandro I de Grecia, el rey muerto por un mono

VAN DER KISTE, John (1999): *Kings of the hellenes: the greeks kings, 1863-1974*. United Kingdom, Sutton Publishing.

Esquilo y la muerte que se veía venir

LUCAS DE DIOS, José Maria (2016): *Fragmentos, testimonios de Esquilo*. Madrid, Biblioteca de Gredos.

Maximiliano I de Austria, el gran amante de los melones

BENEK, Gerhard (1982): *Maximilian I (1459-1519), an analytical biography*. United Kingdom, Routledge library edition.

HOLLEGER, Manfred (2012): *Emperor Maximilian I and the age of dürer*. Munich, Londres, Nueva York, Prestel (*online*: <https://web.archive.org/web/20211021164754/https://bilder.buecher.de/zusatz/35/35713/35713397_lese_1.pdf>)

Caracalla, el emperador asesinado meando

GOLDSWORTHY, Adrian (2009): *How Rome fell, death of a superpower*. Estados Unidos, Yale University Press.

SYVÄNNE, Ilkka (2017): *Caracalla, a military biography*. Estados Unidos, Pen & Sword military.

Atila, el huno, el Azote de Dios muerto por una mala borrachera

BÓNA, István (2002): *Les huns, le grand empire barbare d'Europe*. Paris, Éditions Errance.

MARTOS RUBIO, Marta (2011): *Breve historia de Atila y los hunos*. Madrid, Nowtilus.

Luis de Borbón-Soissons, una manía que le costó la vida

MÉTHIVIER, Hubert (1964): *Le siècle de Louis XIII*. Paris, Presse Universitaire de France.

PARROT, David (2008): *Richelieu's army, war, government and society in France (1624-1642)*. Nueva York, Cambridge University Press.

Arrio, el hereje muerto por diarrea

GARCIA ROMERO, Francisco Antonio (2016): *El fin de Arrio en Sócrates Escolástico: entre la ficción y el escarmiento*. *Online* (<https://www.academia.edu/42159055/El_fin_de_Arrio_en_S%C3%B3crates_Escol%C3%A1stico>).

WILLIAMS, Rowan (2009): *Arius, heresy and tradition*. Norwich, SM Press.

Antonio Gaudí, el gran personaje confundido con un mendigo

VAN HENSBERGEN, Gijs (2016): *Antoni Gaudi (ensayo/biografía)*. Barcelona, Debolsillo.

Josef Mengele, el psicópata que logró huir

ASTOR, Gerard (1985): *The last nazi*. Nueva York. Donald I. Fine.

JAY LIFTON, Robert (1986): *The nazi doctors: medical killing and the psychology of genocide*. Nueva York, Basic Books.

L. POSNER, Gerald & WARE John (1986): *Mengele, the complete history*. Nueva York, McGraw-Hill Book Company.

Laika, la heroína soviética

CASWELL, Kurt (2022): *Laika's windows: the legacy of a soviet space dog*. Nueva York, Trinity University Press.

G. M. Abel (03 de noviembre de 2023): «Laika, la perra astronauta que viajó al espacio exterior». Madrid, *National Geographic* (*online*: <https://historia.nationalgeographic.com.es/a/laika-perra-que-llego-cielo_15813>)

Favila, el rey matado por un oso

ÀLVAREZ PALENZUELA, Vicente Àngel (2011): *Historia de España de la Edad Media*. Madrid, Ariel.

GIL FERNANDEZ, Juan / MORALEJO, José / RUIZ DE LA PEÑA, Juan (1985): *Crónicas asturianas*. Oviedo, Universidad de Oviedo.

P. VILLATORO, Manuel (22 de octubre de 2020): «Favila, *la absurda muerte del hijo de Don Pelayo a manos de un oso*». Madrid, *ABC* (*online*: <https://www.abc.es/historia/abci-favila-absurda
-

muerte-espanol-hijo-pelayo-manos-furioso-202010220107_noticia.html?ref=https%3A%2F%2Fwww.google.com%2F>).

Mitrídates VI, el rey que no supo matarse

BALLESTEROS PASTOR, Luis (1996): *Mitrídates Eupator, rey de Pontos*. Granada, Universidad de Granada (*online*: <https://www.academia.edu/8834332/Mitr%C3%ADdates_Eup%C3%A1tor_rey_del_Ponto>).

BEARD, Mary (2023): *SPQR: una historia de la antigua Roma*. Barcelona, Booket.

MURCIA, Francisco Javier (02 de noviembre de 2023): «Mitrídates, el peor enemigo de Roma». Madrid, *National Geographic* (*online*: <https://historia.nationalgeographic.com.es/a/mitridates-peor-enemigo-romanos_18785>)

CAPÍTULO 10. PEQUEÑAS CURIOSIDADES QUE TE HARÁN EXPLOTAR LA CABEZA

El experimento que midió la obediencia ciega a la autoridad

BLASS, Thomas (2009): *The man who shocked the world: the life and legacy of Stanley Milgram*. Nueva York, Basic Books.

MILGRAM, Stanley (2021): *Obediencia a la autoridad: el experimento Milgram*. Madrid, Capitán Swing Libros.

SLATER, Lauren (2006): *Cuerdos entre locos, grandes experimentos psicológicos del S.XX*. Barcelona, Alba.

El invento nazi que todos hemos consumido

FERNÁNDEZ REI, Maria (25 de enero de 2017): «¿Cómo nació la Fanta?» Madrid, *Muy Interesante* (*online*: <https://www.muyinteresante.com/historia/34518.html>).

SADURNI, José María (16 de abril de 2021): «Fanta, el origen "Fantástico" de este popular refresco». Madrid, *National Geogra-*

phic (*online*: <https://historia.nationalgeographic.com.es/a/fanta-origen-fantastico-este-popular-refresco_16622>).

El Imperio romano perduró hasta el siglo xix

H. WILSON (2017): *The holy roman empire: a thousand years of Europe's history*. Londres, Penguin Books.

RIVERA QUINTANA, Juan Carlos (2008): *Breve historia de Carlomagno y del Sacro Imperio Romano Germánico*. Madrid, Nowtilus.

Heroína, el mejor medicamento para el catarro común

LÓPEZ-MUÑOZ, Francisco / ÀLAMO GONZÁLEZ, Cecilio (26 de junio de 2020): *Cómo la heroína, la cocaína y otras drogas comenzaron siendo medicamentos saludables*. Londres, BBC NEWS (*online*: <https://www.bbc.com/mundo/noticias-53192144>).

PIGHI BEL, Pierina (30 de octubre de 2021): *La fascinante historia del tiempo en que la heroína se usaba como remedio para la tos*. Londres, BBC (*online*: <https://www.bbc.com/mundo/noticias-57784779>).

Cuando se utilizaban bebés afroamericanos como cebo para cazar cocodrilos

ANÓNIMO (octubre 2017): *Alligator Bait Revisited*. Michigan, Jim Crow Museum (*online*: <https://jimcrowmuseum.ferris.edu/question/2017/junejuly.htm>).

BERASALUZE, Iñaki (18 de noviembre de 2018): «Cuando los bebés negros era usados como cebo para cazar cocodrilos en Florida». Madrid, Público (*online*: <https://m.publico.es/columnas/110627382210/strambotic-cuando-los-bebes-negros-eran-usados-como-cebo-para-cazar-cocodrilos-en-florida/amp>).

Una hora menos en Canarias no, una hora más en España

BOLETÍN OFICIAL DEL ESTADO (1940): *Orden del 7 de marzo de 1940 sobre adelanto de la hora legal en 60 minutos a partir del 16 de los corrientes* (*online*: <https://www.boe.es/datos/pdfs/BOE/1940/068/A01675-01676.pdf>).

CASTEDO, Antía (28 de octubre de 2016): «Por qué España tiene un huso horario que no le corresponde». Londres, BBC NEWS (*online*: <https://www.bbc.com/mundo/noticias-37762613>).

Cuando los británicos incendiaron la Casa Blanca

BOSCH, Aurora (2011): *Historia de Estados Unidos, 1776-1945*. Barcelona, Crítica.

EDITORS, history.com (16 de noviembre de 2009): *British troops set fire to the White House*. Nueva York, A&E Television Networks (*online*: <https://www.history.com/this-day-in-history/british-troops-set-fire-to-the-white-house>).

GUARDIA, Carmen de la (2012): *Historia de los Estados Unidos*. Madrid, Silex Ediciones.

La amistosa carta de Gandhi a Hitler

AYUSO, Miguel (11 de mayo de 2015): «“Su sincero amigo”: la carta legendaria de Gandhi escribió a Hitler». Madrid, *El Confidencial* (*online*: <https://www.elconfidencial.com/alma-corazon-vida/2015-05-11/querido-amigo-el-dia-en-que-gandhi-escribio-a-hitler_789921/>).

TEMKIN, Moshik (2024): *Guerreros, rebeldes y santos: de Maquiavelo a Gandhi*. Madrid, Temas de Hoy.

Una asquerosa historia de dentaduras y muertos

ANÓNIMO (18 de octubre de 2022): «Cuando las prótesis dentales se hacían con los dientes de soldados muertos». México, *Muy Interesante* (*online*: <https://www.muyinteresante.com.mx/historia/722.html>).

KERLEY, Paul (21 de junio de 2015): «Los médicos que implantaban a los ricos los dientes de los muertos de Waterloo». Londres, BBC NEWS (*online*: <https://www.bbc.com/mundo/noticias/2015/06/150618_finde_waterloo_muertos_dientes_implantes_lv>).

¿Las zanahorias son buenas para la vista?

GOLLEY, John (1999): *John «cat's eyes» Cunningham: the aviation legend*. Inglaterra, Shrewsbury.

Cuando limpiarle el culo a un rey era el trabajo más demandado

STARKEY, David (2009): *Henry, virtuous prince*. Nueva York, Harper Perennial.

WEIR, Alison (2004): *Enrique VIII, el rey y la corte*. Barcelona, Círculo de Lectores.

Adolf Hitler no... ¡Adolf Schicklgruber!

WEBER, Thomas (2018): *De Adolf a Hitler*. Madrid, Laurus.

El hombre con más descendencia del planeta

ANÓNIMO (26 de enero de 2015): «Gengis Kan y otros diez hombres, los más fértiles de la historia de la humanidad». Madrid, *ABC* (*online*: <https://www.abc.es/ciencia/20150126/abci-genghis-khan-otros-diez-201501261351.html>).

FERNÀNDEZ, Celia (17 de marzo de 2022): *¿Es Gengis Kan el padre del 0 '5 % de la población mundial?* Madrid, RTVE (*online*: <https://www.rtve.es/television/20220317/gengis-kan-padre-poblacion-mundial/2315160.shtml#:~:text=Este%20porcentaje%20se%20traduc%C3%ADa%20en,ancestro%20com%C3%BAn%20de%20este%20linaje.>).

WEATHERFORD, Jack (2022): *Gengis Kan y la creación del mundo moderno*. Barcelona, Ático de los Libros.

Las drogas durante el Tercer Reich, ¿el gran secreto de su éxito inicial?

KAMIEŃSKI, Łukasz (2017): Las drogas en las guerras. Una historia global. Barcelona, Crítica.

PI, Jaume (15 de marzo de 2020): «El Tercer Reich, un régimen de adictos (a las drogas)». Madrid, *La Vanguardia*. (*online*: <https://www.lavanguardia.com/historiayvida/historia-contemporanea/20200315/474098557872/tercer-reich-regimen-adictos-drogas.html>).

Un perro transformado en sargento

ANÓNIMO (28 de octubre de 1921): «Dog hero again honored». Estados Unidos, *Roundup Record-Tribune & Winnett Times* (*online*: <https://news.google.com/newspapers?nid=1019&dat=19211028&id=4PEyAAAAIBAJ&sjid=eQ4GAAAAIBAJ&pg=1227,553446>).

BAUSUM, Ann (2014): «Sergeant Stubby: How a stray dog and his best friend helped win world war I and stole the heart of a nation». Washington D. C, *National Geographic*.

Los animales durante la Primera Guerra Mundial

BARATAY, Eric (2017): Bêtes des tranchées, des vécus oubliés. Paris, CNRS.

ROMERO, Sarah (12 de enero de 2024): «Animales reclutados para la guerra». Madrid, *Muy Interesante* (*online*: <https://www.muyinteresante.com/historia/31368.html#:~:text=%C2%BFSab%C3%ADas%20que%20m%C3%A1s%20de%2016,perros%20y%20palomas%20llevaban%20mensajes.>).

Franco estuvo cuarenta años en el poder por las naranjas españolas

United States Department of State (1945): *Foreign relations of the United States: diplomatic papers: the Conference of Berlin (the Potsdam Conference)*. Volume II (*online*: <https://images.library.

wisc.edu/FRUS/EFacs/1945Berlinv02/reference/frus.frus1945 berlinv02.i0016.pdf>).

Un pastel de bodas que dio mucho de lo que hablar

ISAACSON, Walter (2023): *Leonardo da Vinci, la biografía*. Barcelona, Debate.

Kamehameha existió y fue un rey

BENNETT PETERSON, Barbara (2000): *Kamehameha I, biography*. Oxford, Oxford University Press.

L. HALEY, James (2015): *Captive paradise: a history of Hawaii*. Nueva York, St Martin's Griffin.

El hombre que voló para contarlo

REVELL, Guy (24 de diciembre de 2014): *The indestructible Alkemade*. Londres, Royal Air Force Museum (*online*: <https://web.archive.org/web/20190722130806/https://www.rafmuseum.org.uk/blog/the-indestructible-alkemade/>).

Juicio a un hombre lobo

ANÓNIMO (1590): *A true discourse. Declaring the damnable life and death of one Stubbe Peeter, a most wicked sorcerer*. Londres (*online*: <https://en.wikisource.org/wiki/The_Damnable_Life_and_Death_of_One_Stubbe_Peeter,_a_Most_Wicked_Sorcerer>).

HERÀNDEZ, Isabel (25 de julio de 2023): «La historia del hombre lobo que aterrorizó a Alemania». Madrid, *National Geographic* (*online*: <https://historia.nationalgeographic.com.es/a/historia-hombre-lobo-que-aterrorizo-colonia_18521>).

La esclavitud en Estados Unidos duró más de lo que pensamos

BERLIN, Ira (2004): *Generations of captivity, a history of african-american slaves*. Cambridge, Harvard University Press.

GODOS, Raquel (21 de febrero de 2013): «Misisipi abolió la esclavitud el pasado 7 de febrero». A. Coruña, *La voz de Galicia.*

El día en el que Ramsés II tuvo que sacarse el pasaporte francés

MAYANS, Carmen (13 de octubre de 2013): «El viaje de Ramses II a París». Madrid, *National Geographic* (*online*: <https://historia.nationalgeographic.com.es/a/viaje-ramses-ii-a-paris_15339>).

El robo de la *Mona Lisa*

ANÓNIMO (22 de agosto de 2023): «El robo que convirtió a la Mona Lisa en un icono». Madrid, *National Geographic* (*online*: <https://historia.nationalgeographic.com.es/a/robo-siglo-desaparicion-mona-lisa_12781>).

Los días que nunca existieron

G. M. Abel (25 de febrero de 2024): «¿Por qué duró diez días la noche del 4 de octubre de 1582?» Madrid, *National Geographic* (*online*: <https://historia.nationalgeographic.com.es/a/4-octubre-15-en-una-noche-cambio-calendario-altero-historia_15734>).

RIBOT GARCÍA, Luis (2022): *Historia Moderna*. Madrid, Marcial Pons Ediciones.

Los primeros asesinos fueron porreros

MONTENEGRO, Arturo (22 de enero de 2004): *Origen de la palabra asesino*. Madrid, Centro Virtual Cervantes (*online*: <https://cvc.cervantes.es/el_rinconete/anteriores/enero_04/22012004_01.htm>).

Cuando los checos tiraron por la ventana a sus políticos

CERVERA, Cesar (18 de febrero de 2018): «La defenestración de Praga: la matanza que se evitó con un milagro en forma de montón de estiércol». Madrid, *ABC* (*online*: <https://www.abc.es/historia/abci-defenestracion-praga-matanza-evito-milagro-forma-monton-estiercol-201802182317_noticia.html>).

H. WILSON, Peter (2018): *La guerra de los Treinta Años. Una tragedia Europea. Vol I*. Madrid, Desperta Ferro.

PARKER, Joffrey (1988): *La Guerra de los Treinta Años*. Barcelona, Crítica.

¿El robo más escalofriante de la historia?

DIKÖTTER, Frank (2023): *Dictadores: el culto a la personalidad en el S.XX*. Barcelona, Acantilado.

HOBSBAWM, Eric (2009): *Historia del siglo XX*. Barcelona, Crítica.

VIANA, Israel (25 de enero de 2011): «Las andanzas del cadáver de Mussolini». Madrid, *ABC* (*online*: <https://www.abc.es/historia/abci-cadaver-mussolini-201101250000_noticia.html>).

Perros contra nazis

BEEVOR, Antony (2014): *La Segunda Guerra Mundial*. Barcelona, Pasado y Presente.

CLARKE, Isabelle / COSTELLE, Daniel (2009): *Apocalipsis, la Segunda Guerra Mundial*. ECPAD.

Niños y viejos, la última defensa nazi

BEEVOR, Antony (2014): *La Segunda Guerra Mundial*. Barcelona, Pasado y Presente.

CLARKE, Isabelle / COSTELLE, Daniel (2009): *Apocalipsis, la Segunda Guerra Mundial*. ECPAD.

M. GLANTZ, David / M. HOUSE, Jonathan (2017): *Choque de titanes, la victoria del Ejército Rojo sobre Hitler*. Madrid, Desperta Ferro.

Los faraones negros

SHAW, Ian (2010): *Historia del Antiguo Egipto*. Madrid, La Esfera de los Libros.

Wojtek, el oso antinazi

G.M Abel (25 de mayo de 2021): «Wojtek, el oso soldado de la Segunda Guerra Mundial». Madrid, *National Geographic* (*online*: <https://historia.nationalgeographic.com.es/a/wojtek-oso-soldado-segunda-guerra-mundial_15256>).

Los herederos al trono de Francia, uno de los intentos de estafa más sonados de la historia

DE TOCQUEVILLE, Alexis (2018): *El Antiguo Régimen y la Revolución*. Madrid, Alianza.

SOBOUL, Albert (1984): *La Révolution française*. París, Gallimard.

Los cuarenta y siete *ronin*, una historia de *vendetta* y justicia

ALMARZA, Ruben (2018): *Breve historia del Japón feudal*. Madrid, Nowtilus.

PÉREZ RIOBÓ, Andrés (2020): *Japón en su historia: de los primeros pobladores hasta la era Reiwa*. Gijón, Satori Ediciones.

El pueblo nazi que prefirió suicidarse a caer bajo las garras soviéticas

BERMÚDEZ, Ángel (2 de mayo de 2020): «Muerte de Hitler: Demmin, la pequeña ciudad alemana donde centenares de personas se suicidaron ante la llegada del Ejército Rojo». Londres, *BBC News World* (*online*: <https://www.bbc.com/mundo/noticias-52466311>).

Las elecciones más manipuladas de la historia

Mc WHRITER, Norris (1982): *Guinness Book of World Records 1982*. Nueva York, Sterling Publishing.

Los zoológicos humanos, o la expresión de racismo más flagrante de Occidente

AGERON, Charles-Robert (25 de agosto de 2006): *L'Exposition colonial de 1931: mythe républicain ou mythe impérial*. París, etudescoloniales.canalblog.com (*online*: <http://etudescoloniales.canalblog.com/archives/2006/08/25/2840733.html<).

BOFFEY, Daniel (21 de abril de 2018): «Bélgica asume los "zoos humanos" de su pasado colonial». Madrid, *El Diario* (*online*: <https://www.eldiario.es/internacional/theguardian/belgica-racismo-pasado-colonial_1_2169478.html>).

VENTURA, Dalia (22 de octubre de 2022): *La infame historia de los zoológicos humanos que se mantuvieron abiertos en Europa hasta 1958*. Londres, BBS News (*online*: <https://www.bbc.com/mundo/noticias-63206214).

ZAMORANO, Enrique (9 de junio de 2023): «Historia de los zoológicos humanos: horror racista en la Europa de finales del S.XIX». Madrid, *El Confidencial* (*online*: <https://www.elconfidencial.com/alma-corazon-vida/2023-06-09/zoologicos-humanos-hagenbeck-historia-europa_3660453/>).

La mal llamada gripe española

ECHEVERRI DÁVILA, Beatriz (1993): *La Gripe Española: la pandemia de 1918-1919*. Madrid, Siglo XXI.

Moisés y el mar Rojo, ¿o Moisés y el mar de Juncos?

HOFFMEIER, James Karl (1999): *The problem of Re (e) d Sea*. Oxford, Oxford University Press.

LÓPEZ GUIX, Juan Gabriel (10 de enero de 2011): Biblia y traducción. Madrid, Centro Virtual Cervantes (*online*: <https://cvc.cervantes.es/trujaman/anteriores/enero_11/10012011.htm>).

SEIGLIE, Mario (3 de junio de 1997): *The Bible and archaeology: the Red Sea or the Reed Sea*. Ohio, Beyond Today (*online*: <https://web.archive.org/web/20170815021007/https://www.ucg.org/the-good-news/the-bible-and-archaeology-the-red-sea-or-the-reed-sea>).

Dos grandes bulos sobre Calígula y Nerón

COSME, Pierre (2022): *Néron, le pouvoir et la scène*. París, Armand Colins.

DANDO, Collins (2021): *Calígula, el emperador loco de Roma*. Madrid, La Esfera de los Libros.

MOMMSEN, Theodor (2022): *Historia de Roma*. Madrid, Turner Publicaciones.

ROLDÁN HERVÁS, José Manuel (2022): *Historia de Roma*. Salamanca, Ediciones Universidad de Salamanca.

TÁCITO, Cornelio / SUETONIO, Cayo (2019): *El hombre más malvado del imperio romano: la vida de Nerón*. Barcelona, Arpa Editores.

El carnaval que se transformó en tragedia

LE ROY LADURIE, Emmanuel (2023): Le Carnaval de Romans: De la chandeleur au Mercredi des Cendres (1579-1580). París, Gallimard Education.

El vibrador, un invento para combatir la histeria femenina

MAINES, R.P (1999): *The technology of orgasms: «Hysteria», the vibrator, and women's sexual satisfaction*. Baltimore, The Johns Hopkins University Press.

El deportista mejor pagado de la historia

JIMÉNEZ SÁNCHEZ, Juan Antonio (1998): *Ídolos de la Antigüedad Tardía, algunos aspectos sobre los aurigas en Occidente*. Vigo, Lúdica (*online*: <https://www.academia.edu/49174494/_%C3%8Ddolos_de_la_Antig%C3%BCedad_Tard%C3%ADa_algunos_aspectos_sobre_los_aurigas_en_Occidente_siglos_IV_VI_Ludica_4_1998_p_20_33>).

MAÑAS, Alfonso (2018): *Gladiadores, el gran espectáculo de Roma*. Barcelona, Ariel.

NOSSOV, Konstantin (2011): *Gladiator: the complete guide to Ancient Rome's bloody fighters*. Estados Unidos, Lyons Press.

PRATS MARTÍNEZ, Lluís (2015): *Gladiadores, lucha y espectáculo en la Antigua Roma*. Madrid, Editorial Edaf.

STONE POTTER, David / J. MATTINGLY, David (1999): *Life, death and entertainment in the Roman Empire*. Michigan, The University of Michigan Press.

Los *bestiarii* romanos, unos gladiadores diferentes

MAÑAS, Alfonso (2018): *Gladiadores, el gran espectáculo de Roma*. Barcelona, Ariel.

MUÑOZ-SANTOS, María Engracia (2017): *Animales in harena: los animales en los espectáculos romanos*. Almería, Confluencias.

NOSSOV, Konstantin (2011): *Gladiator: the complete guide to Ancient Rome's bloody fighters*. Estados Unidos, Lyons Press.

PRATS MARTÍNEZ, Lluís (2015): *Gladiadores, lucha y espectáculo en la Antigua Roma*. Madrid, Editorial Edaf.

STONE POTTER, David / J. MATTINGLY, David (1999): *Life, death and entertainment in the Roman Empire*. Michigan, The University of Michigan Press.

Batallas navales en el Coliseo

FISCHER, Andrea (22 de junio de 2022): «Coliseo romano: porque se llenaba de agua. Madrid», *National Geographic* (*online*: <https://www.ngenespanol.com/el-mundo/el-coliseo-romano-estuvo-lleno-de-agua-varias-veces-y-esta-es-la-razon/>).

Los gatos espías: la Operación Acoustic Kitty

ELLIOTT, Christian (13 de febrero de 2023): «Which animal is a better spy, a pigeon or a cat?». Washington D. C, *National Geographic* (*online*: <https://www.nationalgeographic.com/premium/article/animal-spy-cat-pigeon-cia-acoustic-kitty-columba-tacana>).

LITTLE, Becky (1 de septiembre de 2018): *When the CIA learned cats make bad spies*. Estados Unidos, History Channel (*online*: <https://www.history.com/news/cia-spy-cat-espionage-fail>).

Luis I de Baviera, el rey que perdió su corona por una bailarina

QUERALT, María Pilar (1 de agosto de 2023): «Lola Montez, la diva que destronó a un rey». Madrid, *National Geographic* (*online*: <https://historia.nationalgeographic.com.es/a/lola-montes-diva-que-destrono-a-rey_20006>).

MORTON, James (2007): *Lola Montez: her life and conquests*. Reino Unido, Piatkus.

El genocidio de los bisontes

BOSCH, Aurora (2011): *Historia de los Estados Unidos, 1776-1945*. Barcelona, Crítica.

COZZENS, Peter (2018): *La tierra llora. La amarga historia de las guerras indias por la conquista del Oeste*. Madrid, Desperta Ferro.

DOVAL HUECAS, Gregorio (2009): *Breve historia de la conquista del Oeste*. Madrid, Nowtilus.

Cuando Pepsi fue una potencia militar de renombre internacional

HOWARD LEMPERT, David (1992): *Pepsi-Stoika: the colonization of Russia, an ethnography of Russian legal culture during the perestroika period*. Berkeley, University of California.

REDACCIÓN *ABC* (22 de agosto de 2023): «Así se convirtió Pepsi en una potencia militar con una flotilla de submarinos soviéticos». Madrid, *ABC* (*online*: <https://www.abc.es/recreo/convirtio pepsi-potencia-militar-flotilla-submarinos-rusos-20230822140834-nt.html>).

El hombre que soñó con Troya

SADURNÍ, J.M (21 de diciembre de 2023): «Heinrich Schliemann, el descubridor de Troya». Madrid, *National Geographic* (*online*: <https://historia.nationalgeographic.com.es/a/heinrich-schliemann-descubridor-troya_15026>).

SCHLIEMANN, Heinrich (2010): *El hombre de Troya. Autobiografía*. Sevilla, Interfolio.

SIEBLER, Michael (2005): *La guerra de Troya, entre el mito y la realidad*. Madrid, Ariel.

El trabajo más absurdo de la historia, los ermitaños de jardín

CAMPBELL, Gordon (2014): The hermit in the garden: from imperial Rome to ornamental gnome. Oxford, OUP Oxford.

La verdadera historia de la Bella y la Bestia

CARRASCO, Enrique (2007): *Gonsalvus, mi vida entre lobos*. Tenerife, Ediciones Idea.

CUSÓ, Óscar (19 de abril de 2022): «La verdadera historia de "la Bella y la Bestia"». Madrid, *National Geographic* (*online*: <https://historia.nationalgeographic.com.es/a/verdadera-historia-la-bella-y-bestia_13949>).

Krampus, el demonio de la Navidad

BASU, Tanya (2014): «La historia de Krampus, el diablo de la Navidad». Madrid, *National Geographic* (*online*: <https://www.nationalgeographic.es/historia/historia-krampus-diablo-navidad>).